UM DIA VOU ESCREVER SOBRE ESTE LUGAR

MEMÓRIAS

BINYAVANGA WAINAINA

UM DIA VOU ESCREVER SOBRE ESTE LUGAR

MEMÓRIAS

Tradução
Carolina Kuhn Facchin

kapulana

São Paulo
2018

ONE DAY I WILL WRITE ABOUT THIS PLACE
Copyright © 2011 Binyavanga Wainaina
Todos os direitos reservados
Copyright © 2018 Editora Kapulana Ltda. - Brasil

Título original: One day I will write about this place - Memoir

Direção editorial:	Rosana M. Weg
Tradução:	Carolina Kuhn Facchin
Projeto gráfico:	Daniela Miwa Taira
Capa:	Mariana Fujisawa

Dados Internacionais de Catalogação na Publicação (CIP)
(Câmara Brasileira do Livro, SP, Brasil)

Wainaina, Binyavanga, 1971-
    Um dia vou escrever sobre este lugar: memórias/ Binyavanga Wainaina; tradução Carolina Kuhn Facchin. -- São Paulo: Kapulana, 2018.

    Título original: One day I will write about this place: a memoir
    ISBN 978-85-68846-45-2

    1. Escritores quenianos - Século 21 - Biografia 2. Quênia - Usos e costumes - Século 20 3. Wainaina, Binyavanga, 1971- I. Título.

18-21245   CDD-828.92

Índices para catálogo sistemático:
1. Escritores quenianos: Memórias autobiográficas: Literatura africana   828.92

Maria Paula C. Riyuzo - Bibliotecária - CRB-8/7639

2018

Reprodução proibida (Lei 9.610/98).
Todos os direitos desta edição reservados à Editora Kapulana Ltda.
Rua Henrique Schaumann, 414, 3º andar, CEP 05413-010, São Paulo, SP, Brasil
editora@kapulana.com.br - www.kapulana.com.br

Para Mamãe no Céu e Baba em Naks
Para Jim, Ciru (unajua ka-magic ketu kadogo), para Chiqy
Para Wee William Wilberforce, para Bobo, para Mary Rose,
para Emma, para Eddy
Para AN – Você sabe...
Muito, muito amor e obrigado.

Alguns nomes foram mudados para proteger a privacidade dos indivíduos.

Capítulo Um

É de tarde. Estamos jogando futebol perto do varal, atrás da casa principal. Jimmy, meu irmão, tem onze anos, e minha irmã, Ciru, tem cinco anos e meio. Eu sou o goleiro.

Tenho sete anos de idade, e ainda não sei por que todo mundo parece saber o que está fazendo ou por que está fazendo.

– Você não é gordo – é o que minha mãe me diz o tempo todo. – Você é cheinho.

Ciru está com a bola. Ela é pequena e magra e preciosa. Ela tem cotovelos pontudos e um sorriso reto como um traço de lápis. Espeta igualmente as duas bochechas. Ela corre na direção de Jimmy, que é alto e forte e escuro.

Ela é a estrela da classe. É 1978, e todos frequentamos a escola de ensino fundamental Lena Moi Primary School. No último semestre, Ciru foi adiantada um ano. Agora ela está no segundo ano, como eu, na classe ao lado. No primeiro semestre dela no segundo ano, ela superou todo mundo e foi a primeira da classe. Ela é a mais nova da turma. Todo o resto tem sete anos.

Estou entre os dois canos de metal que usamos para demarcar o gol, assistindo Ciru e Jim jogarem. O ar morno desce pelas minhas narinas, passa pela minha boca e divide meu queixo. Eu consigo ver a carne rosa e brilhante das minhas pálpebras. Sons aleatórios caem nos meus ouvidos: carros, pássaros, sinos de bicicletas *black mamba*, crianças à distância, cachorros, vacas, e música do horário da tarde na rádio nacional. Rumba do Congo. As pessoas fora do nosso condomínio conversam em línguas que eu reconheço os sons, mas não entendo ou falo, Luhya, Gikuyu.

Minha risada é bem para dentro, como o carro de manhã que

não quer dar partida quando a chave gira. Na escola, Ciru é sempre número um, estrelas azuis e vermelhas e amarelas em todas as páginas. É sempre Ciru em um vestido branco entregando flores para o convidado de honra – Sr. Bem Methu – no Dia da Família. Se tomo banho com ela, jogamos água e rimos e lutamos e logo somos tomados por lágrimas e risadas.

Ela ultrapassa Jimmy, a bola à frente de seus pés, vindo em minha direção. Estou pronto. Sou preciso e flexível. Estou esperando a bola. Jimmy corre para interceptá-la; eles se engalfinham e ofegam. Há alguns momentos, o sol era apenas um raio branco. Agora ele caiu em meio às árvores. Por todo o jardim, há milhares de pequenos sóis, enfiando-se por fendas, todos esféricos, todos liberando milhares de raios. Os raios caem pelos galhos e pelas folhas e se estilhaçam em milhares de pequenos sóis perfeitos.

Eu rio quando Ciru ri e me vejo dentro da risada dela, e nós caímos segurando um ao outro. Sinto a risada dela inchando, mesmo antes de sair, e ela incha em mim também.

Sei como me mover nos padrões dela, e como me mover nos padrões de Jimmy. Meus padrões estão sempre tropeçando uns nos outros em público. Eles só são seguros quando estou sozinho, ou quando estou sonhando acordado.

A risada de Ciru é alta, a boca escancarada e vermelha. O som pula na minha direção, sons de lençóis se agitando, mas fico perdido. Os braços e as pernas e a bola são esquecidos. Os milhares de sóis estão respirando. Eles inspiram, na penumbra e frescos dentro das folhas, e eu me deixo respirar com eles; então, eles lançam luz para fora e expiram, esquentando meu corpo. Estou quase me permitindo mergulhar completamente nisso quando sou capturado por uma ideia.

O sol não se quebra em pedaços.

Ele não se quebra em partes desmembradas quando cai entre as árvores ou coisas. Cada parte do sol é sempre um pequeno sol completo.

Estou voltando para meus braços e pernas e para o gol, pronto para explicar os mil sóis para Jimmy e Ciru. Estou animado. Eles vão acreditar em mim desta vez. Não vai parecer idiota quando eu falar, como acontece frequentemente, e aí eles olham para mim, virando os olhos e dizendo que eu perdi minhas bolinhas de gude. Que eu possofalardenovo. Eles estão se aproximando. Jimmy está gritando. Antes de eu estar completamente de volta em mim, um buraco no meu ouvido se abre. A bola acerta bem o meio da minha cara. Eu caio.

Gooooool. Mil sóis emergem em uma risada molhada; até o rádio está rindo. Olho para cima e vejo os dois inclinados sobre mim, suor pingando, mãos nos quadris.

Jimmy vira os olhos e diz:

– Você perdeu suas bolinhas de gude.

– Estou com sede – diz Ciru.

– Eu também – diz Jim, e eles correm, e quero levantar e correr com eles. Minha cara dói. Juma, nosso cachorro, está lambendo minha cara. Deito na barriga dele; enfio meu nariz em seu pelo. O sol está atrás das árvores, o céu está limpo, e não estou mais quebrado e distribuído. Eu me mexo e fico de pé em um pulo. Juma chora, como um carro desacelerando. Boto meus pés para frente, puxando minha voz para fora e a arremessando para alcançar a Resolução Sedenta deles.

– Ei! – desafino. – Até eu, eu estou com sede.

Eles não me escutam.

Eles estão indo para longe da cozinha, e eu os sigo para dentro dos longos amontoados de grama não cortada no topo do jardim, Juma atrás de mim, conforme eles aparecem e desaparecem atrás dos tratores do Baba, desviam de merda de cachorro, correm pela sombra e pelo sol que se põe, passando por pequenas erupções de cupins na grama *kikuyu* e por pilhas esquecidas de peças de equipamento agrícola, amontoadas atrás da sebe que separa a casa principal dos quartos dos empregados. Eles se viram, gritando um oi para Zablon, o cozinheiro, que está lavando a louça no quintal, em seu colete branco e calças azuis e cheiro de sabão Lifebuoy e carvão. Grito oi também, agora conseguindo acompanhar o movimento deles. Eles param, então viram-se para o nosso caminho habitual, onde apostamos corridas, no caminho entre os quartos dos empregados e a cozinha.

Eu os encontro lá, o focinho do Juma cutucando a perna do Jim, e os assisto despejar o líquido fresco pelas suas gargantas, dos copos, vejo ele escorrer pelos lados de suas bochechas. Jimmy aprendeu a engolir um copo de água inteiro de uma só vez. Ela desce pelo tubo, bolhas de gude deslizando por um tubo de som macio e translúcido, como um sapo.

Ele bate o copo no balcão, arrota e vira na minha direção. O que é a sede? A palavra se divide em cem pequenos sóis. Levanto meu copo e olho para cima. Ciru está olhando para mim, o copo dela vazio enquanto ela seca a boca no antebraço.

...

Estou em meu quarto, sozinho. Tenho um copo d'água. Quero tentar engoli-lo em um gole, como o Jimmy. Esta palavra, *sede*, *sedento*. É uma palavra cheia de resolução. Ela motiva a pessoa a agir rápido. Palavras, eu acho, devem ser coisas concretas. Certamente, elas não podem ser sugestões de coisas, figuras vagas: sensações esparsas, oscilantes?

Às vezes, gostamos de roubar as bolas de golfe velhas do Baba e jogá-las no fogo. Primeiro elas se enrolam, como se estivessem em êxtase, como gatos sendo acariciados, então se curvam, começam a borbulhar e quicar, e são atiradas para fora do fogo como balas, descascadas e livres. Debaixo da pele há tiras firmes de borracha, e agora podemos desenrolá-las e assistir as bolas tornando-se cada vez menores, e as tiras de borracha se desenrolando até ficarem tão longas que não parece possível que tenham vindo daquela bolinha dura.

Quero estar sedento com certeza, como Jimmy e Ciru.

A água tem mais forma e presença do que o ar, e mesmo assim não tem cor. Quando você tem a forma d'água em sua boca, descobre seu corpo. Porque a água é pura. Ela permite que você experimente sua boca, sinta o formato de tubo da sua garganta e a bola crescente em seu estômago conforme bebe.

Arroto. E acaricio minha barriga, que ronca. Brinco com a torneira e percebo que quando a água sai rápido de uma torneira, ela fica branca. A água, movendo-se rapidamente, correndo de uma torneira, tem forma e aparência e direção. Coloco minha mão debaixo da torneira, e sinto a água sólida.

A aparência de uma ideia começa a se formar. Existe o ar, existe a água, existe o vidro. O vento, movendo-se rápido, dá forma ao ar; a água movendo-se rápido tem um formato. Talvez... talvez o vidro seja água movendo-se em supervelocidade, como na televisão, quando super-heróis se movem tão rápido, mais rápido do que um borrão, e voltam para sua posição mil vezes antes de você vê-los se mexer.

Não. Não. A sede é... é... uma ausência que sorve, um peixinho mexendo a boca fora d'água. Ela move você do lugar-nenhum onipresente do ar, da pessoa que respira; agora você é um córrego, um endereço fixo corrente, uma pessoa que bebe. Está um degrau abaixo da fome, que vem de um corpo sólido, um que pode cheirar, experimentar, ver, e precisa de cores. Sim!

Mas – eu ainda não consigo responder por que a palavra me deixa tão incerto e especulativo. Não consigo fazer a água correr pela minha garganta sem esforço. Ela sai pelas minhas narinas e me afoga. Outras pessoas têm um mundo de palavras, e no mundo de palavras delas, palavras como *sedento* têm comprimento, largura e altura, uma textura firme, um pertencimento irrefletido, como mãos e dedos e bolas e portas. Quando elas dizem a palavra, o corpo delas entra em ação, certeiro e verdadeiro.

Estou sempre parado e assistindo a pessoas reagirem corajosamente aos chamados das palavras. Eu só posso segui-las. Elas não parecem tropeçar e cair em buracos que suas convicções não enxergam. Então, suas certezas devem ser o mundo correto. Largo o copo. Tem algo errado comigo.

...

Estamos a caminho de casa, depois de um dia em família em Molo. Estamos comendo biscoitos House of Manji.

Beatrice, que está na minha turma, quebrou a perna na semana passada. Eles cobriram a perna dela com gesso branco. O aquecedor de água na nossa casa é coberto de gesso branco. Os dedos dos pés de Beatrice são carrapatos gordos e cinzas. O aquecedor de água é um cilindro, coberto de branco grudentoduro, como a perna nova da Beatrice. Ela usa muletas.

Meleca ao quebrar para liberar a doçura grudenta. Meleca! *Éclairs. Muleta* ao cair e quebrar. Muleta!

Biscoitos.

Uganda, o país da minha mãe, caiu e quebrou. Muletas!

O Marechal Amin Dada, presidente de Uganda, comeu o ministro dele no jantar. Manteve a cabeça do ministro na geladeira. Seu filho usa um uniforme igual ao dele. Eles aparecem juntos nas notícias na televisão, na frente de um desfile.

Estou sonolento. Ciru dorme profundamente. Jimmy pede que Baba pare o carro para ele fazer xixi.

Imediatamente, percebo que preciso fazer xixi.

Estacionamos no acostamento de um vale que se espalha em um quebra-cabeça de hortas diante dos nossos olhos. Há muito tempo, tenho vontade de caminhar por entre as linhas deste quebra-cabeça. Lá fora, sempre à distância, o mundo é vago e turvo e bonito.

Eu quero escorregar pelas costuras e chegar ao outro lado.

Depois de mijar, eu simplesmente sigo caminho: ando pelo vale, passo por *Mamas* que estão arrancando ervas daninhas e parecem surpresas, por cima de um riacho, através do cercado fedorento, coberto de bosta de vaca.

Olha, olha a acácia!

A copa dela é crespa, a casca verde e dourada, brilha. É como se ela tivesse sido desenhada de lado, com um lápis afiado, para que pudesse enfiar suas pontas afiadas na alma de qualquer um que a observasse à distância. Você não deve escalá-la; ela tem espinhos. Acácia.

Ela é feita para sonhos.

Fico desapontado que todo o cenário distante, azul e nebuloso, torne-se mais e mais real à medida que me aproximo: não há espaço vago, onde a clareza embaça, onde a certeza não tem força, e sonhos são reais.

Depois de um tempo, vejo meu irmão Jim vindo em minha direção; a nova brincadeira é mantê-lo longe, correr mais e mais rápido.

Estico-me como um gigante de tiras de borracha, um super-herói alongado pela velocidade no desenho animado. Sou tão longo quanto a distância entre ele e mim. O mundo de luz e vento e som bate na minha cara conforme vou mais e mais rápido.

Se me concentrar, vou conseguir deixar que entre em mim todo o grande sibilar do mundo. Ranjo meus dentes, seguro a barriga.

Está chegando, o momento está chegando.

Se eu acertar o momento, posso deixar minha mente explodir para fora de mim e se dobrar para o mundo, puxando-a atrás de mim como um carrinho. Como uma bola de golfe pulando para fora do fogo. Não! Não! Não uma bola de golfe! O mundo vai se agitar inutilmente atrás de mim, como, como uma capa de super-herói.

Vou estar livre da falta de jeito, da Ciru, do Jimmy, de sonhos sobre Idi Amin. O mundo são raios de luz ofuscante. Meu corpo se arrancando, como velcro, dos padrões dos outros.

Mais tarde, acordo no banco de trás do carro. "Aqui estamos", Mamãe gosta de dizer sempre que chegamos em casa. Minha pele está quente, e a maciez dos nós dos dedos da Mamãe mordiscam minha testa. Consigo sentir os dez mil grilos quentes em coro lá fora. Quero arrancar minhas roupas e deixar minha pele ficar nua na noite crepitante. "Shhh" ela sussurra, "shhh, shhh", e um xarope com gosto rosa escorrega pela minha língua, e os braços fortes do Baba estão debaixo dos meus joelhos. Sou empurrado para dentro dos lençóis passados, dobrados por cima do cobertor como uma aba. Mamãe os puxa por cima da minha cabeça. Sou uma carta, acho, uma carta quente e ardente, e vejo uma grande língua grudentadexarope-pingando, que vai lamber e me selar.

Em alguns minutos, levanto-me e vou até a cama do Jimmy.

Capítulo Dois

Sophia Mwela mora na casa ao lado da nossa. Sophia está na minha turma. Ela é a monitora da classe. Sento ao lado dela durante as aulas, mas ela quase nunca fala comigo. Como a Ciru, ela é sempre a primeira da classe. A família dela é elegante e rica. Os Mwelas falam de forma anasalada; nós chamamos de *wreng wreng*, como as pessoas da televisão, como as pessoas da Inglaterra e dos Estados Unidos. A casa deles tem um segundo andar, e eles têm um mordomo e um motorista que usa uniforme. Eles fazem aula de piano.

O pai deles trabalha na Union Carbide. Ele é o chefe, e até pessoas brancas trabalham para ele. Ciru e eu vamos mostrar para eles. Nós vamos nos vestir como americanos. É uma ideia minha.

Ciru e eu invadimos o guarda-roupas da Mamãe. Coloco uma de suas perucas afro, batom, sapatos de salto alto cheios de papel higiênico. Peço que Ciru se fantasie também. Não, ela diz. Concordamos em fingir que sou sua prima americana. Coloco um pouco de pó na cara, e espirramos. Um vestido midi brilhante. Fica longo em mim. Masco vários e vários cubos cor-de-rosa de chiclete Big G. Escalamos a árvore, Ciru e eu, a árvore que separa a nossa sebe da deles.

Chamamos Sophia.

– Sophiaaaa – diz Ciru. Nós damos risada.

– *Sophiaaanh* – digo, como um americano. – *Sow-phiaaanh*.

Sophia aparece, solene, a cabeça virada para o lado, o rosto franzido, como uma pessoa séria, como uma pessoa que sabe algo que nós não sabemos.

– Esta é minha prima Sherry, dos Estados Unidos. Ela é uma Negra – diz Ciru.

– *Haaangi. Wreng wreng* – digo, como um americano, chiando pelo nariz, e sopro uma pequena bola de chiclete para fora da boca. Meus sapatos de salto alto estão prestes a cair.

– *I arrived fram Ohi-o-w. Laas Angelis. Airrrprrrt. Baarston. Wreng wreng*[1]...

Abano meu rosto e esfrego meus lábios um no outro como a mulher da Lux. Forço-os para frente, com um estalo. *Mpah!*

– E como é Ohio? – Sophia diz.

– *Oh, groovy. It is so wreng wreng wreng*[2].

Digo:

– *I came on Pan Am. On a sevenfordiseven*[3]...

Ela vira a cabeça e assente. Olha só! Ela acredita!

Dou de ombros:

– *I just gat on a jet plane, donno when I'll be back again*[4].

Ela vira para ir embora.

– Me liga. Meu número é 555...

No dia seguinte, Sophia conta para todos da turma que me vesti com as roupas de minha mãe e fingi ser uma americana.

Eles se matam de rir.

...

Jimmy gosta de virar os olhos e dizer coisas modernas e americanas como "você perdeu suas bolinhas de gude" e "você pode falar isso de novo".

Milhares de bolas de gude – cada uma amarrada na sua mente por uma tira de borracha – são espalhadas pela mente no mundo duro e macio que ela enxerga.

Bolasdegolfedegude.

---

[1] NT: "Eu cheguei de Ohio. Los Angeles. Aeroporto. Boston. *Wreng wreng*..."
[2] NT: "Ah, supimpa. É super *wreng wreng wreng*."
[3] NT: "Eu vim de Pan Am. Num setequatrosete..."
[4] NT: "Eu só peguei um jatinho, não sei quando volto de novo..."

O mundo que você enxerga ondula com muitos vales paralelos – um milhão de vielas mentais. A cada novo dia, você joga suas bolas de gude para fora da mente e permite que seus braços e pernas e ombros as sigam, e logo algumas bolas se aninham ruidosamente nos sulcos e correm com autoridade e precisão, direcionadas por você, com cada vez mais ousadia.

Cada bola de gude é uma versão completa de você, pequena e redonda. Como os sóis.

Nos sulcos.

Mas bem quando suas bolas de gude estão girando em frente, balançando-se animadamente para cima das paredes de seus vales e voltando para baixo, desafiando as bordas, assobiando e mascando chiclete e descendo montanhas de bicicleta e quicando como ioiô e americanas – o cascalho atingido pela chuva fora da janela do seu quarto se torna salsichas fritando, e salsichas fritando podem se transformar e virar intestinos sangrentos se contorcendo ou um exército de acordeões com suíças e bigodes te perseguindo, rindo como Idi Amin.

Sua bola de gude escorrega e entope um sulco que contém outra bola de gude e elas batem uma na outra, salsichas e cascalho e intestinos e cem acordeões maníacos fazendo sons altos e esponjosos.

E agora você está se movendo, em pânico e perdido. Eu tenho medo de acordeões, de sons esponjosos, de perder minhas bolas de gude.

...

– Esta é a Voz da *Kenya Television*. O *Homem de Seis Milhões de Dólares* é oferecido a você por K J Materiais de Escritório.
 – *It looks good at NASA One.*
 – *Roger. BCS arm switch is on.*
 – *Okay, Victor.*
 – *Lining rocket arm switch is on.*
 – *Here comes the throttle. Circuit breakers in.*
 – *We have separation.*

– *Roger.*
– *Inboard and outboards are on.*
– *I'm comin' a-port with the sideslip.*
– *Looks good.*
– *Ah, Roger.*
– *I've got a blowout – damper three!*
– *Get your pitch to zero.*
– *Pitch is out! I can't hold altitude!*
– *Correction, Alpha Hold is off, turn selectors – emergency!*
– *Flight Com! I can't hold it! She's breaking up, she's break–*

...

É sábado.

Finjo que meu nariz sangrou e Mamãe me deixa ir para o trabalho com ela.

Não quero ver Sophia Mwela. Eu sei que ela vai vir até a sebe entre nossas casas e chamar a Ciru e perguntar onde está a prima americana.

Ela vai estar rindo.

Não estou falando com Ciru. Ninguém está rindo dela. Não quero ficar em casa hoje. Jimmy não sabe o que aconteceu. Tenho certeza que Ciru vai contar para ele.

Mamãe tem um salão de beleza, o único salão de verdade de Nakuru, que é a quarta maior cidade do Quênia. Ele se chama Green Art. Mamãe também vende pinturas e esculturas de madeira.

Fico sentado no chão, aos pés de um enorme astronauta curvado, no salão da Mamãe. Sinto cheiro de café sendo feito, no Kenya Coffeehouse, que fica ao lado.

...

O astronauta secador de cabelos tem uma cabeça plástica cinza. A cara dele é um buraco enorme me encarando, e o buraco é uma rede redonda e plana para ele soprar ar quente. Eu coloco minha cabeça dentro do capacete dele e brinco de *Homem de Seis Milhões de Dólares*.

Mary está conversando com Mamãe sobre Idi Amin. Elas sempre falam sobre Idi Amin na língua da Mary, Luganda, que Mamãe sabe falar, mesmo que não seja a língua dela. O exército rebelde de Museveni está ganhando força na Tanzânia. Elas mastigam milho assado lentamente enquanto conversam. Mamãe fala Kinyarwanda (Bufumbira), Luganda, Inglês e Kiswahili. Baba fala Gikuyu, Kiswahili e Inglês. Nós, as crianças, falamos só Inglês e Kiswahili. Baba e Mamãe conversam em Inglês um com o outro.

Hoje eu vou ser um super-herói silencioso. Zunindo para o céu, com minha capa invisível. Com meus músculos biônicos.

Eles vão ver só.

"Steve. Austin. Um homem vivo por um fio", falo *wreng wreng* como um americano. "Cavalheiros, podemos reconstrui-lo. Temos a tecnologia. Podemos reconstruir o primeiro homem biônico do mundo... Não consigo segurar; ela se está se desmanchando! Ela está se desmanchando...".

O capacete de plástico do secador de cabelo fica embaçado com minha respiração. Começo a desenhar nele com meu dedo.

...

Mary tem olhos grandes e gentis, e ela roda os quadris quando anda, o que sempre faz eu e Ciru rirmos.

Idi Amin está matando pessoas e as jogando para os crocodilos. O Nilo está bloqueado por cadáveres. Nós temos muitas tias e tios em Uganda. Meus avós, os pais da minha mãe, estão em Uganda.

Um amigo de Baba desapareceu na fronteira, e tudo que encontraram foram seus óculos quebrados em uma vala comum.

Mary é de Buganda. Ela veio para o Quênia fugindo de Amin. Muitas pessoas estão vindo para o Quênia fugindo de Amin. Mamãe é bufumbira. Mas Mamãe fala a língua da Mary porque ela frequentou uma escola para meninas em Buganda, a melhor escola para meninas de Uganda, St. Mary's Namagunga.

O estômago de Mamãe começou a inchar com um novo bebê. Ela quer outra menina.

Mamãe conheceu Baba quando estudava na Kianda College, em Nairóbi. Ele era muito bacana. Ele tinha uma motocicleta e um carro e já tinha estado na Inglaterra. Nós somos quenianos. Vivemos em Nakuru. Mamãe nasceu em Uganda, mas agora é queniana. Baba é queniano. Ele é gikuyu. Ele é o diretor geral da Pyrethrum do Quênia.

Eu gosto de como os dedos da Mary conseguem fazer coisas mesmo quando ela desvia o olhar. Ela move as cabeças dos clientes para cima e para baixo, de um lado para o outro, e os dedos dela estalam rápido, como agulhas de tricô, e o grande arbusto de cabelo bagunçado se transforma em linhas e torres, como nossas novas estradas, ferrovias e pontes.

Kenyatta é nosso presidente. Ele é o pai da nossa nação.

O Quênia é uma nação que ama a paz.

Estamos nos unindo, e na escola cantamos *harambee*, que significa que estamos nos unindo, como um coral, ou cabo de guerra. No pódio do coral, acenando um enxota-moscas, está um condutor, Presidente Kenyatta, que tem olhos vermelhos e assustadores e uma barba. Um dia, nos dizem, a Mercedes de Kenyatta estava atolada na lama e ele gritou *harambee*, para que as pessoas viessem empurrar e empurrar sua longa Mercedes-Benz para fora da lama, então todos empurramos e nos unimos; nós vamos tirar a Mercedes da lama.

De vez em quando Mary mergulha o dedo no óleo e espalha lubrificante pelos corredores e ruas, para que eles brilhem como a América na televisão. Às vezes ela come enquanto faz isso. Em intervalos de semanas chegam novos penteados, da África Ocidental, ou África-América, ou Miriam Makeba, ou da revista *Drum* e dos Jackson Five: uzi, afro, raffia ou abacaxi, e a Mary sabe imediatamente como fazê-los.

Kenyatta é o pai da nossa nação. Eu me pergunto se o Quênia foi nomeado em homenagem a Kenyatta, ou se Kenyatta foi nomeado em homenagem ao Quênia.

As pessoas da televisão dizem Qui-nia. Nós dizemos Quê-nia. O Quênia tem quinze anos. É mais velho até do que o Jimmy.

O Quênia não é Uganda.

A chuva chacoalha o telhado de ferro corrugado do salão de beleza Green Art Hair Salon. Salsichas de porco Hot Uplands estouram em uma frigideira. É uma tempestade agora, e o som da chuva aumenta como uma multidão depois de um gol em um estádio.

A porta se abre com um zumbido e gotas de água atingem meu rosto, vindas lá de fora.

Tingtingtingting.

Tem uma dor no meu peito hoje, doce, penetrante, como uma língua cortada que se arrepia de doçura e dor depois de comer abacaxi.

– Achei!

Sophia diria, se entrasse no salão agora.

Sinto saudades da Ciru.

Já estou cheio de coisas para contar para ela. Se ela estivesse aqui, me puxaria para fora de mim. Eu oscilaria por um momento, então correria ou rolaria rapidamente atrás dela.

Um grupo de mulheres entra correndo. Estão vestidas para um casamento. Estão histéricas. Os cabelos escovados encolheram na chuva. Elas tinham passado a noite toda se preparando em casa. Estão atrasadas para o casamento.

A noiva está chorando.

– Cavalheiros, podemos reconstruí-lo. Temos a tecnologia.

Mamãe passa instruções. Vozes estridentes explodem: rangendo e zunindo e espumando como mãos sacudindo talheres na pia. Elas borbulham como água quando está começando a fazer vidro. Se você empilhar todas as camadas de bolhas, pode fazer uma janela. No começo, ela será redonda e macia, então você pode colocar um livrão em cima e pular e pular até ela ficar dura e plana e certa.

Talvez a mãe de Liza tenha vindo com as mulheres do casamento? Ela vai me ver; todos vão saber que me vesti de menina ontem.

Mamãe vai descobrir que usei suas roupas e sua peruca.

Todos estão contra mim. A dor da minha situação-abacaxi arranha meu peito, e eu a deixo se balançar como um ioiô. A sensação é gostosa.

Escuto pés se arrastando na minha direção. Pulo do assento embaixo do secador e deito no chão, debaixo da cadeira. Cubro meu rosto com as mãos. Um corpo senta na cadeira, com uma pancada; uma cabeça se acomoda dentro do capacete. O secador começa a ofegar, e eu sinto o ar quente na minha cabeça.

É a noiva! Olho discretamente para ela, através da minha dor crua e amarela. Através das mãos que cobrem meu rosto. Sua aparência é bestial com os olhos de cabeça para baixo e a boca rosa de batom invertida. Logo amoleço e fico rosa como abacaxi. Barriga de borboleta. Pés descalços no cascalho quente. Os lábios dela são rosa como traseiro de babuíno, o que deve doer muito. Endureço meus olhos, meu coração.

Presto atenção nos lábios. Eles têm uma textura mais segura: uma brinquedolândia pintada de batom rosa, a cor de doces contentes e bolas de chiclete e felicidade firme e comprometida.

Fico rapidamente esperto e animado e feliz. Retiro as mãos do rosto e fico de pé. Ela faz uma careta e grita.

– Oooooooh, queeeem é esse? Por que você está escondido?

Meu rosto desaba.

– Não chora! Ai, não chora!

Agora quero chorar. O rosto dela fica borrado e tudo está emaranhado e afiado. Ela se inclina na minha direção, essa mulher de casamento com cabelo encolhido.

Agora a boca dela é feita de minhocas rosas e lesmas e dentes.

Seu rosto incha na minha direção, arrancando o engarrafamento de estampas, apresentando-se inteiro e inevitável.

Suspiro. E olho. A besta se foi. Ela é uma pessoa completa, sem graça e indivisível novamente. Fico em dúvida sobre minhas próprias dúvidas recentes. Como ela pode ter sido qualquer outra coisa além do que é agora?

– Mama Jimmy. Este é seu primogênito? Este é o Jimmy?

Ela abriu o mundo fechado e abarrotado. Tenho tentado manter meus lábios dobradosumnooutrofechados. Para sempre. Quieto. Abrir dois lábios é arrancar teias de aranha. Um super-herói silencioso. Descolado.

– Oi, tia – digo, desenhando figuras no chão com meu pé. O abacaxi cresce no meu peito. Talvez ela me dê um pouco do bolo de casamento? O gosto estridente e doloroso da brancura doce perfeita. O gosto da cobertura na boca é como o som de isopor esfregado em si mesmo.

É quase demais para aguentar.

Permito que meus olhos levantem, lentos e fofos. Sei jogar este jogo. Arrepio-me e deixo meus olhos encostarem nos dela brevemente, e olho para baixo de novo.

Ela exclama suavemente.

Minha mãe vira na nossa direção e me lança um olhar severo.

Será que Mamãe sabe? Será que a mãe da Liza ligou?

A voz de Mamãe é como cacos de água e correntes de vidro. Eleva-se por sua garganta como espuma quente. Ela tem uma pequena papada onde este som é produzido, um sotaque nasalado, mas não americano, nem inglês. Seu nariz é longo e fino.

Descobri que sotaques nasalados vêm de pessoas com narizes longos e finos. *Wreng wreng.* Meu nariz é fino, mas não tanto quanto o de Mamãe. Às vezes, tento me escutar, fazendo uma concha com a mão sobre a orelha e torcendo minha boca para o lado, mas não me escuto nasalado. Mamãe estende a mão e pega a minha. Lambe um dedo e ajeita minha sobrancelha. Os dedos dela contornam minha cintura e me puxam para seu peito. Minhas costas recuam por causa do caroço duro em seu estômago. Não quero esmagar o bebê. Mamãe cheira bem, a talco e perfume e óleo quente para cabelos.

– KenKen – esse é o apelido embaraçoso que Mamãe tem para mim – o que você está fazendo aqui? – ela ri e meu coração ronrona. – Ele é meu segundo. O tímido.

Uma abelha não soa como um enxame de abelhas. O mundo se divide em sons de umacoisas e sons de muitascoisas. A água do chuveiro caindo em uma cabeça ensaboada é muitascoisas estilhaços de vidro caindo, ting ting ting.

Todas juntas, elas são: shhhhhhhhhhh.

Shhhhh é feito de muitos muitos ting ting tings pequenos e metálicos, tão pequenos que sons do tilintar de vidros tornam-se sussurros suaves; como quando todo mundo na assembleia da escola está falando ao mesmo tempo, é diferente de quando só uma pessoa está falando. Salsichas fritando soam como chuva em um telhado de ferro, que soa como uma multidão.

A chuva está leve agora. As mulheres do casamento estão de bobes. Todos os secadores estão funcionando, olhos vermelhos. Mamãe dá tapinhas no cabelo da noiva e sussurra para ela em Kiswahili, que Mamãe fala com um sotaque cheio de gh's ugandenses e kh's ruandeses. A voz dela é suave e arrepiante, e as pessoas se arrepiam com ela e fazem o que ela diz. Ela nunca grita.

Lá de fora vem o som de metal batendo. Mary corre para fora. E Mary está berrando para alguém em seu Kiswahili engraçado. Então, ouvimos gritos. As mulheres do casamento se levantam. Todos corremos até a porta. A noiva começa a chorar de novo.

É a Sra. Karanja. A Sra. Karanja é dona do Kenya Coffeehouse, que fica ao lado do salão da Mamãe. Ela não gosta quando deixamos nossas lixeiras do conselho municipal perto do café dela. Mas é lá que devemos deixá-las. O conselho se nega a entrar no nosso quintal para recolhê-las.

O rosto dela está suado. Suas sobrancelhas são arcos ovais perfeitamente desenhados, e os olhos e cílios estão grudentos, com borrões marrons. Tinta marrom vaza do delineador, descendo pelas bochechas, e a boca pintada de rubi está levantada de um lado, em desdém. Um dos dentes dela tem um borrão de fluoreto marrom que eu nunca vi antes. Ela está puxando uma lixeira gigante de metal, e a Mary, que é escura e firme e magra, está puxando nossa lixeira de volta. Tem lixo jogado por todo o concreto.

O empregado da Sra. Karanja está atrás dela, um homem pokot, um guerreiro vestindo um uniforme militar barato e sandálias feitas de pneu de carro. Jonas. Normalmente, ele me dá doces tropicais quando me vê. Eu gosto de sentar no joelho dele em seu pequeno banquinho. Ele tem linhas paralelas cortadas no rosto e orelhas rasgadas que foram enroladas em si mesmas.

A Sra. Karanja tem uma pele rica e amanteigada. Ao desenhar o cabelo de pessoas comuns, você pode simplesmente desenhar pontos aleatórios na cabeça para cabelos curtos, ou riscar desenfreadamente, com um giz de cera ou um lápis, para cabelos longos. O Presidente Kenyatta chama pessoas comuns de *wananchi*.

Com estrangeiros brancos e estrelas internacionais, como Diana Ross, ou os Jackson Five, você desenha o contorno cuidadosamente e pinta dentro de amarelo, ou preto, ou marrom, preenchendo todos os espaços até a figura ter uma cor evidente e você não conseguir ver linhas ou rabiscos, só amarelo, marrom ou preto. Quando eu e a Ciru desenhamos estrangeiros, temos o cuidado de fazê-los iguais ao que eles parecem em livros de colorir e na televisão.

A Sra. Karanja tem sobrancelhas desenhadas, linhas pretas gêmeas e inteiras que pertencem a pessoas que não têm espaços em branco. Mas ela está quebrando. Ela está berrando, "Por que vocês colocam a lixeira ao lado da minha? Estou cansada disso. Cansada!

Vocês ugandenses destruíram o país de vocês – por que vocês querem vir aqui e destruir o nosso?"

A chuva parou, o sol está alto, e a rua está se enchendo com poças de multidões crescentes e trêmulas. Calças boca de sino se agitam, e alguns pés descalços se espalham como um leque, por nunca usarem sapatos. Grupos de pés marcham na nossa direção: os vendedores de raridades da Kenyatta Avenue, os negociantes ilegais que ficam sempre por perto do café, os jornaleiros, as pessoas que estão simplesmente ali e entediadas e molhadas da chuva.

A Sra. Karanja empurra Mary, que cai no chão. Elas estão se batendo agora. Corpos se movem, incertos, na multidão, dedos esfregando coxas para cima e para baixo, mãos enroladas em si mesmas.

A Sra. Karanja grita, empurra Mary para longe, e fica de pé e grita, e aponta para Mamãe. Mamãe agarra meu ombro firmemente e me puxa para perto do peito. A mão dela alcança a minha. Eu tento me soltar, mas ela é mais rápida do que eu.

O guarda soltou a Mary, mas está atrás dela. Ela está ofegante, os olhos furiosos, lacrimejantes e furiosos, e fixos na Sra. Karanja, que se balança de um lado para o outro.

Ninguém fala. As mulheres do casamento estão quietas. Minhas orelhas esquentam. É como se o Quênia estivesse lá, com a multidão, e atrás de nós estão as mulheres do casamento – que ficaram do lado de Uganda. Todo o Quênia foi unido pela Sra. Karanja. E as mulheres do casamento foram silenciadas pela vergonha.

As pernas da multidão agora se aproximam umas das outras, sussurrando e fazendo careta e sorrindo, as narinas abertas e tremendo. Nem o *askari* do conselho municipal faz alguma coisa. O cassetete dele fica ali, impotente; o pescoço de alonga na direção da Sra. Karanja, os olhos arregalados.

Mamãe segura firme a minha mão. Corpos começam a se esfregar uns nos outros. Mamãe não solta minha mão. Se eu fosse uma bola de golfe, rolaria rápido e para frente e atingiria aquela lixeira de metal e a tombaria. Eu quero uivar e colocar minha cabeça debaixo da saia da Sra. Karanja e soltar sons altos e desdenhosos, ou bater forte com a minha cabeça na parede de concreto, e me recuperar, satisfeito por não ser feito de borracha. As pessoas saem do Barclays Bank para se juntar à multidão do outro lado da rua. Ainda estou tentando soltar meus dedos do punho da Mamãe, para poder beliscá-la forte.

A Sra. Karanja anda até a esquina e pega outra lixeira. Essa está cheia. Ela a derruba com um chute e olha para nós.

Há uma pilha agora, no chão: cabelos antigos, milhares de cachinhos oleosos de fios pretos de cabelos desfeitos, grãos molhados de chá velho, contêineres de leite KCC, garrafas de xampu, pacotes de biscoitos digestivos, massas cinzas de jornais velhos molhados, um pacote de sorvete Lyons Maid, vários pacotes de Elliot's Bread, uma lata de geleia de ameixa Mua Hills, tampas de garrafas, espigas de milho que parecem dentes à mostra, uma garrafa de xarope de laranja Trufru, uma garrafa de Lucozade, de quando a Ciru estava doente, palhas de milho amareladas enroladas em cabelo de milho que parecem cabelo de gente branca, potes vazios de pomada Dax, pacotes de ráfia, fios, cascas de banana, formigas.

– Volta para dentro do salão – ela diz, me empurrando.

Quero dizer não, mas me mexo. Bato a porta atrás de mim. As chamas a gás ainda estão aquecendo os pentes e o salão está quente e cheirando a cabelo queimado e Idi Amin.

Subo numa cadeira e assisto pela janela.

Mamãe começa a recolher o lixo. Mary ajuda. A Sra. Karanja fica na frente da multidão, assistindo. Quando a primeira lixeira está cheia, elas a recolhem e vão na direção do café da Sra. Karanja. Elas a depositam no chão, entre as duas lojas, onde todas as lixeiras da rua devem ficar.

A Sra. Karanja as segue.

– Vocês vão ver. Vocês vão ver.

A multidão está quieta. Ela chama o guarda e manda que ele espalhe o lixo na frente da porta da Mamãe. Ele dá de ombros para a multidão, os olhos alertas e receosos. Pega a lata, passa por Mamãe e Mary, evitando seus olhos, e vira a lixeira na frente da porta. Retorna, os ombros caídos, seguindo de volta para o café. Uma mulher pula para fora da multidão e começa a recolher o lixo; logo, um grupo pequeno está ajudando Mamãe e Mary. As mulheres do casamento começam a ajudar. Até a noiva se junta a elas.

Mamãe entra no salão e Mary vai atrás. As mulheres do casamento voltam também. Todo mundo fica quieto por um momento, então a conversa irrompe e os secadores começam a rugir.

Capítulo Três

É o período de recesso escolar e está frio. Julho. Estou de pé perto da estação meteorológica nova da escola nova, vendo cones de alumínio voarem ao vento, e vejo meu pai vindo em minha direção.

Corro para ele e pulo: ughh! "Você tem ossos pesados", ele diz. Suas mãos estão duras contra minhas axilas e meu nariz queima por causa do ar frio enquanto balanço, como os cones ao vento.

Não é meu aniversário. Por que ele está aqui?

Ele diz: – Vá chamar sua irmã.

Ciru vem. Jimmy já está no carro.

– Vocês têm uma irmãzinha, no War Memorial Hospital.

Chiqy, minha nova irmã, se parece exatamente comigo quando eu era um bebê, diz Mamãe.

Sinto-me triunfante.

Porque ela também é a segunda menina, ela terá um primeiro nome de origem Bufumbira, como meu nome, Binyavanga. Em minha certidão de nascimento, sou Kenneth Binyavanga Wainaina. Ela recebe o nome de Kamanzi. Melissa Kamanzi Wainaina. Nós a apelidamos de Chiqy. Em nossa família, como na maioria das famílias Gikuyu, o primeiro menino e a primeira menina são nomeados de acordo com os avós paternos. O segundo menino e a segunda menina são nomeados de acordo com os avós maternos. Jimmy se chama James Muigai Wainaina. Ciru é June Wanjiru Wainaina, em homenagem à mãe do meu pai, Wanjiru. Eu sou Binyavanga, em homenagem ao pai da minha mãe, e assim vai. Então Binyavanga se transforma em um nome Gikuyu.

Nós somos pessoas misturadas. E temos jeitos misturados de dar nomes, também: o jeito anglo-colonial, o antigo jeito Gikuyu, e os nomes distantes da terra da minha mãe, um lugar que não conhecemos. Quando os irmãos e as irmãs do meu pai começaram a frequentar escolas coloniais, eles tiveram que apresentar um sobrenome. Também tiveram que mostrar que eram bons cristãos e adotar um nome ocidental. Eles usaram o nome do meu avô como sobrenome. Wainaina.

Baba diz que em tempos antigos todo mundo tinha muitos nomes, por muitas razões; um nome apenas para as pessoas que tinham a mesma idade que você, um nome como filho de sua mãe, um nome depois de se tornar homem. Hoje em dia, na maioria das vezes, o nome é o que consta na certidão de nascimento.

...

Estamos com medo de ficar dentro de casa. Forças amorfas de acordeão atacaram o universo. Kenyatta, o pai do Quênia, está morto. Mamãe está sempre cansada, sempre falando com nossa nova irmã.

Mês passado o papa morreu, e este mês o novo papa morreu, o papa sorridente. Durante todo o dia hoje, eles mostraram na televisão vídeos antigos e chuviscados de dançarinos tradicionais Gikuyu cantando para Kenyatta. Um homem e uma mulher apresentam uma valsa Gikuyu, outro homem toca sons amorfos de acordeão enquanto eles dançam, e Kenyatta, grande e cabeludo, está sentado em um pódio. O luto por Kenyatta parece nunca acabar. Não temos aula.

Georgie e Antonina são nossos novos vizinhos. Gostamos de nos esgueirar pela sebe para dentro do jardim deles. Um quarto de acre de milho maduro enche a parte de trás do terreno.

Em um dia mais quente do que o normal, durante este recesso interminável, nós corremos – felizmaníacos e incertos, folhas caídas estalando e quebrando – e brincamos, o sol quente e certo. As penas macias e a grama de um ninho de passarinho abandonado cheiram bem, a podridão e penas. Encontramos ninhos de ratos e filhotes de vira-lata ao corrermos com pipas-besouro em amarelo e marrom. Amarramos as pernas dos besouros com barbantes e eles voam atrás de nós. Xarope de suor quente entra nos olhos e arde, e estou perdido neste mundo cor de trigo, com folhas que se agitam e pés descalços afundando na terra quente.

Esquecemos de voltar a tempo e ao nos espremermos pelo buraco na sebe de maçãs kei, lá está Mamãe, um cinto na mão, segurando a bebê Chiqy. Chiqy está chorando, o rosto de Mamãe duro e silencioso. Quando ela fica brava, não fala.

Na esquina dessa cerca há um tronco morto, um velho eucalipto e um carro abandonado que mutilamos todos os dias. Enquanto seguimos mamãe, implorando, paro por um momento para realizar o ritual deste lugar. Toda vez que batemos no tronco velho, formigas correm para fora. Elas não param. Às vezes, saem tantas que elas entram em nossas roupas. Você bate nele e bate nelas, e elas continuam saindo do tronco morto. Elas têm padrões que não consigo ver, mas mantêm ritmo e tempo perfeitos. Você bate, elas correm, há correntes sem fim escondidas debaixo de troncos seguros, não falando sua língua, não organizadas como você foi ensinado.

...

Está escuro e eu não sei onde Ciru e Jimmy estão. Quando as sombras da tarde chegam, bato na porta da Mamãe. Ela não abre. Ando até a sala de estar, deslizando minhas costas pela parede o caminho inteiro, para sentir o mundo.

Estou com fome, mas não quero ir até a cozinha. O retrato gigante de Kenyatta fica na sala de jantar. Os olhos dele vigiam você, vermelhos e reais. Ligo a televisão. Desenho animado. Chamo, alto, para que Jimmy e Ciru se juntem a mim. Eles não vêm. Posso ouvi-los brincando lá fora. Sento no grande sofá de veludo verde.

Todo dia, o dia todo, vemos Kenyatta deitado, achatado e morto na televisão, e pessoas vão ver seu corpo. O corpo está cinza e coberto de muco da morte.

Quero estourar como salsichas de porco Uplands fritando.

A ponta saliente do meu pinto dói, incha e coça contra minhas calças. Então trompetes de jazz liberam a pressão, e um calor maravilhoso se espalha pelas minhas cuecas, escorre pela minha coxa, para o veludo verde esponjoso debaixo do meu traseiro, uma corrente fluida e estável de som e líquido.

Corro para fora para encontrar Ciru e Jim, antes que Mamãe descubra o que fiz. Meus olhos estão fechados quando passo correndo pela sala de jantar.

...

Mamãe cozinha o jantar para nós, o que é gostoso. Bebê Chiqy está dormindo. Então Mamãe sai para alimentar Chiqy, e Baba ainda não está em casa. Se tripas de bode pudessem cantar, esse é o som que fariam, tripas de bode ferventes cantando na televisão, cantando para Kenyatta. Jimmy está em seu quarto escutando *Top of the Pops* na rádio BBC. Ele está em um momento descolado, o que quer dizer que não quer nada com a gente. Eu e Ciru estamos pulando nos sofás, tentando preencher o silêncio desconfortável com atividades.

Um homem velho sorri na tela preto e branco. A barba dele se move. Ele mostra os dentes. Empurra um graveto por um arco de madeira e barbante, tripas e feijões fervendo e se espalhando pela casa em um dia quente. Minha gaita de boca amarela está presa em meus lábios e tem o formato de uma espiga de milho. Estou falando todo abafado e deixando os sons das minhas palavras saírem da gaita. A música soa como, como o caos.

Voz na televisão: "Esta delegação da Província de Nyanza está tocando um *nyatiti*. Eles vieram cantar para o falecido Presidente Kenyatta. *Nyatiti* é um instrumento musical tradicional do povo luo".

Matiti. Ciru dá uma risadinha. Eu dou uma risadinha. *Titi*. Tetas.

Gostamos de brincar de maasai às vezes. Isso significa tirar nossas roupas e estirar nossos pescoços para frente e fazer sons guturais. Nos movemos mais e mais rápido, transformando nossos corpos em uma anarquia perfeita. Logo somos bestas eternas, carregados pela tontura e adrenalina, sem pensamentos ou planos ou ideias, sem passado ou padrão.

O homem velho tem uma coroa de pele de macaco colobus. Ele faz sons de barriga – sons trêmulos e amorfos. Esfrega o graveto para cima e para baixo, para cima e para baixo contra o barbante; a cauda de cada movimento ascendente é como um acordeão perigosamente contra meu peito. Arrasto-me pelo carpete de barriga para baixo e coloco meus olhos perto da tela. Já fiz isso outras vezes. Perto da tela, meu pânico desaparece. Fica claro que os rostos deles pertencem completamente à televisão: eles foram quebrados em milhares de pontinhos; a televisão contou todos os pedaços que fazem parte deles e não há mistério. Mas quando me afasto da tela, os sons amorfos do homem me agarram novamente.

Eu e Ciru estamos pulando para cima e para baixo nas molas do sofá, e rindo e apontando para o homem. Encontramos um ritmo forte e não conseguimos parar de rir. Nos abraçamos, e rolamos, eu e Ciru, rindo. Nossas barrigas doem. Deito e encaro o teto, que é limpo e branco, e minha barriga se acalma e consigo ouvir o *nyatiti* que segue tocando.

Em minha boca está o mundo de sorriso plástico amarelado da gaita em forma de espiga de milho: plástico fixo, falante de Inglês, feito em Taiwan, seguro, importado e imaculado, uma gaita de boca sorrisoamericano, cada buraco um som claramente diferente. Na escola nos ensinaram que toda música vem de oito sons: dó, ré, mi, fá, sol, lá, si, dó – mas o que aquelas pessoas estão cantando e tocando não se encaixa nesses sons. Inarticulados. Kenyatta está morto. Aqueles olhos vermelhos de maçarico na sala de jantar unindo todos aqueles sons *harambee* de pessoas nas muitas vestimentas do Quênia, cantando e dançando, mas não em um coral, sons e línguas e estilos e vestimentas e expressões faciais desconectadas.

Eles não têm nada a ver um com o outro.

Ki-may.

Essa é minha nova palavra, meu segredo. *Ki. Maay.* Deixo minha mandíbula cair folgadamente na segunda sílaba, como um homem de desenho animado com uma mandíbula de caixa registradora. *Ki-maaay.* Ela chama o momento mais inesperado. A certeza perde a coragem e vira um acordeão. Minha mandíbula se move de um lado para o outro, como uma gaita de boca. Quando a palavra ganha vida, *kima-aay,* ela cria uma realidade própria. Esfrego a palavra em meu céu da boca, que é rugoso como as costelas de alguns instrumentos musicais. Balanço minha mandíbula frouxamente de um lado para o outro, deixo pequenas bolas de gude de iodelei subirem pela minha garganta, do meu peito, deixo as ondas estourando de iodelei correrem pela minha língua e se transformarem no formato do mundo, *kie-mae-ae-ae-y... eay...*

Kimay é o trompete de jazz falante: sons sarcásticos e enviesados, sibilos e stress, suor abundante, e bochechas inchadas gigantes, quentes e suadas; estar explodindo para dizer alguma coisa, mas não dizer nada; o clarinete enrolador. *Kimay* são mulheres Gikuyu fazendo o iodelei, dançar quadrilha escocesa ao som do homem que toca acordeão e usa um chapéu com uma pena. É um homem de neon chamado Jimmy, que tem uma guitarra que berra e um *black power* gigante. São mulheres Gikuyu ululantes chorando ao redor do corpo de Kenyatta na televisão. Homens maasai gorgolejantes pulando para cima e para baixo. Homens luo vestindo penas e barbas de Kenyatta, tocando o *nyatiti*. Homens do Congo cantando como mulheres.

Eu falo Inglês. Eu falo Kiswahili. *Ki-may* é qualquer língua que não sei falar, mas ouço todo dia em Nakuru: Ki-kuyu, Ki-kamba, Ki-ganda, Ki-sii, Gujarati, Ki-nyarwanda, (Ki) ru-fumbira. *Ki-May.* Há tantas que fico tonto. *Ki-may* é o acordeão, o violino, a gaita de foles, o trompete. Todos aqueles sons esponjosos.

Tenho medo de escorregadores e gaitas de fole, balanços e tontura, Idi Amin, e dançarinos tradicionais cantando iodelei ao redor do presidente morto na televisão. Mais do que tudo, tenho medo de acordeões.

Capítulo Quatro

É domingo. Tenho nove anos. Estamos sentados em um pedaço de grama de plástico duro perto da varanda. Mamãe trouxe seus tapetes ugandenses. Estou lendo um livro novo. Estou lendo um livro novo por dia agora. Este livro é sobre uma mulher flamingo; ela é uma secretária, as pernas finas como graveto improváveis em tamancos de salto alto, a bolsa no bico.

Voando para longe.

O livro sobre flamingos veio em uma caixa de livros que Mamãe comprou de vizinhos missionários americanos que estavam voltando para casa. O sol está quente. Fecho meus olhos e deixo o sol brilhar em minhas pálpebras. Há um bater de línguas vermelhas e bestas, auréolas de vermelho e azul ardentes. Se volto para meu livro, as letras se embaralham por um momento, então desaparecem na minha cabeça, e flamingos feitos de palavras conversam e usam salto alto, e consigo correr de pés descalços por toda a China, e nenhuma besta consegue me capturar, pois corro e pulo mais longe do que elas.

Em meu trampolim de letras e palavras.

Mamãe está descascando ervilhas e cantarolando, e nossos corpos cantarolam suavemente com ela. Chiqy está arrancando pétalas de flores; Ciru está correndo com um ioiô da mesma caixa de delícias americanas. Quando Ciru ri, todo mundo ri, e quando ela está correndo e rindo, todos ficam quentes e sorridentes.

As cabeças das dálias amarelas estão penduradas e começam a perder pétalas. Penso em fazer uma pipa, como Jimmy nos mostrou. Pegue um jornal. Baba vai bater em você se você usar o *Nation* dominical. Corte uma página. Use uma faca para separar um graveto de bambu velho da cerca. Cole gravetos na diagonal, usando fita adesiva. Três buracos em um triângulo, no lugar certo. Faça uma cauda de jornal bem, bem longa. Corra. Corra corra.

Tem duas pipas velhas presas nos fios elétricos. Nós fomos punidos por isso.

Daqui, podemos ver toda minha cidade natal – longas nascentes de fumaça e os silos, um deles um amontoado de quatro cilindros de concreto altos e colados uns nos outros, Unga (farinha) Ltd., e o outro dois tubos separados de um azul e prata metálicos, silos, onde Baba trabalha, na Pyrethrum Board do Quênia. Nós chamamos de Pie Board. Ele é o diretor geral. É uma cooperativa agrícola. Tem uma fábrica. Laboratórios e cientistas pesquisadores. Processamento. Piretrina é um ingrediente chave para inseticidas internacionais. Como os da Johnson's.

Atrás de nós, está a Cratera de Menengai; a oeste, depois do Clube de Golfe de Nakuru, está Lena Moi Primary, a escola que todos frequentamos. Lá embaixo, perto do lago, ficam milhares de casinhas com telhado de metal enferrujado. Quando toca o sinal da escola, milhares de pessoas saem daquelas casas.

Ciru é a primeira da turma em todos os bimestres desde os cinco anos. No último bimestre, surpreendi a todos, incluindo a mim, ao superar Ekya Shah e ser o primeiro da minha turma. Gosto das coisas novas que fazemos, como redação em Inglês e Geografia, especialmente. Não perdemos nota por causa da letra, e minha letra é terrível. Não me concentro na aula, mas leio tudo a que tenha acesso.

Daniel Toroitich arap Moi é nosso novo presidente. Ele é jovem, estranho e desajeitado, mas limpo, alto e elegante de terno. Ele está na televisão, movendo-se como um acordeão, desculpando-se em sua voz incerta por simplesmente estar ali. Ele se viu no centro das coisas e não sabe o que fazer agora que não é mais vice-presidente do Kenyatta.

Como a Mary, na nossa turma, que é grande e pesada e está sempre inclinada e rabiscando. Ela finge que sabe ler, mas às vezes percebemos um livro de cabeça para baixo, o corpo dela curvado ferozmente, os olhos encarando o livro.

Meu pescoço e minhas orelhas queimam quando vejo uma professora virar para ela e dizer, "Mary, qual é a resposta?".

Às vezes gostamos de Moi porque ele é desajeitado, como todos nós. Ele não é imponente como Kenyatta, ou educado e elegante como Charles Njonjo. Ele tropeça no Inglês; seu Kiswahili é imperfeito e sincero. Não temos ideia de que homem e mente ele é na sua língua materna, Tugen. Este é um mundo fechado para o resto do país, fora seu povo. Não temos curiosidade sobre esse mundo. Fazemos muitas piadas sobre ele.

É quase hora do almoço e couve-flor cozida paira no ar. Moramos no topo da colina. Olhamos para a cidade de cima. Daqui, olhando para Nakuru, por todo lado há repolhos roxos e inchados de cabeças floridas de jacarandás. Couve-florindo, acho. Estremeço, e desvio o olhar.

Olho para além dos silos, para a borda da cidade: os campos simétricos de milho verde. Flocos de milho Kellogg's. E trigo. *Weetabix is unbeatabix*. Por todo lado, a distância, estamos cercados de montanhas.

Nakuru é uma cidade de altitude elevada na base do Vale do Rift. Esta contradição de aula de geografia me deixa confuso. Eu e Ciru gostamos de chamar o prédio mais alto do Quênia de Centro de Flocos de Milho Kenyatta.

Marrom é perto. Verde, longe. Azul, mais longe. As colinas a distância são escuras. Terras maasai.

Daqui pode-se ver a estrada principal do Quênia – a Estrada Mombasa-Kisumu, onde há frequentemente filas muito longas de tanques e caminhões do exército indo para o quartel Lanet. Uganda ainda está desabando. Idi Amin fugiu. Eles mataram todos os prisioneiros e deixaram o sangue e as tripas na prisão. Alguns corpos não tinham cabeça. A Tanzânia e Museveni atacaram Amin.

Mamãe está o tempo todo no telefone com tias e tios. A maioria está espalhada pelo mundo agora.

Presidente Moi diz que o Quênia é uma ilha de paz. Presidente Moi diz que os bandidos somalianos Shifta estão tentando desestabilizar o Quênia. Somalianos Shifta não enfiam a camisa dentro da calça. O rei de Ruanda tem quase dois metros de altura e está sempre na frente do Cinema Nairóbi, onde mulheres vêm e se ajoelham na frente dele. Ele não pode entrar em Ruanda. É um refugiado. Ele flertava com Mamãe antes de ela conhecer Baba e se apaixonar.

Reis estão tendo problemas. Com os presidentes. O rei de Buganda é garçom em Londres. Uganda é uma figura em um mapa, na forma da parte de trás da cabeça cheia de calombos de alguém teimosamente enfrentando o gigante Congo, sua longa mandíbula *kimay* balançando ao cortar Ruanda. Seu rosto é cheio de lagos e rios.

Presidentes também estão tendo problemas, com generais. Como Uganda, e o Sudão, ao norte. Todo mundo está tendo problemas com comunistas. Como Mengistu Haile Mariam, que apertou minha mão quando visitou a fábrica do Baba com o Presidente Moi e o coral da nossa escola cantou para ele. Ele era muito baixo e usava sapatos Bata tamanho 35, exatamente meu tamanho. Lorde Baden-Powell também usava tamanho 35. Ele deixou sua pegada no acampamento Rowallan, em Nairóbi.

Em todas as salas de aula há um mapa com a foto da cabeça do presidente no centro de cada país africano. O Quênia é uma ilha de paz, é o que diz a televisão o tempo todo. As pessoas deveriam parar de politicar, diz Moi.

O lar de Mamãe em Uganda é perto da fronteira com Ruanda, perto do Congo. Ela não pode visitar; a fronteira está fechada.

Levanto os olhos do meu livro, das certezas de secretárias que são flamingos voadores, olho primeiro para o céu, depois para o Lago Nakuru, rosa e azul abaixo de nós. Um primeiro livro de palavras e figuras, meu próprio livro, se encaixa na minha mente. Nele, as nuvens são os cabelos de Deus. Ele é velho e está ficando careca. A luz azul radiante sai de sua cabeça. Nós estamos dentro dele, recebendo a chuva e o sol, raios e trovões.

Levanto os olhos para assistir aos flamingos elevando-se do lago, como folhas ao vento. Nosso cachorro, Juma, está sorrindo, a boca aberta e ofegante e indefeso, e eu tenho essa sensação. É uma sensação rosa e azul, tão nítida quanto o céu azul límpido das montanhas. Arrepios são milhares de penas, um enxame de pessoas possíveis esperando para serem chamadas para fora da pele do mundo, pela fé, pelas palavras certas, pela brisa certa.

O vento ataca, Deus respira, e no lago milhões de flamingos elevam-se, as margens do Lago Nakuru levantam-se, como saias cor de rosa infladas por anáguas, agora mostrando partes de uma calcinha azul, e Deus se indigna, as saias voam mais alto, o lago todo fica azul e o céu está cheio de flamingos voando em círculos.

Capítulo Cinco

Eu e Ciru ainda estamos na escola de ensino fundamental Lena Moi Primary School. Jimmy agora está no ensino médio, em um colégio interno chamado St. Patrick's Iten. Chiqy tem quatro anos e se parece muito comigo. Eu tenho onze anos.

Noite passada tivemos uma tempestade, a maior de que qualquer um pode lembrar. Duas janelas quebraram e hoje de manhã encontramos um enorme eucalipto estatelado no chão, com as raízes enlameadas e trêmulas de orvalho e terra. Há nuvens achatadas onde o céu encontra a terra. Achatadas e limpas e cinzentas, como espuma velha. A luz do sol cai em raios suaves e tudo brilha com Deus por trás. O ar está fresco e estamos todos quietos no carro a caminho da escola: cercas, árvores e lixo estão empilhados em todas as curvas de estradas e terrenos.

Vamos de carro para a escola, mas não vemos ninguém. Meu pai está irritado comigo. Ele me faz amarrar meus cadarços. Ele refaz o nó da minha gravata. Durante anos vou esconder dele que não consigo fazer nós de gravata, amarrar cadarços, ver a hora no relógio e, mais tarde, minha incapacidade de fazer multiplicações longas. Amigos darão nós nas minhas gravatas e eu as manterei assim por todo o bimestre.

Mas hoje parece especial. A boca suave de Deus sopra ar úmido em nós; corremos através de pontos e traços de sombra na luz baixa que espia. Corremos pelo asfalto; longos bangalôs de salas de aula se estendem. Corremos em ziguezague, balançamos em um poste e saltamos para o próximo. Saímos pela porta de trás, passamos pela torneira de água potável, pela longa fileira de árvores de lagartas, sob as quais ninguém fica, por medo de que as lagartas verdes e cabeludas caiam sobre suas cabeças, para o campo, onde todo mundo está brincando. As lagartas cobrem a árvore, como folhas.

Em uma semana, toda Nakuru estará coberta por um milhão de borboletas brancas com narinas rosas. A grama ainda está úmida, ainda longa por causa da chuva, e tomamos cuidado com os nós. Quando a grama está longa, gostamos de amarrar algumas partes, dando nós para que as pessoas tropecem. Pessoas estão espalhadas por todo o campo e não temos ideia do que estão fazendo. Está chuviscando suavemente.

Então as enxergamos. Em todo o campo. Trazidas do céu, pela tempestade. Bolas peludas de cinza. Outros amontoados de rosa e cinza. E apenas rosa. Muitos deles estão mortos. Outros foram comidos por cachorros, outros batem as asas fracamente. Há penas cor-de-rosa por toda parte; entranhas e ossos e carne linda e rosa e gelatinosa. Penas por todo lado. Há torrões de esculturas de formigas, rolando e se remoldando como nuvens. Bolhas de sangue. Osso triturado. Durante toda a manhã, pegamos os flamingos bebês que ainda estão vivos e os entregamos para as pessoas do Serviço de Vida Silvestre do Quênia.

A escola de ensino fundamental Lena Moi Primary School costumava se chamar Lugard School, uma escola só para brancos, até os anos 60. Agora ela foi nomeada em homenagem a Lena Moi, a esposa abandonada do nosso presidente, Daniel Toroitich arap Moi. Quando Moi era vice-presidente, ela lhe deu um tapa durante um baile do Madaraka Day, na frente do Presidente Kenyatta, que riu dele, o que o deixou bravo e agora ouvimos dizer que ela não pode sair de casa. Ela vem de uma família kalenjin importante, os Bommets, uma grande família de agricultores, uma das primeiras do Vale do Rift a se tornar cristã e ir para escolas missionárias. Alguns deles frequentam minha escola. Muitas pessoas de Nakuru gostam da Lena Moi, porque ela era a escola de brancos de Nakuru. Não há mais brancos. Há um aluno japonês.

O Presidente Moi não vem de uma família importante. Ele era só um professor de ensino fundamental antes de entrar para a política. Ele está sempre sendo humilhado. Quando Moi era vice-presidente, os amigos de Kenyatta o tratavam como criança. Um policial, um Gikuyu, sempre parava e inspecionava seu carro quando ele estava indo para casa. O nome do policial é Sr. Mungai, e dois filhos dele estão na nossa escola. Ele é bem baixo e cria cavalos. Uma vez, o Sr. Mungai deu um tapa em Moi. Agora que Moi é presidente, Sr. Mungai deixou o país. O Presidente Moi quer prendê-lo. A cerca viva da escola ladeia a estrada onde isso aconteceu, a estrada para Kabarak, a casa de sua mulher, agora casa de Moi. Depois da estrada para Eldoret e, finalmente, para Uganda. O Presidente Moi gosta de corais de ensino fundamental, e dá aos mestres de coral importantes promoções.

Em uma tarde de domingo nós vamos para a cidade, eu, Mamãe e Ciru, para comprar frango e batatas fritas para o jantar. Kukuden. As ruas de Nakuru estão vazias. As pessoas estão em casa. Mesmo daqui, a duas milhas de distância, consigo ouvir a banda do Exército de Salvação na parte baixa da cidade, perto do Lago Nakuru. Há um estacionamento de caminhões do outro lado da rua do Kukuden. E um dos caminhões toca uma fita cassete.

Música do Congo, com vozes rebeldes, densas como mel quente. Este som é perigoso; promete levantá-lo de onde está e deixá-lo cair em um lugar quente de ponta-cabeça, vinte mil léguas abaixo do mar. *Kimay*. Violão e trompete, secos como antes das chuvas, mergulham no mel e saem novamente. Um grupo de homens descarrega sacos de batatas e canta com a música. A música explode com a estranha expressão Kiswahili, depois se solta e começa a falar sem sentido novamente.

As vozes imploram em uma estranha língua estridente, lingala, que soa familiar – tem padrões e palavras do Kiswahili – mas que não consigo entender. Movimenta algo verde e cremoso em minha barriga, e fico enjoado. Os homens estão mandando suas vozes para mais alto do que vozes devem viajar, deixando suas vozes fluírem, lentas e densas. A estrutura da música é... diferente, não como as melodias fáceis da escola, as canções kiswahili domesticadas que cantamos no coral.

Estou começando a ler livros de histórias. Se as palavras em Inglês dispostas na página têm o poder de controlar meu corpo no mundo, esse som e essa língua podem fechar suas dobras, como um leque, e eu deslizo para seu mundo, onde as coisas são organizadas de forma diferente, onde pessoas como Jonas, o guarda pokot, vivem, e naquele lugar tudo pode acontecer com você.

Gosto do coral. A escola permite que os membros do coral saiam da aula duas vezes por semana durante a tarde para conhecer crianças de outras escolas e praticar para um grupo gigante chamado Massed Choir, que tem crianças de todas as 22 escolas municipais. Nós vamos ao estádio e praticamos, mais de mil crianças, para cantar canções de louvor compostas por nossos professores para o presidente no Madaraka Day, dia 1 de junho. É divertido. Professores de música de várias escolas compõem as canções de louvor, e os melhores se tornam diretores ou até mesmo vão trabalhar na Comissão Presidencial de Música, perto da State House em Nairóbi.

Inglês é a língua oficial do Quênia. Todos os documentos legais e oficiais devem ser em Inglês. Kiswahili não é obrigatório na escola; é nossa língua nacional. É isso que diz nossa constituição. Então, temos noticiários em Inglês e Kiswahili. A maioria dos quenianos fala um pouco de Kiswahili. Nossa constituição não menciona nossas outras línguas. Acho que é porque queremos erradicar o tribalismo. Não é permitido falar nossas "línguas-mãe" na escola. Na escola, a Sra. Gichiri, nossa diretora, reage fortemente a meninas que são *prrr-oud*⁵, que demonstram vaidade, que se *prrr-een*⁶. Meninos malcriados levam quatro nas nádegas; meninas orgulhosas levam quatro nas mãos.

Prrr, diz o apito. Um aviso para que você não exagere. O mundo em Inglês tem pontas afiadas. Palavras que começam com *Pr* em Inglês prometem futuros bons para pessoas que se mantenham dentro de limites frágeis; palavras que começam com *prrr* prometem quebrar aqueles que ousem dançar ao som do *kimay*. Lugares ingleses no Quênia têm apitos de aço inoxidável, que mandam você marchar de certa maneira; eles apitam estridentemente quando você ultrapassa a linha. Há sinos e assembleias e regras penduradas e copos e canecas, que são quebráveis. Pessoas que não falam Kiswahili usam canecas esmaltadas.

Prrr-oud. Gosto dessas palavras afiadas, estridentes e controladoras que soam como se saíssem do apito de um policial. *Prim. Prude. Proper. Price. Probe. Prance*⁷. *Preen. Prrr-een*. Baba diz que a libra está se valorizando frente ao xelim. Mais pessoas brancas estão deixando o Quênia, mais indianos. As lojas que nos forneciam livros e brinquedos e histórias em quadrinhos britânicas, como *Beezer, Beano* e *Topper*, estão ficando caras.

Se eu visitar sua casa e sua mãe começar a falar com você em sua língua enquanto eu estiver lá, você vai revirar os olhos na minha direção e responder a ela em Inglês ou em Kiswahili, porque concordamos que os pais são ridículos desse jeito. Mais do que tudo, rimos e desgostamos daquelas crianças que parecem incapazes de escapar de suas tribos.

Às vezes praticamos músicas tradicionais para o festival de música interescolar. Tentamos não balançar muito nossos corpos,

---

⁵ NT: orgulhosas.
⁶ NT: arrumam, embonecam.
⁷ NT: Decoroso. Puritano. Apropriado. Preço. Sondar. Saltitar.

para não sairmos das fileiras e perdermos nosso lugar. É importante que movamos nossos membros ao mesmo tempo, que estejamos em sintonia e sigamos o condutor. Na prática, o maestro, nosso professor de música, Sr. Dondo, nos coloca nas notas dó-ré-mi-fá com sua gaita de boca antes de começarmos. Não se movam como gente da aldeia, ele costuma dizer. Muitas vezes não sabemos o significado da música tradicional que estamos cantando, mas aprendemos bem as palavras. O Sr. Dondo foi promovido. Agora ele é vice-diretor.

Quando dois meninos vêm para a escola um dia queimados de sol e cheirando a aldeia, onde tinham ido a um funeral, seus cabelos tinham sumido, raspados rente com uma lâmina de barbear, couro cabeludo brilhando de gordura animal.

Eles são tóxicos. Não aparecem para o coral.

Conforme o dinheiro se torna mais escasso, os pais de classe média preferem que seus filhos andem até a escola e não se importem com os atalhos. Logo crianças estão comprando o almoço em pequenos quiosques ilegais fora da escola. Logo cruzamos para o outro mundo, para comprar carrinhos de arame artesanais e trocar pombos-correio com crianças que falam línguas estranhas, que riem se você fala Inglês para elas – elas entendem, mas acham pretensioso; crianças que não usam sapatos, crianças que faltam muito à escola, e têm bebês muito cedo e cheiram a fumaça de fogão a carvão, que vão caçar antílopes e coelhos e pombos com cachorros e catapultas, na floresta acima de nossa casa, para se divertir.

Do lado de fora da outrora bem-cuidada sebe da escola, pelos seus buracos, caminhos em ziguezague percorrem todas as partes da cidade. Andazi, o jardineiro da escola, está ficando velho; ele está nessa escola desde que as pessoas brancas estavam ali, e diz que estragamos tudo.

Cresci cinco centímetros neste bimestre e minha voz recentemente quebrou, e fui expulso do coral porque desafino muito. Há quiosques informais brotando por toda parte, vendendo de tudo, de baterias a legumes frescos, entre as sebes espinhosas que estão começando a crescer desordenadamente na Nakuru de língua inglesa. Há muitas coisas vindas de Taiwan e menos coisas vindas da Grã-Bretanha. Baba diz que os britânicos fazem coisas boas, mas nunca aprenderam a comercializá-las, porque os colonizados tinham que comprar o que produziam. Há vendedores ambulantes agora, andando pelas ruas vendendo coisas de Taiwan, e mais lojas estão fechando.

Olha! Olha o Michael Jackson se movendo como se não quebrasse. Tentamos dançar como ele.

Baba nos acorda esta manhã e conta que houve um golpe de Estado liderado por soldados das Forças Aéreas. Há tiroteios por todo o Quênia. Ficamos em casa o dia todo. O governo foi tomado por um soldado das Forças Aéreas. Há tiroteios em Nairóbi durante todo o dia e rumores de que as ruas estão cheias de corpos. Lojas indianas são saqueadas. Muitas mulheres são estupradas. Há toques de recolher, por meses, e prisões. Alguns alunos da escola que falam Gujarati partiram para Londres e Toronto. Ninguém consegue, realmente, manter os buracos nas sebes fechados.

O Quênia não é Uganda. O Quênia tem grandes estradas e ferrovias e edifícios altos, ciência e tecnologia, pesquisa e grandes aviões e milhares de tropas e metralhadoras e mísseis. Com apenas algumas armas e alguns soldados de baixo escalão, o soldado da Força Aérea Ochuka é, por seis horas, presidente do Quênia. À tarde, o golpe é derrubado e milhares são mortos. Nairóbi tem cadáveres por todos os lados.

Capítulo Seis

Cleophas trabalha em nossa casa, como jardineiro e cozinheiro. Ele costumava trabalhar como *caddie* e sonha em ser golfista profissional. Ele é descolado e tem um afro grande. Uma vez, me levou para assistir *Abba: O Filme*. Durante a época do Kenyatta, estava sempre sendo preso porque se parece com um ugandense. Ele vem de Kakamega, na Província Ocidental.

Um dia, depois da aula, estou entediado e não tenho nada para ler. Tenho doze anos. Mamãe não me deixa ir à biblioteca porque descobriu que passei o ano todo evitando o dever de matemática e lendo romances nas aulas. Vamos prestar os exames nacionais este ano, eu e Ciru, e Mamãe e Baba estão sendo rigorosos. Ciru está ficando toda feminina ultimamente e não quer brincar ou conversar. Ela tranca o quarto o tempo todo e diz coisas como, "Mas o Michael Jackson é tão sensível".

Visito Cleophas na área dos empregados, com esperança que ele tenha tempo para conversar, ou ouvir música, ou que talvez me leve ao quiosque para comprar doces. A porta está apenas encostada. Há mais alguém no quarto. Uma mulher.

Suas vozes estão flutuando em paraquedas úmidos. Às vezes, um grito agudo ou um gemido sai da conversa revestida de suspiros. Ela ri e ele responde algo áspero. Meu pescoço está quente. A risada deles sai em vapor e baforadas. Ela grita. A cama dobrável de metal fica batendo contra a parede. Não consigo me mexer. Este cômodo já foi um estábulo para cavalos, durante a época colonial. É escuro e quente e tem uma janela de madeira verde. Eles colocaram piso de cimento depois que foi convertido em quartos para empregados nos anos sessenta, antes de nos mudarmos para cá. Quero sair, mas não consigo. Os caroços se contorcem debaixo dos cobertores. Cleophas geme, alto; sua cabeça se inclina para cima e para trás. Eu pulo e grito algo incoerente. Ela grita e se senta, o rosto cru e selvagem. "Saia", ele grita. Cleophas salta para fora da cama, cobre a virilha com um fino cobertor cinza, ainda gritando, e bate a porta.

Um dia, Mamãe demite Cleophas. Ela se recusa a dizer o porquê.

Jimmy está em casa entre um bimestre e outro, e eu descobri a ciência. Ela é redonda e perfeita, como um círculo. Um dia, estou lendo Erich von Däniken em nosso quarto. Jimmy está deitado em sua cama, perto de mim.

– Jim – digo –, se Atlântida ficava no Mediterrâneo?
– Hummm... – diz Jim.
– E o Mediterrâneo é onde há golfinhos?
– Sim – ele diz.
– E golfinhos são os animais mais inteligentes?
– Sim – ele diz.
– E eles gostam de pessoas, eles são os únicos animais selvagens que gostam de pessoas?
– Sim – diz Jim. Ele não está escutando de verdade.
– E... Atlântida afundou no mar? E as pessoas desapareceram, e ninguém encontrou esqueleto nenhum?
– Aham. E daí?
– Então eu sei o que aconteceu! Elas evoluíram! Os golfinhos são o povo de Atlântida!

Ele olha preguiçosamente para mim. Ele está ouvindo *Top of the Pops* na BBC no rádio de ondas curtas. Boomtown Grunts e Stray Cats.

– Isso é bobagem – diz.
– Por quê? – pergunto.
– Quando você se afoga, você se afoga.

Fico quieto por um tempo, depois digo:

– Mas, mas... eles eram uma civilização avançada; eles usavam a ciência.

Wambui tem quinze anos, ela é nossa nova babá. Ela é redonda e firme, com seios redondos e firmes. Ela vem de Dundori, onde seus pais receberam terras depois da Independência e cultivam batatas. Ela gosta de matar galinhas. Corta suas cabeças e as deixa correr e correr e correr. Ela ri e rimos com ela. Nós a amamos. Ela aguenta tudo que jogamos em sua direção, e é muito mais do que conhecemos. Temos medo dela.

Um de seus dentes da frente é rachado e manchado de marrom. Flúor demais na água de Dundori. Temos um professor que chamamos de Fluorose, pois todos seus dentes são marrons. O rosto de Wambui é tão angular e certo, seu sorriso tão torto e malicioso, que ela é a primeira babá que não conseguimos controlar. É óbvio que ela pode ir mais longe do que qualquer um de nós, em qualquer direção, boa ou ruim, violenta ou engraçada. O sorriso dela é um V nítido e torto contra um rosto preto e liso – nenhuma pele marrom ou vermelha. Ela tem duas interrupções chocantes: um osso cônico definido em cada bochecha, que empurram seu rosto para frente e deslizam até a mandíbula. Isso, e as manchas de pele mais escura que circulam seus grandes olhos redondos, às vezes dão a seu rosto uma aparência febril. Ela gosta de ler novelas da Longtime Pacesetter.

Um dia, há alguns meses, eu estava sentado na varanda e entreouvi Wambui ao telefone. Ela estava rindo, ofegante e dizendo: "Ohhhh. I am mashure. I am not young. Ohhhh. I am very mashure."[8] Sua voz estava engraçada e nasalada, e ela continuou rindo hah hah hah hah... rindo falso, como uma mulher no programa *Love Boat*, ou *Hart to Hart*. "Ohhhh", sua voz alta e estridente como uma televisão e

---

[8] NT: "Ohhhh. Eu tenho certeza. Não sou nova. Ohhhh. Eu tenho certeza."

falsa, "*I am verry prrretty*"⁹, disse, em Inglês. Os pés desenhavam mapas no chão e ela parecia estranhamente tímida. Explodi em risadas.

Ela desligou o telefone e gritou, "*Nitakuchinja kama jogoo*".

Vou te matar como um frango.

Um dia, o Presidente Moi passa pela nossa escola em sua caravana. Para. Doa um caminhãozinho inteiro de goma de mascar Orbit. Nós rimos de seu sotaque.

Na manhã após a visita de Moi, toda a escola é repintada. Ainda estamos mascando seu chiclete. Goma de mascar Orbit. Chiclete é proibido na escola, mas a Sra. Gichiri não diz nada. Andazi, o jardineiro, fica emburrado o dia todo, dizendo que esse tipo de coisa nunca acontecia quando os brancos estavam no comando. Explicam que o presidente é dono da empresa.

A partir de hoje, nossa escola não é mais a Lena Moi Primary School; é a Moi Primary School, recém-pintada. Todos os velhos carimbos e livros de exercícios são recolhidos, todos os materiais de escritório, qualquer coisa com a palavra Lena desaparece.

Muitas crianças novas começam a chegar na escola. Crianças kalenjin, de todos os anos, todas as turmas. Algumas das famílias mais ricas, as famílias asiáticas quenianas, transferem seus filhos para as escolas particulares abandonadas por muitas das famílias de brancos colonizadores há dez anos. Greensteds. St. Andrews Turi. Eles querem fazer exames do sistema britânico, estão preocupados.

Meu pai não acredita em escolas particulares para cidadãos quenianos. Ele acredita que depende de nós fazer as coisas funcionarem. Eu não me importaria de fazer os exames britânicos. A escola local com currículo britânico tem uma piscina e passeios a cavalo e se chama Greensteds. A vida lá parece muito com um romance de Enid Blyton. Ekya Shah, que foi meu melhor amigo por

---

⁹ NT: "Eu sou muito bonita."

um curto tempo, foi para lá, mas não falou mais comigo desde que foi embora. Ele soluça suas consoantes agora, como bom britânico.

Um dia, Wambui nos leva para visitar o distrito ferroviário. A coisa boa sobre Wambui é que ela nos leva a lugares que nossos pais ou a escola não aprovariam. Ela tem amigos lá, que moram em uma fileira de casas de um cômodo com portas verdes. Roupas agitam-se no varal diretamente acima delas, e outras roupas estão sendo lavadas em uma torneira por meninas jovens e esposas.

Os prédios são muito antigos, alguns dos mais antigos do país fora da costa, tão antigos quanto a ferrovia, a origem e espinha dorsal do que hoje chamamos de Quênia. Construída pelos britânicos em 1901, abriu a África Oriental para ser realmente conquistada. Hoje, a ferrovia está em ruínas. Na década de 1970, alguns magnatas próximos a Kenyatta queriam ganhar dinheiro com caminhões, para quebrar o controle que o povo luo tinha sobre os empregos na ferrovia. Eles deixaram a ferrovia ficar em ruínas. Fungos se espalharam por canos abertos, e lágrimas verdes escorreram pelas paredes descascadas. Um carro de safári de brinquedo está encostado em uma parede manchada de rabiscos feitos por crianças com carvão.

Ele é feito de arame moldado no formato de um carro e preso com tiras finas cortadas do tubo interno de um pneu. O carro tem um volante longo que uma criança pode agarrar e correr em qualquer direção, fazendo sons de ronco e buzina. As crianças da ferrovia fazem os melhores carros de arame – rebaixados e intimidadores, com direção que faz as rodas girarem; com para-lamas de papel, placas e antenas elásticas saindo da parte de trás do carro. Quando a ferrovia estava sendo construída, nos primeiros anos do século vinte, os britânicos travaram uma guerra com os nandi, que estavam roubando fios de cobre.

Entre alguns dos tetos, sob o velho teto de ferro corrugado, rapazes criam pombos-correio e suas penas se amontoam nas calhas do telhado. Jimmy vem muito aqui. Ele gosta de pombos-correio e de cachorros e tem amigos aqui.

Uma mulher está esparramada na grama, o cotovelo cruzado sobre os olhos, dormindo, todo o corpo recebendo o sol. O cheiro de peixe, peixe seco, peixe assado e vegetais verdes amargos fervendo está em toda parte. Tem o cheiro de um país estrangeiro – um lugar quente e lânguido. Peixe seco do Lago Vitória. Muitos funcionários da ferrovia vêm de toda a África Oriental. A ferrovia já foi as Ferrovias da África Oriental, mas Idi Amin se tornou o presidente de Uganda, e Mwalimu Julius Nyerere é um comunista, então a comunidade da África Oriental entrou em colapso. Para recriar o calor de Kampala e Kisumu nas montanhas, essas mulheres mantêm alimentos fervendo em fogões e sentam-se dentro de pátios fumegantes e pequenos cômodos.

As cabeças de duas mulheres estão entre os joelhos de seus cabeleireiros, as pernas abertas. Há uma pilha de vagens de ervilha descartadas, talos de *sukuma-wiki* e cascas de batata ao lado da torneira, cobertas com uma grande teia de gosma. Água salobra e ensaboada escorrega para dentro de um esgoto aberto onde patinhos nadam. Patos com barrigas musgosas e enlameadas ficam por ali. Uma das mulheres, com uma roupa *kikomi* azul e branca, começa a falar com Wambui em Dholuo.

– Quem é Engine? – pergunta Wambui.

– Ué? Você fala Luo? – Ciru pergunta para Wambui.

– Eu sabia falar muito bem, mas esqueci quase tudo.

Ciru e eu olhamos um para o outro. Quando Wambui fala Luo, sua linguagem corporal muda. O rosto fica mais animado, movimenta-se mais do que os braços; sua boca faz beicinho, seus braços descansam ao lado do corpo. Wambui é estranha em Inglês, grosseira e não gramatical em Kiswahili.

– Ele! Engine *ni mwingine* – diz a mulher em Kiswahili. Engine é especial.

— *Kwani?* — Wambui pergunta.
— Eu nunca vi alguém como aquele ali. Chu chu chuuu o tempo todo. Ele — *huyo*, ele não tem freio quando está com uma mulher.

Um menino passa correndo, roncando como um carro de rali ao manobrar seu Datsun 160J de arame. Nós rimos.

— Ele é engenheiro — a mãe dele era goesa, da Índia. O pai dele era um maasai rico. Ele tem mulheres por toda a linha ferroviária.

Todas as mulheres começam a rir. A mulher adormecida acorda de repente e levanta devagar, seu *lesso* caindo. Ela o amarra de novo e eu vejo cordas gêmeas de contas ao redor de sua cintura. Wambui me disse que as contas são para fazer os homens felizes na cama. Não tenho certeza de como. Wambui está piscando para Ciru. Essas duas têm segredos, e eu não gosto disso. Tenho saudades de Cleophas.

A mulher se levanta. Ela não é jovem. Uns sessenta anos, talvez. Reta e magra, com nádegas definidas delineadas contra o *lesso* e cabelos grisalhos muito curtos, cortados como os de um menino.

O tempo para por um momento enquanto ela caminha em direção à cozinha comunitária. Sua cabeça é um pote gentilmente colocado sobre um pescoço longo e reto, onde balança suavemente de um lado para o outro; brincos gigantes de argolas de metal dançam com o balanço; os quadris e as nádegas são um pêndulo de carne firme. Suas costas são perfeitamente retas.

Wambui se vira para Ciru e sussurra, mordaz:
— Viu, eu falei. O segredo é praticar carregando potes na cabeça.

Praticar o quê? Eu não tenho ideia, mas eu aceno com a cabeça para ambas, fingindo que entendo. Wambui percebe meu olhar, no meio de um aceno, e pisca. Fico vermelho. Não consigo piscar direito. Pratiquei uma piscadela descolada muitas vezes na frente do espelho, mas não consigo fazer um olho fechar sozinho com confiança.

Eu aprendi a erguer uma sobrancelha bem alto e manter meus lábios retos, o que gosto de fazer na escola, se alguém diz algo que acho que é muito estúpido para colocar em palavras. Eu chamo de meu jeito sobranceiro. Tentei cultivar um sorriso sarcástico, mas não é muito bom. Wambui tem um sorriso sarcástico épico.

Tem um cara na minha escola, chamado Moses, que consegue manter um olho baixo e descolado, como Steve Austin em *O Homem de Seis Milhões de Dólares*. O pai de Moses é dono de uma boate. As garotas gostam dele. Meu nariz sua muito hoje em dia, e minhas axilas fedem, e acordo muito à noite, todo agitado e com calor, como a música rumba do Congo. Envio minha sobrancelha mais sobranceira para Wambui. Ela nem vê – está amontoada com Ciru e estão rindo de alguma coisa.

...

Está escuro. Mamãe e Baba saíram. Eles foram à State House para um baile do Madaraka Day. Baba odeia ir. Mamãe gosta, porque pode se arrumar. As pessoas da escola foram para o coral no estádio esta manhã. A emissora *Yaliotokea* vai mostrar o Massed Choir na TV hoje à noite.

Às vezes Wambui fala de ir à Amigos Disco. Amigos é famosa em Nakuru, e eu tenho uma foto em minha cabeça, cinza e prata, cheia de camisas de poliéster laranja e verde e calças boca de sino laranja, afros quicando e suor. Dançando o *boogie*. Wambui esfrega sabonete nas pernas todos os dias depois de nos lavar. Ela nos conta histórias sobre a aldeia, vacas, cavar com uma enxada, milho e feijão, mãos duras, caçar pombos com os meninos descalços e a época da Mau Mau. Sua avó estava na Mau Mau. Ela sabe jogar futebol; ela sabe fazer e disparar uma catapulta.

Ela gosta de falar sobre a periferia de ferro corrugado, Boney M., Sister Sledge, Tabu Ley e Maroon Commandos. Quando ela fala Inglês, os *r*'s e *l*'s ficam enroscados, como meu cabelo se penteio quando está seco. Todos seus *d*'s se fundem com *n*'s. Todos seus *b*'s se fundem com *m*'s. *Maloon Commados*. *M'boney M*. Ela nos faz rir. *Idepedence Nday*.

Está escuro. Chiqy, minha irmãzinha, está dormindo. Wambui está trançando o cabelo de Ciru na cadeira de Mamãe na sala de estar. Não estou feliz. Estou acostumado a me mover da feminilidade ousada de Ciru para a masculinidade por trás de Jimmy. Não tenho ninguém para seguir.

Mudo-me para a parte de trás dos sofás perto das janelas, que estão frescos da noite lá fora. As cortinas da sala de televisão são verdes sobre branco: grossas, majestosas, cheias de vida, um ecossistema de flores emaranhadas, caules extasiados e folhas inclinadas para frente, como em itálico.

Agora elas estão passando o batom e a maquiagem de Mamãe. *Mmmm-pah*. Elas continuam estalando na frente de um espelhinho. *Mmmm-pah*. Às vezes, elas experimentam os sapatos e as roupas de Mamãe.

O noticiário acabou, e agora há uma hora inteira de cerimônias do Dia da Independência na televisão. Wambui gosta da *Yaliotokea*. *Mp-ah. M*h*. Elas ainda beijam o espelho, e agora estão passando pó compacto.

Trompetes tocam na televisão e grupos começam a marchar. Palavras *mp* e *mpr*. Você tem que inalar e empurrar ar suficiente para dentro da boca para ter certeza de que fez um *mpr* promissor. Vínculos permanentes. A coisas obstinadas. Meninos. Papel. Meninas teimosas. Cidadãos. Duas coisas sólidas se encontram, e uma é, ou ambas são, mudadas para sempre.

Imprimir. Impressionar.

Trens e mais trens de pessoas aglomeram-se na tela. Crianças em idade escolar; Bandas do Exército de Salvação, a marinha, o exército, corais de professores, cantores tradicionais de todo o Quênia, grupos religiosos, todos marchando para o estádio em Nakuru, para cantar para o presidente. É Madaraka Day, quando conquistamos *uhuru*, então todos os anos nós cantamos para o presidente.

A câmera gira, e vemos um grupo enorme de pessoas sentadas no campo de futebol do estádio, esperando pelo presidente. Por todo lado estão pilhas de acessórios para celebração. Alguns brilham no sol quente, como telhados de ferro: trompetes e tambores e uniformes brilhantes e fivelas de cinto. Diferentes tribos em diferentes uniformes nacionalizantes que chamamos de tradicionais. Os militares são elegantes e belos – não há fileiras mais retas no Quênia, nem brancos mais brancos.

Há também chocalhos de tornozelo com penas, mulheres em saias de capim tingido, grupos de homens vagando sem rumo bebendo refrigerantes, sinos de tornozelo chocalhando e tilintando, tambores enormes.

Há muitos assobios. Tropas de escoteiros lideradas por apitos. Eu estou na Patrulha Kingfisher. Todo ano nós marchamos pelo túmulo de Baden-Powell em Nyeri. Ele fundou os escoteiros e conseguia esfolar um coelho com as unhas. Ele foi enterrado no Quênia. *Mprr.* Líderes de bandas tradicionais com chapéus de pele com penas e enxota-moscas cantam *mprrrrr* em intervalos de poucos minutos para empurrar a música para frente. Bandas do Exército e da Polícia são chamadas à ordem. *Impound. Stamp. Impede. Sta-mpede.*

Há corais praticando por toda parte. Os grupos estão espalhados na grama, organizados em três ou quatro linhas, de acordo com a altura – os mais altos na parte de trás, os olhos abertos com total seriedade, as sobrancelhas indo para cima e para baixo, os queixos dos homens forçados para dentro da garganta pelo som do baixo. "*Fuata Nyayo, fuata Nyayo. Tawala, Moi, tawala.*"

Governe, Moi, governe.

As mulheres vestem vestidos *kitenge* estampados que vão até os tornozelos, com cabelos recém-trançados ou escovados. Todos os corais cantam parecendo desenho animado, e Wambui os imita, sua boca recém-pintada acrescentando certo exagero ao resultado:

sobrancelhas para cima, bochechas sugadas para dentro, boca aberta redonda como a letra O. O Sr. Dondo, nosso mestre do coral, nos diz que as sobrancelhas criam uma sensação de felicidade, quando a boca está fazendo um O. Quando a boca é liberada, os corais expõem seus dentes, fatias educadas de *pawpaw* de café da manhã de hotel, para parecerem extremamente felizes. Orgulhosos. Bonitos. Arrumados. Promissores. As sobrancelhas abaixam.

Meus lábios se fecham firmemente um no outro. *Imp. Imprison. Implode. Implant. Impede.* Depois de cada *mp*, há uma pequena explosão de ar para fora, porque seus lábios se preparam para refrear as palavras após cada *p. Improve. Impress.*

Minha virilha está quente com a fricção. Posso ouvir a noite lá fora; grilos são o som de um aspirador de pó. Tenho o cuidado de assegurar que cada fenda das cortinas esteja fechada. O homem está dançando com a mulher em seus braços, como pessoas brancas, ou dançarinos de quadrilha, mas esta é uma dança tradicional Gikuyu. Também parece uma dança escocesa. Um homem tem uma pena no chapéu. Outro homem toca um acordeão. As danças antigas foram proibidas pelos missionários e agora muitas danças acontecem em filas e colunas. *Impede. Imperil. Improve.*

Baba é gikuyu, mas eu só consigo entender uma ou duas palavras. Ciru está rindo e gritando, e o mundo é tão grande. Wambui vai rir e rir como Drácula. Acordeãolândia se estende como um trampolim gigante, para sempre. Serei insuportavelmente borboletante, girando em círculos como os dançarinos, tonto sem trégua. Os corais estão cantando de novo, e Wambui está cantando com eles, alguma canção louvando Moi.

Deito e observo o teto. Juma está dormindo em minha coxa, e faço um O perfeito com minha boca. Começo a cantar a música sem falar, imitando o sotaque de Wambui silenciosamente em minha cabeça e permitindo que fotografias prateadas apareçam, de minha Amigos Disco, Afraha Stadium, mundo *uhuru*.

Wambui tem muitas histórias sobre mulheres perdidas, sobre mulheres ugandenses que roubam homens quenianos, sobre mulheres envenenadas e amaldiçoadas, sobre mulheres que dão à luz bestas porque seus vizinhos as amaldiçoaram. Uma vez Wambui nos contou sobre uma mulher ugandense com nádegas grandes que vive em Ronda e vende mercúrio vermelho, que é mais caro do que ouro, porque é nuclear, e os Estados Unidos estão comprando. Vem do Congo. E faz as mulheres parirem vegetais podres. As mulheres são muito bonitas e gostam de prender os homens.

Wambui me contou que nos tempos antigos, antes da chegada dos colonos missionários *mprrs*, jovens casais Gikuyu podiam tirar suas roupas e dançar a noite toda. Mulheres tinham suas partes íntimas amarradas para não se comportarem mal. Caso contrário, eles dançariam e dançariam e brincariam com os corpos uns dos outros, perderiam o controle, ela disse.

Baba tem um livro chamado *The Mind Possessed*, que tem figuras maravilhosas: em uma cerimônia de possessão *voodoo*, um grupo de pessoas rola no chão, tendo pulado para fora de suas fileiras e colunas, o branco de seus olhos desaparecido; uma mulher branca está tendo um orgasmo, enquanto nádegas são enfiadas dentro dela.

Imperil. Baden-Powell, que inventou os escoteiros, fez o Rei Prempreh dos Ashanti ajoelhar-se em frente ao seu trono improvisado, feito de caixas de biscoitos. Gikuyus estão reclamando que kalenjins estão sentando neles.

Chega a escolta do Presidente, e grandes portões enferrujados se abrem na tela da televisão enquanto o comentarista começa a comemorar. A massa de pessoas faz fila atrás da escolta para entrar e fazem o caminho circular da pista de corrida.

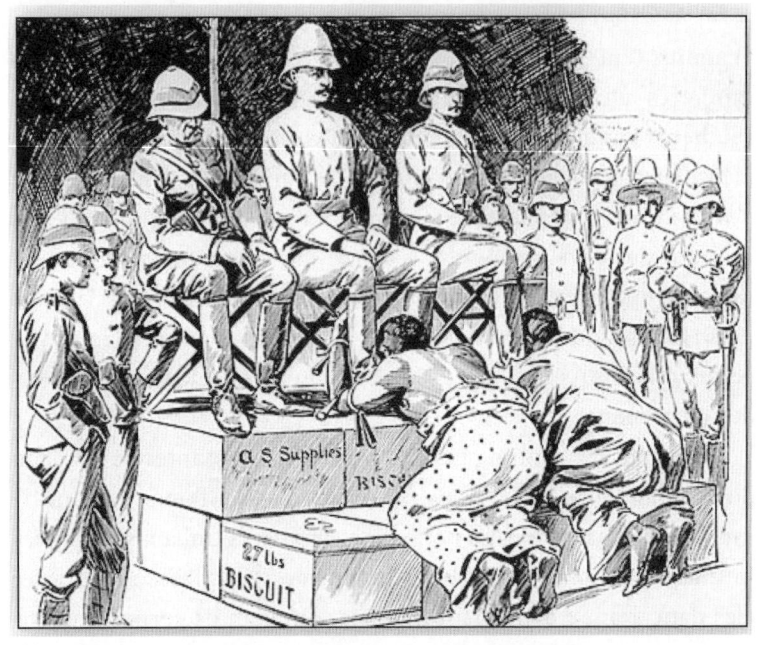

A queda do Rei Prempeh de Gana,
em *Diary of Life with the Native Levy in Ashanti*,
por Major R. S. S. Baden-Powell

Eles todos fazem o caminho da pista, brilhando e reluzindo. O Presidente Moi e seu ministério sobem para a seção VIP. As pessoas estão em filas no campo, escutando o hino nacional, cantando lealmente, o bastão presidencial de mármore e ouro elevado para todos verem.

Há um grupo de esposas de ministros, inexpressivas de tanta maquiagem. Há as fileiras de soldados espalhadas por todo o estádio enferrujado – seus sapatos e instrumentos e ligas e botões e trompetes finos e afiados e verdadeiros. Em frente ao presidente, uma fileira de corredores de longa distância vestindo blazers espera por prêmios.

Wambui diz: "Ah, isso é chato". Ela abaixa o volume e assistimos ao desfile em silêncio. Ela liga o rádio Sanyo gigante que fica atrás do sofá. Ele tem quatro pernas e é coberto de vinil marrom. Está passando o programa de rádio preferido de Wambui. *DJ Fred Obachi Machoka is the Blackest Man in Black Africa.*

Salaams vem de Francis Kadenge Omwana wa Leah, com congratulações da Zâmbia. Zachariah Demfo do Lago Babati. Robbie Reuben-Robbie do Clube Kitale Salaams, que diz: *"Keep on keeping on"*.

"Rivers of Babylon", de Boney M., está tocando. Jimmy disse que essa música foi tirada de salmos da Bíblia. Não acredito nele. É descolada demais. Wambui começa a dançar, os braços voando.

– *Oh, I rove Boney M.!* – ela diz. E começa a cantar. A letra *r* entra intacta em sua língua Gikuyu, bate-se contra seu céu da boca, e se quebra em milhares de letras *l*. Só um deles pode sobreviver. Ele escorre por sua língua, um avião a jato de sotaque, e avança pelo ar – *By the livers of mBabylon...*

Eu e Ciru nos olhamos e começamos a rir.

O presidente aparece na tela da televisão silenciosa; atrás dele há uma fila de comissários provinciais vestindo cáqui e capacetes; na sua frente há fileiras e colunas de ordenamentos humanos: dançarinos tribais, soldados, escoteiros. Dois corredores de longa distância kalenjin sobem no pódio para receber medalhas do presidente, que é da tribo deles.

Fecho meus olhos. A letra Gikuyu *m* se liberta do seu lugar no estádio e corre freneticamente, procurando pelo *b* Gikuyu. Eles ficam juntos e se abraçam, unidos pelo medo uma nova letra, uma tribo. *Mbi.* Às vezes você tenta, mas sua língua não consegue entender as regras. *A, mbi, ci.*

Policiais os cercam; o presidente para. *N* começa a se agitar, ali parado em fileiras retas coloniais no estádio. Em fileiras de Estádio Nacional. *D* treme como um acordeão e se retorce até chegar ao *n*; eles começam a dançar uma valsa. Kanu Kartum Káqui quer que eles se comportem, que sejam o que devem ser, fiquem parados e façam o que Kênia Káqui diz. KANU, nosso único partido, é pai e mãe, diz o Presidente, e pessoas Káqui fazem continência. *A. mBi. Ci. nDi, E, F, nGi.*

Wambui dança por todo o carpete, a boca aberta, cantando a canção do *M'Boney* M., deformada por seu sotaque de Subukia.

– *M'by the livers of m'bambyl-oon, where we sat n'down, yeeah we wept, when we lemeber Zion. Kitanda Whisking, blabbin' us away captivtee, inquire-ling for us a song, but how can we play the Rord's song in a stlaaange rand...*

Rolamos no chão, rindo de Wambui. Ela faz uma cara feia na nossa direção. Rosto quente, lábios vermelhos. Vou *mpah* vocês, ela parece dizer, lábios formando um beicinho e olhos selvagens. Mas ela para de cantar. "Mandem seus *salaams*", grita Fred Obachi Machokaaa. Roby Reuben *Rrrrrrrrbobie* está pedindo por Habel Kifoto e os *Marrr-oon* Commandos.

Wambui grita e salta, os seios pulando: "*Ohhhh. Haiya. Chalonye ni Wasi? I rove this song*".

Deito no carpete novamente. Fecho meus olhos, sentindo minhas costas pinicando, e deixo os membros dela entrarem na sala de estar da minha mente – onde a bola de espelhos joga mil mamilos de luz em mim e saias rodam e brilham prateadas. A totalidade de sua ficção explode como uma corrente de água, e felicidade irrompe de mim como um trompete.

Mprrrrr...

Wambui, minha Wambui é um trompete, um trompete gikuyu escocês, uma mulher de saias longas da capa de um romance de Barbara Cartland, do armário secreto de Mamãe, *We Danced All Night*. Wambui é Inglês falhado, Kiswahili cheio de gírias, inflexões Gikuyu. Ela é Millie Jackson. Um *Maloon Commados*. Ela é uma mulher da feira. Uma menina do Vale do *(L)Rift*. Terceira geração. A tia dela é metade nandi, a vó, uma maasai de Ngong. Wambui é gikuyu por medo, ou por título emitido por Kenyatta, ou pelo registro escolar, ou porque o tio gikuyu do lado materno pagava as taxas do pai dela, ou porque eles escolheram um nome gikuyu para entrar em um esquema de cooperativas nos anos 70. Talvez sua avó, nascida em uma casa maasai, casada no Vale do Rift, fosse uma general gikuyu temida durante a Mau Mau. Podia ter sido diferente. Piscada.

Minha Wambui ficcional vai subverter o destino de sua mãe; ela não tem medo de começar de novo, em um lugar diferente. Todas as suas roupas brilham com lantejoulas e discotecas, em preto e branco. Todos se tornaram Gikuyu depois da Independência, porque o presidente era Gikuyu, então o rio de ouro da Independência falava Gikuyu e usava capacetes em pódios. Wambui está levantando uma perna nua como as dançarinas do programa Solid Gold com Andy Gibb e Dionne Warwick. Seu dente marrom maliciosamente. *Pubaf*!

Mas ela é orgulhosa. E aqueles que têm mais do que ela, podem impedi-la.

Trompetes militares gêmeos abrem a pista de corrida. *Charonye ni Wasi*. A Maroon Commandos é uma banda de jazz e rumba que se originou no exército. Corredores olímpicos do Quênia, vestindo blazers azuis do Quênia, fluindo para calças boca de sino, como tritões, esperando pela cerimônia de medalhas do Dia da Independência. Se eles ficarem de cabeça para baixo ao lado do presidente, as calças afundam para os tornozelos. Pernas altas, magras e reluzentes e coxas elegantes, magras onde encontram as bochechas cada vez mais gordas do *mpresidente*. O presidente se inclina para trás e assopra forte, para raraa rara rara rara raa ra, as bochechas inchadas de gordura nacional. Elas incham, suas bochechas, elevando balões kalenjin, que agora voam sobre o Quênia, uma nova tribo, elevada sobre o frágil Quênia como hélio. A regras presidenciais altas e robustas e as fileiras e colunas de cáqui passado a ferro o protegem. Ele não é mais desajeitado.

Se há uma Wambui que é nandi, uma kalenjin escondida dentro do sangue de Wambui, não é forte o bastante para separar-se, pura e limpa, e pular no pódio. Ela podia ter se tornado luo, se eles tivessem ficado lá tempo o bastante, e ela tivesse casado lá; a pele dela é escura o bastante para que isso desse certo.

Abaixo dos heróis do Quênia há fileiras e colunas de cidadãos, em fileiras retas e nítidas, em uniformes elegantes, escoteiros e policiais, a marinha, o exército, e dez mil alunos em uniformes novos. Então há as tribos – cada uma com uma vestimenta, aqui para dizer ao presidente que eles cantam e dançam para ele.

Wambui Trompete fica em posição de sentido e levanta sua perna na altura de Hollywood, então a abaixa. A bola de espelhos gira. Pequenas gotas de luz da discoteca estão girando gentilmente ao redor de Wambui conforme ela se vira. Suas nádegas tremem. A canção suaviza. Entra o coro de vozes masculinas cantando, *"People of Taita eeeeh, people of Taita we greet you. How are you? We are here, we are fine, we don't know about you back home..."*

Essa letra curta é um chamado para casa que não conheço, que Ciru não conhece. Não sabemos como pertencer a duas nações: casa casa (casa ao quadrado, nós chamamos, seu clã, seu lar, sua nação de origem), e a casa longe de casa – a casa do futuro, um ainda-não-lugar chamado Quênia. Somos crianças Milimani, falamos Inglês e Kiswahili.

O trompete carrega a primeira parte da canção, cortante e espalhado para fora. Trompetes de pé sustentam a música com batidas rítmicas controladas, a parte mais alta da música. *Mprrahh*. Sem tambores. Sem tambores tradicionais. Esta é uma música nacional, tirada de músicas populares, e trazida para fileiras e colunas, por pódios de Biscoitos Britânicos Imperiais, tripulações de carregadores marchando de pés descalços, meninos missionários diligentes, soldados na Birmânia, chefes tribais coloniais com apitos do exército, guitarras e trompetes militares e outros sons de linhas de trabalho e guetos coloniais, universidades inglesas e seus satélites locais, e as promessas dos netos e netas dos primeiros a serem formatados tão violentamente.

Nós. Eu.

O som estoura das linhas, mpah, e nunca são recortes ou retalhos; a canção é uma nova coisa completa. Quando eles suavizam, a letra Taita retorna, uma missiva magnética de uma cidade distante. Solidão. Os quadris de Wambui giram delicadamente enquanto ela canta as palavras, parecendo triste.

> *We are in the city eeeh, we are in the city so do not forget us!*
> *What is important is good health.*
> *This world journey is full of hardship.*
> *Everything costs money*
> *If you want maize meal, costs money*
> *If you want vegetables, costs money*
> *If you want drinking water, costs money*
> *Mpraaaraaa rara...*
> *We will write you a letter.*[10]

A canção para totalmente. Três segundos de silêncio enquanto um ritmo de rumba ganha força. As vozes do coral agora são uma folha de borracha frenética, o Quênia se aloooonga e se queixa, unido pelos trompetes militares e plantações para exportação, o futuro, somente o futuro, corpos trabalhadores, uma ferrovia, um mpresidente.

---

[10] NT:
Nós estamos na cidade eeeh, estamos na cidade, então não nos esqueçam!
O que importa é ter boa saúde.
Essa jornada no mundo é cheia de dificuldades.
Tudo custa dinheiro
Se você quer farinha de milho, custa dinheiro
Se você quer vegetais, custa dinheiro
Se você quer beber água, custa dinheiro
Mpraaaraaa rara...
Vamos lhes escrever uma carta.

A canção tem bem poucas palavras. Cinco ou seis frases repetidas sem parar. O que é... mais, são todas as gaitas de boca falantes, as coisas para as quais não há palavras, o saxofone que geme, os trompetes militares, o rugido baixo do clarinete, falando de casa em seu ouvido, um novo tipo de casa, sons cubanos que vieram de transmissões de rádio do Congo nos anos 40; poemas Taita; sons do Congo; soldados marchando na Birmânia, lamentos em vozes masculinas esganiçadas – homens soam femininos em vidas de metal industrial. A música cria mundos completos a partir de vidas incompletas. Como chorar e mijar e rir, ela promete carregar você por completo, até as partes que não funcionam juntas.

Abro meus olhos. Juma ainda está ganindo. Wambui está suando e ofegando e rindo. Fecho meus olhos. Meu novo mundo, burocrata, está correndo pela minha mente em pânico, batendo os pés e codificando e me lembrando de nunca esquecer que um dia vou organizar as palavras corretamente para esta noite estranha.

Ano passado antes do golpe, neste mesmo Madaraka Day, estou no estádio com a escola quando a multidão ataca a montanha de caixas de pão e Fanta rodeadas por *mprrs* militares.

A polícia persegue pessoas pelo estádio. Estudantes das escolas mais ricas, nós, apanhamos e somos roubados por crianças mais pobres, com pés descalços e uniformes rasgados. Pais estacionados fora do estádio estão chorando devido ao gás lacrimogênio. O portão principal está fechado. Estamos presos dentro do Estádio Afraha.

A polícia de choque se prepara atrás do portão principal. Quando o portão se abre, avançamos, procurando por nossos pais e fugindo dos cassetetes da polícia de choque. Multidões atacam os quiosques que vendem biscoitos e refrigerantes. *Mpreeeh mpreeh*, apitos estridentes por todo lado. Alunos de ensino médio jogam pedras em ônibus. Sirenes cantam e a estrada se abre para o presidente, os ministros e uma enorme escolta de Mercedes pretas.

Entro no carro, curvado. O rosto de Mamãe está decidido. "Ano que vem, você fica em casa," ela diz. Lágrimas escorrem pelo meu rosto enquanto nos afastamos. A música se dissipa, e em minha mente se amontoam vegetais podres de voodoo, e grilos que berram à noite, e mulheres ugandenses vermelhas devido à radiação, das histórias de Wambui, caem e estouram, esguichando, entrando nas minhas narinas. Elas se juntam às faces franzidas do *The Mind Possessed*.

– Excelência – diz o sicofanta no pódio – eu lhe apresento...

Corro das garras e sombras e fico ao lado de Wambui. Elas estão rindo e respirando pesadamente, Wambui e Ciru. De repente, estamos todos rindo.

– Um dia – diz Wambui, lambendo seus lábios vermelhos – eu vou ser rica.

A ciência é menor do que a música, do que os padrões do corpo; o mundo grande e confiante de som e corpo é unificador. Se minha mente e meu corpo se apressam, ficar para trás é uma crescente ansiedade de palavras.

Não tenho palavras o bastante para tudo isso.

Jimmy e Ciru já estão aprendendo a tocar piano, deixando o som ser sua própria verdade. Eu não tenho tal facilidade. Palavras devem circundar experiências, como o novo aspirador da mamãe, engolindo tudo isso e tornando as coisas reais.

Vuuuup.

Lá está ela, de volta ao telhado da minha cabeça, nítida como qualquer outra coisa. Wambui, de treze anos ou quase isso, pés descalços e um vestido vermelho rasgado, pernas esbranquiçadas e empoeiradas, frieira na cabeça, com um sorriso de Huckleberry, olhos indo de um lado para o outro, em um *baraza* público em Dundori, um dia antes de outro Madaraka Day, sussurrando algum comentário sarcástico em Gikuyu Desbocado, ou Kiswahili Rude, bem em meio às orações para o presidente. Um trompete afiado irrompe novamente, o subchefe da aldeia retornando depois de uma reunião pública, e balançando o dedo, e um uniforme cáqui com capacete. Os corações da aldeia se encolhem por um momento, com medo, e ele ruge: "Quem disse isso?"

O subchefe – Vou chamá-lo de Carey Francis Michuki – é gordo e com barba por fazer e sente-se satisfeito ao ver todos os olhos virados para o chão; os habitantes da aldeia são apropriadamente obedientes, em fileiras e colunas. Ontem, três mulheres que vendem álcool ilegalmente passaram o dia pintando com cal as pedras que marcam seu pequeno quartel, ao redor da bandeira. Ele limpa a garganta e reclama, um galo do Dia da Independência, o peito estufado, *Jogoo, mimi ni jogoo*. Imponente. Ele agarra as lapelas, os botões coloniais brilhando, é o homem mais passado a ferro aqui. Hoje à noite, o representante das Cervejarias do Quênia, e o representante do Tabaco Britânico-Americano, e os representantes dos Biscoitos Imperiais vão embebedá-lo e o comissário do distrito, para que os comboios de produtos possam seguir desimpedidos. Qualquer um que ameace os comboios de biscoitos e tabaco passará o dia ajoelhado em frente à cabana de lata, com uma bandeira do Quênia ao vento. Impudente. Tolo. O subchefe se vira e retorna para seu posto, dois policiais de ressaca andando instavelmente atrás dele, apitos nos bolsos, e a mãe de Wambui lhe atira um aviso com um dedo em riste, e eu decido que um dia escreverei livros.

Capítulo Sete

É 1983, ano dos exames nacionais. Ainda estou lendo livros o tempo todo, e estou sempre em apuros com Mamãe. Nossa escola é para futuros médicos, advogados, engenheiros e cientistas, é o que nossos pais dizem; é no que acreditamos.

A escola é administrada pela cidade. Alguns pais são pobres, alguns são ricos, a mensalidade é baixa. A diretora arrecadou muito dinheiro junto com pais voluntários para construir uma biblioteca, salas de aula, um centro meteorológico; fazer a manutenção dos pianos; para canteiros, uma oficina de ciências domésticas, um refeitório e uma oficina para estudar marcenaria. Compramos um trator, cortadores de grama novos. Temos um fundo para a piscina. Compramos duas vans para viagens escolares para parques nacionais e outros lugares. Nossa escola fica sempre em primeiro ou segundo lugar no distrito nos exames nacionais. Há as crianças militares, do colégio Egerton Agricultural. Nakuru é uma cidade agrícola. Há filhos de fazendeiros, crianças cujos pais trabalham para o conselho do trigo ou são funcionários públicos importantes no conselho municipal ou na administração do distrito e da província. Há crianças de ferrovias, filhos de motoristas de trens e filhos de capatazes. Há filhos de médicos, filhos de advogados. Filhos de enfermeiros. Filhos de engenheiros.

Alguma coisa mudou. No mundo.

Os suecos são os primeiros a anunciar que as coisas não são mais as mesmas. Um dia eles vêm e se instalam ao lado da bandeira, onde nenhum aluno pode brincar. É ali que nos reunimos diariamente para cantar o hino. A escola inteira fica na grama assistindo. A Sra. Gichiri fica lá também, observando. Dois barris gigantes de merda de vaca estão ao lado de nossa orgulhosa bandeira nacional; há canos e medidores e coisas conectadas a outras coisas. Os suecos trabalham na máquina de merda de vaca muito seriamente. Ouvimos alguns sons de arroto e, observem, há luz. Isso é biogás, dizem os suecos. Um mártir fecal. Parece merda – é merda –, mas lhes entregou o gás. Com este novo combustível, vocês poderão acender lâmpadas e cozinhar. Vocês se tornarão dietequilibrados; se você for trabalhador, talvez possa administrar uma pequena fábrica de alimentos movida a biogás e participar de atividades para geração de renda.

Assim, eles disseram gentilmente, olhos tão azuis quanto os de Jesus, olhando-nos através de óculos de arame, vocês poderão evitar a desnutrição. Isso se chama desenvolvimento, eles disseram, e estamos aqui para conscientizá-los. Biogás subiu pelos canos e borbulhou alegremente. Voltamos para a aula muito animados e fazendo barulho de peido. Até então, nossos professores nos ameaçavam com visões objetivas de fracasso. Os meninos acabariam sendo engraxates; as meninas acabariam grávidas.

Agora havia algo pior para ser: um usuário de biogás.

...

Embora Mamãe esteja reclamando, Ciru e eu estamos indo bem. Às vezes ela fica em primeiro lugar na escola. Às vezes eu fico em primeiro lugar na escola. Ela é a mais nova da turma, mas a confiança dela me dá confiança. Vou bem o suficiente em matemática, apesar de não prestar nenhuma atenção.

Para mim, cada novidade sempre se divide em muitas possibilidades. Elas ainda podem girar e girar e me deixar derrotado. Levanto e abandono o dever de casa, vou para o banheiro e leio um livro. Às vezes, quando começo a girar, simplesmente me permito ser Ciru, enxergo a página, começo a escrever e as respostas chegam, e depois de um tempo percebo que segui uma linha reta e terminei. Eu menti para um professor que somos gêmeos. Sonho que estaremos sempre juntos, como gêmeos. Adoro ler livros sobre gêmeos, gêmeos idênticos que conseguem ler a mente um do outro. Se ela faz algo que é dela, se não me deixa participar, fico bem apenas se no final ela me incluir para que possamos rir juntos. Se ela olha para longe, me exclui, eu ataco ou me escondo. Ela tranca a porta do quarto o tempo todo hoje em dia.

Chiqy, agora com cinco anos, a queridinha de todos, gosta de bater na minha porta, e eu frequentemente não abro. Observo-a desaparecer para dentro do Bishops Lodge, do outro lado da rua, e voltar com um grupo de crianças. Ela é a chefe e eles a seguem.

Sempre que os adultos falam sobre política, nós sussurramos. Baba joga golfe todo final de semana nesse ano. Nos domingos de manhã, rasgamos estradas para chegar a tempo para sua tacada inicial. Como de costume, nosso plano é nos lançar em um frenesi de respingos e balanços e escorregadores com outros filhos de golfe e lamber os dedos quentes de molho de tomate e chocolate derretido da Cadbury, e basicamente ficarmos livres e nos divertindo. Eldoret tem um ótimo clube de golfe. Salsichas de porco Uplands.

Mamãe tem ido mais à igreja. Às vezes Mamãe dorme a tarde inteira. Ela é diabética. Todos os nossos tios e tias do lado da Mamãe agora são diabéticos. Hoje, ela insiste que encontremos alguma igreja. Dirigimos por um tempo e acabamos em uma igreja de ferro corrugado, sem janelas. Não queremos entrar, mas o rosto de Mamãe está decidido, então não discutimos. O calor e a luz são ofuscantes, e as pessoas estão pulando e cantando de um jeito que, para mim, parece vozes de um acordeão. A igreja cheira a suor e cabras.

Sentamos. Com calor e vestindo suéteres de domingo e colarinhos e vaselina sob o telhado de ferro quente, e as pessoas cospem e se assustam e isso é porque estamos fritando, não porque Deus está aqui. Na frente, há uma fila de jovens mulheres vestidas com longos vestidos: vermelho e verde brilhante, com um cone duro erguendo-se para fora, mais alto que seus queixos. Elas estão pulando para cima e para baixo. Para cima e para baixo. E algumas delas têm chocalhos, e algumas têm pandeiros e cantam em voz alta e suam daquele jeito queniano, áspero e empoeirado – não suave e feliz como as igrejas americanas na televisão.

E o homem na frente fica no púlpito, suando e gritando. A Igreja Católica que conheço é sobre ter que se ajoelhar e se levantar quando todo mundo se ajoelha e se levanta, e cruzar e cantar com as sobrancelhas erguidas para mostrar seriedade diante de Deus, e dignidade de boca aberta para receber o pão. Algumas mulheres não mostram a língua para o padre – é muito sugestivo. Elas fazem uma concha com as mãos e recebem o pão, e colocam o pão em suas mãos recatadamente, recuam e dobram um joelho levemente antes de voltar para seus lugares e ajeitar lenços de cabeça antes de sentar, ajoelhar, levantar. Ajoelhe. Levante. Reze o terço. A cerimônia termina em cinquenta e sete minutos. Depois, anúncios, quando o padre diz que quem quiser doar dinheiro para o fundo paroquial deve fazê-lo, e ninguém o faz.

Esta cerimônia não acaba nunca. Mamãe nos manda ficar quietos o tempo todo. Por que ela vem aqui? O que ela está procurando? Jimmy está quieto e parece desconfortável. Mamãe, em um vestido simples e elegante, o cabelo arrumado profissionalmente, com seu rosto anguloso de kinyarwanda, parece fora do lugar aqui. Ela não parece envolvida; o rosto dela está decidido.

As pessoas estão vestidas com roupas doidas: colarinhos laranjas de Peter Pan, azuis neon e dourados e amarelos. As pessoas vasculham sutiãs, bolsos e bolsas e tiram notas e envelopes e os jogam nas cestas de coleta dançantes. Um crescendo é alcançado, depois de termos dado dinheiro, e as pessoas se contorcem e gritam no calor. Palavras fluem de seus lábios, como mingau, em nenhuma língua que eu conheça, mas num tom claro e coerente. Cada pessoa tem sua própria língua.

Na Igreja Católica, todos recitamos a mesma oração em um coro. Aqui, o coro é feito da língua recebida de cada pessoa. Os tambores à frente definem o ritmo, e o pastor conduz com suas próprias línguas sem linguagem, em um microfone.

A igreja com a qual estou acostumado usa histórias, parábolas, pequenos ensaios sacerdotais e orações curtas, líricas e escritas. Algumas pessoas só soluçam por vinte minutos. O pastor está dizendo: "RECEBA, RECEBA sua própria LÍNGUA". E os olhos estão fechados, e cada pessoa liberta alguma coisa, como eu mijando no sofá. A multidão tem um som grupal, e os instrumentos o transformam em um único som, e esse som nos transporta, mas cada indivíduo vive dentro de seu próprio som. Uma mulher, cheia de ângulos agudos e formas estranhas, está apenas soluçando, como se sua linguagem secreta fosse só partida e parada, e seus cotovelos ficam batendo no homem ao lado, que nem percebe. Na frente, olhos estão fechados, lágrimas estão fluindo, e pandeiros feitos à mão com tampinhas de garrafa chocalham *slapslapslap*, a igreja de telhado de zinco é tão quente. Nosso hálito quente e úmido agora está pingando em nós do telhado. Alguns desmaiam. Estou com sede.

Por que Mamãe está aqui?

Eu e Ciru temos certeza de que entraremos nas melhores escolas do país. Inscrevo-me para a Alliance High School, Ciru para a Alliance Girls. Nos exames simulados distritais, fico em terceiro lugar no distrito e primeiro em nossa escola; Ciru é a segunda.

Um dia, a Sra. Gichiri me chama para a sala dela. Ela é minha professora de Inglês. A Sra. Gichiri. Ela está preocupada que meus escritos sejam muito selvagens. Ela diz que eu deveria me concentrar, mantê-los simples. Ela tem certeza de que vou me sair bem. Como sua irmã, ela diz, sorrindo pela primeira vez, que eu me lembre.

Há alguns anos, o Presidente Moi anunciou que iria reestruturar o sistema educacional. As crianças um ano atrás de mim abandonarão o sistema britânico de 7-4-6 e farão um novo, chamado 8-4-4, que deve introduzir uma educação mais prática.

CPE é o nosso exame nacional de admissão no ensino médio. Todos os trabalhos, exceto a redação em Inglês, são avaliados por um computador. Você só usa seu número emitido por um computador. Você não escreve seu nome na folha de exame. Sua escola é apenas um número. Desta forma, é imparcial.

É científico.

Quando os resultados saem, Ciru é a melhor aluna da nossa escola. Sou o quinto. Não estou feliz. Eu esperava mais. Mas estamos ambos entre os vinte melhores estudantes de nossa província, a maior província do Quênia. Parentes telefonam de todo o mundo para nos parabenizar.

Um dia, um amigo do meu pai que trabalha no Ministério da Educação liga para ele e diz que não viu nossos nomes na lista de nenhuma escola. Depois que os resultados do teste saem, os diretores das escolas de ensino médio de todo o país se encontram e selecionam os alunos, estritamente com base no mérito. Escolas nacionais, geralmente as melhores escolas, escolhem os melhores alunos de cada província. Desta forma, todo o país é representado no corpo discente. Depois, há escolas provinciais e escolas distritais, escolas diurnas e, por último, há o que chamamos de escolas *harambee*, escolas construídas por meio de contribuições da comunidade.

A terrível maldição do passado é que ele sempre começa agora. O olhar em retrospectiva encaixará os fatos na demanda atual; ele é o aparelho dentário que vai remodelar sua mandíbula, sua determinação. Quando o olhar em retrospectiva quer o bastante, ele elimina a incerteza. Todo o passado selecionado se torna um argumento para ação.

E a tribo se fez carne e habitou entre nós.

Nem eu nem Ciru somos chamados para qualquer escola. Nenhuma. Rumores se espalham por toda parte. Ouvimos que listas de seleções, longas resmas do computador científico, foram retiradas; nomes são combinados a números e escrutinados, palavra por palavra, linha por linha científica, à procura de nomes Gikuyu, em um escritório secreto, por pessoas do Setor Especial.

Kenneth B. Wainaina. June Wanjiru Wainaina – o nome completo de Ciru. Infelizmente, eu não uso Binyavanga – talvez isso tivesse causado uma confusão epistemológica.

Senhores, nós podemos reconstruir a tribo. Temos a tecnologia. Estes nomes foram eliminados das listas.

Na Província do Vale do Rift, os kalenjins conseguem lugares nas melhores escolas estaduais. Baba e Mamãe discutem. Ela está tentando nos colocar em escolas particulares. Baba diz não. Pela primeira vez na minha vida, ligo para alguém porque ele é Gikuyu, como estou apropriadamente descobrindo que sou. Peter. Um velho amigo e colega de classe. Ligamos um para o outro, sussurrando sobre outros amigos, examinando a nota de cada pessoa, sua tribo, a escola na qual entrou.

Medição. Redes iluminam todo o Vale do Rift. Está acontecendo! Vamos resistir juntos. Telefonemas, pequenas reuniões. Almoços discretos. Promessas. Logo, Peter e eu estamos na mesma escola.

Nunca tinha ouvido falar da Njoro High School. A maioria das escolas de ensino médio estaduais no Quênia são internatos. Ela fica a dezoito milhas e eu nunca soube que existia. É uma escola distrital. Eu nunca pensei que acabaria em uma escola de terceira classe, uma ideia muito, muito decepcionante. Ciru nunca ouviu falar da Kapropita Girls Secondary School, para onde foi chamada. Ela é informada que a escola não tem água encanada. As meninas buscam água no rio. Quando pessoas perguntam para qual escola vou, fico quieto.

Há algumas novas escolas de ensino médio agora, com as melhores instalações, os melhores professores tirados de outras escolas. Para o povo de Moi. Moi Forces Academy e Kabarak High School e Sacho High School. Depois de um bimestre, um golpe de sorte. Ciru consegue um lugar na Kenya High School, uma antiga escola nacional que Moi queria transformar em uma faculdade de pedagogia. Ele mudou de ideia, e Mamãe ficou sabendo, pelas novas redes secretas, que estavam fazendo um novo chamamento. Há rumores de que Moi tem uma namorada que dá aula lá. Ele gosta de namorar professoras, ouvimos. Ele dá a seus maridos postos diplomáticos.

É janeiro, 1984. Eu tenho treze anos. Fui circuncidado em dezembro.

Sou um homem.

Capítulo Oito

As luzes estão apagadas em meu dormitório na Njoro High School. Tenho uma espinha enorme na testa. Decidi fugir da escola hoje à noite. Estou preocupado porque nosso monitor-chefe é homossexual. É anunciado nas paredes de todos os banheiros da escola. Eu não tenho certeza do que é um homossexual.

É meia-noite. Antes de ir para a cama, por volta das onze, fiz chá para o monitor do nosso dormitório e peguei água para o aluno do segundo ano que dorme no beliche embaixo do meu. Este é o primeiro dia aqui que consegui evitar ser agredido.

Normalmente, levo um tapa todas as manhãs quando tento pular de meu beliche superior para o chão sem tocar a seção marcada do chão imediatamente abaixo de mim. O território de Johnson foi marcado com giz branco. Ele é baixinho e parece um roedor, com dentes afiados e pontiagudos e movimentos espasmódicos. Ele é mais forte do que parece, e seus tapas deixam marcas em meu rosto. Esta manhã, acordei antes dele, pulei o mais longe que pude, e consegui passar pela linha de giz, rasgando um pouco da carne da minha cintura na minha mala de metal, que fica em cima de um armário ao lado da cama, bem dentro da linha de giz. Para acessar minha mala, tive que me inclinar por trás do armário na ponta dos pés e sentir minha toalha e sabão e escova de dentes com os dedos. Contei a Peter toda a história. Disse a ele que planejava fugir da escola hoje à noite.

Ajustei meu alarme para duas da manhã. Já fiz as malas. Estou dormindo quando meus cobertores são arrancados da cama. Eles estão em volta da cama, um grupo de estudantes do último ano vestindo blazers, segurando canecas de chocolate quente e tochas. Um deles tem uma bengala. Eles me dizem para sair da cama. Peter está com eles. Ele me dá uma piscadela, para dizer que tudo ficará bem. Levanto-me, de pijama. A grama lá fora está molhada de orvalho e estou usando meus *patipatis* de borracha. Eu os acompanho, com medo. Está frio. Njoro fica oito mil metros acima do nível do mar.

Estamos no pequeno cubículo de Mobair e Kibet. Eles são os monitores do nosso dormitório. Eles se tornaram meus protetores. Em troca, forneço biscoitos, geleia e manteiga de amendoim, guloseimas de uma casa que é mais rica do que a da maioria dos alunos. Faço chá. A sala está cheia de pessoas, algumas de pijama como eu, e algumas de uniforme completo. Os de uniforme são todos monitores do último ano. Junto-me aos alunos de pijama. Há sete ou oito de nós.

Todos sentamos em uma cama, cabeças baixas. Um menininho está chorando.

George, um aluno do terceiro ano, está falando.

– Ele me levava para o campo de vôlei. Todo domingo à noite.

– Ele prometeu que eu seria monitor.

– Ele fez sexo comigo.

– Ele me mandou ajoelhar e chupar seu *jomo*.

– Depois do período de estudo. Ele me disse para não usar cuecas.

– Antes do período de estudo.

– Dentro do mercado. Ele me deu uma margarina de graça depois.

Jomo é gíria na Njoro High School para pau. Nomeado em homenagem ao nosso querido presidente falecido, Mzee Jomo Kenyatta. Pelas suas atividades sexuais com *jomo*, alguns meninos recebiam um cardápio especial no refeitório, algumas preciosas batatas extras. Uma fatia extra de pão pela manhã. Chá com leite.

Jomo Kenyatta, auxiliado por Israel, construiu o edifício mais alto do Quênia, o Kenyatta Conference Centre, redondo e estriado, como preservativos Rough Rider. No topo do prédio, onde fica a coroa alargada, há um restaurante giratório, um pódio, onde você pode sentar e espionar a cidade inteira. Dois meninos que cooperavam tornaram-se monitores. O jovem que estava chorando foi levado para a cidade de Nakuru para salsichas e batatas fritas *masala* no Tipsy Restaurant depois de uma longa sessão sexual na quadra de vôlei uma noite.

Logo é minha vez de falar.

Eu o conheci no primeiro dia de aula. Queria ir para minha nova escola de transporte público, mas Mamãe nunca permitiria isso. Então ficamos no estacionamento, ela e eu, ao lado de seu carro grande e elegante, ela usando batom.

Ele foi em linha reta até nós. Ele tinha um *black power*, o que era estranho em 1984. Grande e brilhante. Era alto, bem aprumado e usava um blazer.

– Peter Sigalla – disse. – Sou o monitor-chefe.

Logo eu e Mamãe nos despedimos um do outro. O braço de Peter estava em volta do meu ombro. Ele me conseguiu um colchão razoavelmente novo, me registrou e me acompanhou até o dormitório, que ficou em silêncio quando ele entrou. Ele ajudou a fazer minha cama. Disse-me para ir ao seu escritório antes do período de estudo, para tomar chocolate quente. Cinco minutos depois que ele saiu, meu colega de quarto Johnson me deu um tapa e me desafiou a denunciá-lo ao monitor-chefe. Lionel Richie estava cantando alguma coisa sobre amor no rádio dele quando eu bati na porta.

– Você quer café? Ou tem medo de estimulantes? – riu. Ele estava suado e desajeitado e eu não estava confortável. Ele me mostrou seus certificados, do National Music Festival. Na mesa havia uma garrafa de perfume Limara e um pote de Hair-Glo (*Africa, it's good to know, with great new Hair-Glo, you gat style*).

Ele se inclinou e sentou ao meu lado na cama. Começou a deslizar a mão pela minha coxa. Congelei. A mão se moveu mais para cima. Engoli o café e me levantei para sair. Ele me pegou na porta.

– Não conte a ninguém. Se você contar a alguém!
...

Descobri, pelo Peter, que os escoteiros vão para o Nairobi International Agricultural Show. Ele me ajuda a entrar nos escoteiros através de subornos. Custa três pães. Eu era escoteiro anos atrás, mas abandonei por coisas mais legais. Isso é mais legal. Nós vamos pegar o trem para Nairobi. Mobair e Kibet são os líderes dos escoteiros.

Estamos na estação de trem e são duas da manhã. O trem chega, e está abarrotado. Abarrotado. As janelas são retratos de animais emaranhados – bocas esmagadas envoltas em vidro e vapor, e rosnados e narizes e pedaços de roupas, membros – entra vapor, sai vapor.

Isso é engraçado. Até descobrirmos que vamos viajar na terceira classe; mais tarde descobrimos que nosso professor estava desviando nosso dinheiro. Então nos espremer para dentro desse trem de Kisumu. Por uma hora eu não consigo encontrar um lugar para colocar um pé no chão. Como este trem é de Kisumu, a terra dos peixes de água doce, todo mundo está levando peixes secos ou defumados para a cidade. Está quente.

As pessoas cantam e rezam, cantam e rezam.

Saímos do trem sete horas depois e marchamos, pernas frouxas, uniformes amassados, em uma fila de escoteiros para o acampamento Rowallan.

O acampamento é lindo, com rico solo vermelho de Nairóbi e árvores gigantes e parques e frescor e florestas. Mas não há tendas suficientes para todos; alguns de nós têm que encontrar outro lugar para dormir. Os demais montam tendas e passeiam alegremente. Acabamos, com nosso professor, reservando um pequeno quarto em uma longa fileira de casas de teto de zinco com um cômodo, encostadas umas nas outras, pingando grossas lágrimas verdes de idade e cheirando a ralos velhos. Colocamos nossos sacos de dormir no chão.

Mais tarde, dormimos. E então somos acordados. Primeiro é

um chocalho, depois um estrondo. Gritos. Tinidos. Batidas. Berros. Cantos. Igreja. Deus. Línguas estranhas. A noite toda, eles dançam e cantam e gritam e batem.

De manhã, as pessoas assobiam alegremente e gentilmente e vão para o trabalho, pessoas seculares em uniformes. Algumas mulheres estão lavando roupas na torneira entre a linha de casas, cantando baixinho e conversando. Crianças brincam.

...

Peter Sigalla, o monitor-chefe, é rebaixado. Todos os monitores falaram com o diretor. Ele passa o resto do ano sozinho. As pessoas cospem nele quando ele passa. Muitas vezes quero acenar, dizer alguma coisa. Nunca faço. Esforço-me para andar na linha, manter-me dentro de mim e ser uma pessoa pública que se encaixa. Sigalla está sempre entre os melhores alunos do ano. A escola fica em silêncio quando seu nome é lido na assembleia depois dos exames. Ele fica reto, nunca se curva, caminha entre as multidões e as filas sem olhar para os lados, sempre imaculado, com o rosto desdenhoso e destemido.

É difícil não se impressionar.

Toda a escola sussurra sobre o novo diretor – suspeitamente jovem, visivelmente kalenjin. Sr. Kipsang. Imitamos seu sotaque e rimos dele quando ele não está olhando. O diretor anterior, um gikuyu, foi embora. Pergunto-me se eles descobriram sobre mim e o Peter e nossa conspiração gikuyu para chegar até aqui.

Capítulo Nove

A escola está fechada para o Natal e Ray Parker Junior é o homem mais descolado do mundo. *"Who you gonna call? Ghostbusters."*
Todos queremos o cabelo dele. Chamamos de *Ray Miaw Miaw*. Mamãe foi de carro até Eldoret com Chiqy para buscar Jimmy. Ciru chega amanhã. Eu já estou em casa. Tomo um banho longo de banheira.
Deixo meu corpo afundar na água, para me permitir ver as cores espessas das coisas lá fora. Logo meus olhos estão entorpecidos, e caracóis quentes de sensações espessas sobem de meu estômago para meu peito. Fico maravilhado com a beleza de membros movendo-se sob a água, e logo estou perdido e entro em pânico.
Estou sempre com medo de ser sequestrado por padrões. Levanto-me e viro a página do meu livro. Depois, passo uma hora com açúcar e sabão e uma escova dura tentando escovar meu cabelo para trás, em um *Ray Miaw Miaw*. Consigo deixá-lo perfeito, mas depois, quando seca um pouco, começa a rachar. A América Negra tem muito a explicar. Primeiro foi a porcaria dos *black power*. Quem da África Oriental consegue ter a porcaria de um *black power*? Demoraria quarenta anos para crescer.
Nos anos 70, Mamãe fazia um bom dinheiro vendendo perucas *afro*. Com aparência natural. Percebo que consigo manter o estilo se mantiver meu pescoço imóvel e me certificar de não franzir o rosto ou sorrir demais.
Em agosto, Mamãe anunciou que abandonou nossa igreja católica educada e de classe média, cinquenta minutos de ajoelhar, levantar, ajoelhar, levantar e depois ir nadar.
Ela se juntou a uma igreja da qual nunca ouvimos falar, Deliverance Church. Diz estar curada do diabetes. Estava dirigindo de

Nairóbi, para ver seu médico, e percebeu que não conseguia parar de chorar. Parou no acostamento e finalmente se entregou ao que a estava chamando, ela disse.

Ela disse a Deus para curá-la. Coloco calças marrom com pregas e meus mocassins marrons com meias brancas. Deliverance Church é três horas de ruídos guturais no prédio da câmara municipal de Nakuru. Gritos e línguas, microfones ruins e sotaques americanos ruins. O inferno ou êxtase suado. Estudo bíblico três vezes por semana. Convenções e campanhas, Inglês ruim, traduções paralelas de toda frase suada gritada, de Inglês para Kiswahili, às vezes de Kiswahili para Gikuyu também. As pessoas carregam gigantescas Bíblias King James com zíper. Atenção é necessária, sem sonhos, sem escapatória. Sem R&B. Sem *Ray Miaw Miaw*. É arrebatamento ou pavor.

Jimmy é o monitor-chefe da St. Patrick's Iten, que é uma escola muito famosa. Mamãe diz que ele também foi salvo. Ciru parece estar oscilando. Sua nova escola é elegante. Kenya High School. Mas até lá a febre de Deus está se espalhando. No último semestre, as meninas ficaram histéricas quando uma aluna foi possuída por demônios. Um pastor muito bonito, que tinha um *Ray Miaw Miaw* e se parecia com Jermaine Jackson, veio e os expulsou. Grande parte da escola foi salva. Chiqy, minha irmãzinha, é jovem demais para ser ameaçada por tudo isso. Em todo o Quênia, à medida que a política azeda, há uma febre de busca pelo arrebatamento.

Quando ouço o carro da minha mãe no portão, visto-me rapidamente. Ando até a cozinha. O Peugeot de Mamãe está estacionado lá fora. Jimmy está carregando uma mala de metal gigante.

Há mais alguém no carro. A primeira muleta espia pela porta do carro e um braço bate contra o batente. Jimmy resmunga um olá; seus olhos captam os meus e se movem na direção ao carro, um comando silencioso. Olho para longe, tentando resistir. Mas não consigo, quando se trata de Jim. Movo-me para ajudar.

As pernas não são retas; são varas torcidas e finas. Há um cheiro forte de suor e as muletas são baratas e feitas de madeira. Esses quatro membros sem músculos parecem insuportavelmente frágeis, como se estivessem prestes a quebrar. Encontro o olhar do aleijado. A camisa do uniforme escolar está encharcada. O rosto é quadrado e escuro e cheio de agitações nuas, riachos quentes de veias; carros estão buzinando e os comerciantes estão gritando na feira em um dia quente, e a mandíbula dele é aquele cara, aquele cara desconfortável da aldeia, preso no pânico urbano, retesando os músculos da mandíbula. Não é possível escapar do destino daquele rosto. Não é possível passar a mão sobre sua cabeça e sentir o *Ray Miaw Miaw* duro e transformador. Ele tem a minha idade, mas a imobilidade de um adulto. Eu murmuro um oi. Os olhos estão grandes e medrosos quando encontram os meus. A porta abre e balança, as muletas batem contra o metal e ele levanta as pernas com as mãos grandes e as joga para fora. Elas balançam e ele cai no chão, e eu o ajudo, meu estômago um acordeão.

...

Depois do chá, todos vamos de carro até depois da colina. Aqui onde moramos costumava ser a Nakuru só para europeus. Passamos pelo centro da cidade, descemos as antigas áreas da Índia e de Goa, em direção ao lago, onde dezenas de milhares estão amontoados em casas de um só cômodo, as antigas linhas de trabalho colonial, onde "os africanos vivem".

Estacionamos em frente a uma escola primária que cheira a urina. Jim e eu ajudamos o aleijado a sair. As pessoas estão olhando para nosso carro. Às vezes, Mamãe é apenas uma ugandense. Uma mulher de bananas cozidas e velhos reis e rainhas e colinas distantes, boa educação e uma língua que nos faz rir quando ela está ao telefone. Às vezes, ela é uma mulher elegante que é difícil localizar, o que nos permite acreditar que somos diferentes em uma pequena cidade provinciana. Glamour. Aqui ela parece... deslocada, e sei que passaremos este encontro de estudo bíblico sendo observados.

O pastor se aproxima para lhe fazer uma saudação especial e ficamos para trás, nos remexendo, as mãos educadamente cruzadas nas costas. Entramos na sala de aula, que é apenas fileiras de bancos quebrados. Todas as janelas, da época colonial, estão quebradas. Sentamos. O pastor é alto e tem olhos remelentos. Mesmo aqui, na Deliverance Church, ele é considerado excessivamente entusiasmado. Os mortos ressuscitarão, os enfermos serão curados aqui; a voz vem da barriga, áspera e rouca, e o sangue corre para os olhos.

Espero pelo terrível momento em que ele perguntará: "Quem aqui não recebeu o sangue de Jesus?" e eu me recusarei a levantar a mão, e a quietude de Mamãe vai doer, e então damos dinheiro, e então canções crescem, e gargantas abrem, todas elas como grilos na noite; alguns olhos rolam para trás, o peito de um homem sobe e desce e ele chia como se demônios fossem, agora mesmo, sair de seu coração. Ele está chorando.

Pastor John pede-lhes para pularem, pularem e serem curados, pularem direto para o céu, saltarem sobre as fogueiras. Todo esse tempo, todas essas horas, o aleijado não disse nada. Ele não disse nada em casa, enquanto se atrapalhava com o chá e o pires. Ele não disse nada quando o cumprimentei. Seus únicos sons são órteses de metal batendo em muletas de madeira, guinchos de madeira no chão, calças sem forma sussurrando ao se arrastarem pelo chão. Seu som mais alto é um silêncio gigante, toda vez que ele se move. Espero por isso, a rachadura e a ruptura, a colisão de metal, madeira e osso.

Então, ele fala.

Um lamento. Fino e enferrujado, corta através das ondas de barulho de Deus. O som que ele prometia, chega; ele se amontoa no chão, gemendo e chorando. As muletas por todo lado. Os bancos gritam quando nos afastamos; seus braços se debatem no chão. Quero ir embora deste lugar e afundar no banho quente novamente.

Mamãe se ajoelha sobre ele, o pastor se aproxima, seus braços se esticam para a frente e ele encoraja que o aleijado liberte seu gemido – solte-o, o veneno, o demônio, a doença. Ssssssim. Ssssssim. Todos chiam. O gemido sobe, e sobe.

Então eu as vejo, aquelas pernas finas e mortas ganhando vida dentro das órteses de metal.

...

As muletas e órteses foram abandonadas. O aleijado rasteja por toda nossa casa, suas pernas de espaguete contraindo-se. Ele canta, canções de Deus, em voz baixa e vindas do peito.

Jimmy está sempre em suas longas corridas; ele tem tabelas de horário. O dia de Jimmy é planejado. Ele transformou a vida domiciliar em uma vocação: bicicleta, ginástica, corrida, basquete, organizar coleções musicais, garotas, livros sobre carros velozes e aviões e guitarras. Não há espaço para negociação. O mundo deve se submeter à sua tabela de horário.

Os distraídos são sequestrados. Se eu estiver dividindo o quarto com Jimmy, vou acordar alguns minutos antes dele e vou me ocupar como ele, resmungar quando ele resmunga, mover-me com resolução masculina como ele, e posso fazer isso sem nem pensar. Quando ele vai embora, posso escapar para outros lugares, onde pessoas com certeza sobem em elevadores; elas sobem para o telhado em escadas rolantes de Nova York; elas se inclinam e se beijam, viajam em palavras para o pôr do sol.

Alguns deles atrapalham-se e debatem-se, e depois, na página 187, quando estão prestes a se libertar da pressão insuportável de serem quem são, de serem vulneráveis à insistência dos outros, encontram uma força. Oh! Lá estavam eles, achando que estavam errados, mas todos têm um momento em que o mundo para, faz uma pausa, vira, aprova e diz: era você o tempo todo, era você que nos segurava e nunca notamos... Oh, Da-yana, Daai-ana, sempre foi você que amei de verdade.

Frequentemente, fico sozinho em casa. Agora ele está aqui. Ele se remexe, rezando alto, pedindo nada, dizendo nada. Se o momento continua, torna-se inevitável. Não tenho mais medo de que o aleijado se desmanche e se quebre. Temo que ele engatinhe, ajoelhe-se e levante-se.

Aqueles que vêm do constrangimento mais doloroso são os mais triunfantes ao levantarem-se; eles viram um mundo fracassado e conseguem apreciar plenamente um mundo em funcionamento. O carisma de seus novos padrões ocupará toda esta casa. Eu serei colonizado por ele. Com cada passo, ele mata o Jesus uma-vez-por-ano que sorri beatificamente e não diz nada.

Nãonãonão. Minha ideia é simples. Manter-se solto e flutuante. Seguir padrões e horários fáceis. Comprometer-se apenas com um tempo presente que permita que suas pernas se movam atrás de outras e mantenha sua cabeça nas nuvens. Ser descolado é nunca ultrapassar os padrões confortáveis.

Muitas coisas estão chamando, de repente, pedindo por aquis e agoras, por meu eu inteiro aqui e agora. Sexo começou a sussurrar em meu ouvido, exigindo um plano de ação. Que necessidade tenho para essas coisas? Pois ser o que sou, como prometido pela ficção, pela fantasia e pelo futuro, é voar, do dormitório para Motown, da casa do rei do Sião para correr livre como Huckleberry pelo campo, do meu quarto diretamente para a casa dos Walton, para Star Wars, para poeira estelar. Para ser, um dia, um profissional de televisão em Nairóbi com um carro. Um cara de escada rolante em um terno. Todas as noites descolado com jeans e uma cerveja em uma boa varanda de pôr do sol, ouvindo R&B.

Sucumbir é deixar todos entrarem, verem a confusão; sucumbir é ser um Cara-de-Deus que jorra mingau, bloqueado por algum espírito pentecostal quente. O espírito rasteja pelo chão, as pernas começando a despertar, ameaçando ficar em pé.

Eu rezo um dia. Observo o aleijado raspando o chão com os joelhos e prometo a Deus em silêncio que serei salvo. Serei, eu digo. Quando tiver vinte anos. Deixe-me ficar solto, peço, e as pernas do aleijado entortam e ele cai.

Muleta! Deus!

Deus! Deixe-me fazer sexo antes.

O nome dele é Julius. Ele vai embora um dia, pede para ser levado para a rodoviária. Ele já engatinha corretamente. Nós nunca vemos ou ouvimos falar dele novamente. Tenho certeza de que ele sabia o quanto eu queria que ele fosse embora.

...

É o terceiro bimestre. Eu me adaptei ao colégio interno. Sinto-me bem, como se sempre tivesse estado ali. Não sei o que acontece comigo. Estou meio que brincando no campo em um sábado, um livro na mão, como de costume, e sinto um velho desejo.

Levanto-me, depois ando, passo pelos dormitórios, pela sala dos professores, pelo portão, vestindo meu uniforme escolar completo, passando pelas consequências, a bengala, a carta de suspensão, o histórico arruinado. Eu não uso um dos truques habituais para fugir, os buracos na cerca, os seguranças subornados. Entro na cidade de Njoro, como batatas fritas, bebo uma Fanta gelada e pego um *matatu* para casa, para Nakuru.

Não tem ninguém em casa. Entro pela janela e preparo um banho quente. Mamãe me encontra dormindo em minha cama. Ela senta lá, passa a mão pela minha testa. Consigo ouvi-la ali, quieta, e não tenho medo; só quero que ela mantenha a mão bem ali. Ela passa pelo meu cabelo. A mão dela. Mantenho os olhos fechados por mais tempo e escuto sua respiração.

Tomamos chá e comemos bolo. Engulo tudo.

– Tenho que te levar de volta para a escola, sabe.

Concordo.

– Você quer voltar?
Concordo.
Ela pega minha mão e a vira. Tento puxá-la.
– O que aconteceu com seu dedão?
Minha unha está mole e sangrando, com pus. Nos últimos meses, tenho descascado minhas unhas com uma lâmina de barbear durante o período de estudo noturno. Explosões curtas e firmes de descascar, mordiscar e raspar silenciosamente, só parando para virar a página do meu livro. Às vezes eu fico acordado até tarde da noite e descasco minhas unhas sob as cobertas. Sempre faminto. Quando todo o invólucro insensível é retirado, posso dormir bem.

Não sei o que ela diz para o diretor. Não sou punido.

Depois de algumas semanas, Mamãe vem me visitar na escola.

– Faça suas malas – diz. – Você vai para outra escola.

Capítulo Dez

Vamos de carro para Nairóbi hoje, meu pai e eu, para a cidade. Tenho cinco espinhas. A capital, para mim, é a oportunidade de passar um tempo na hidráulica eficiente da adolescência – livrarias e hambúrgueres, revistas Right On e garotas de bochechas macias que dizem: "Isso é *fantabuloso!*"

Dirigimos até aqui, Nairóbi, meu pai e eu, para consertar um trator complicado ou uma máquina colheitadeira. Agora fazemos essas coisas de vez em quando. Meu pai me chama casualmente – minha mãe deve ter sugerido em sussurros enérgicos: tira ele daquele quarto.

Os dois estão sendo mais legais do que o habitual e estou sendo mimado. Coloco meu livro na mochila e vou para o carro. Meu pai é como pão quente: ele cheira bem e irradia uma biologia saudável, e minhas enzimas rugem e brilham perto dele. O capô do carro está aberto. Então. Quero saber sobre metais barulhentos e motores que roncam, e fico parado ao lado, depois que você chupa o óleo de um cano, de um jeito viril e cospe no chão e diz: "Eles não estão alinhados".

Cabeças concordam. Levantamos, olhando para as entranhas do carro, meditando.

– Não, não.

– Este carro é à injeção.

E, afastados alguns centímetros um do outro, levaremos isso em consideração – e entraremos em ação, erguendo, arrumando, puxando e acelerando, e logo as coisas estarão ronronando, e homens exaustos voltarão para casa suados e comerão muito, e dormirão o sono dos mortos. *Jua kali* é o nome que damos para essa atividade. Sol quente. Eles vivem e trabalham fora do Quênia que veste cáqui; aqui eles são livres para ser o que quiserem.

Cidade do sol quente. Há um grande parque industrial – uma favela – ao nosso redor, uma planície plana de folhas de ferro corrugado. Pegue o sol – dê-lhe dez mil telhados de ferro corrugado – e peça, apenas por pedir, que dê aos telhados tudo o que ele pode dar e os telhados começam a ficar embaçados; eles estalam e crepitam, agitados. Telhados de ferro corrugado são criaturas mal-humoradas: gemem e chiam o dia todo; como são dilacerados pela luz do sol, seus corpos inchados de calor e luz, ameaçam quebrar em pedaços de luz de metal. Falham, impedidos pela crucificação dos pregos. Pessoas de telhado de ferro corrugado não vão para a parte gramada e folhosa da cidade sem um propósito específico. A polícia vai pegá-los. Os *askaris* da cidade vão pegá-los. Quanto mais quente fica, mais parece que algum tipo de calor e luz irromperá deste lugar.

Estamos em um grande pedaço de terra no meio desta luz gloriosa e terrível. Há montanhas de ferro-velho retorcido e peças sobressalentes ao nosso redor, assadas ao sol, vermelhas de ferrugem, pretas de óleo e marrons de poeira, lançando migalhas de ferro derrotado ao chão: carros, partes de carros, as entranhas de ar-condicionados; canos de exaustão mortos, não mais tossindo ou roncando ou cuspindo doenças.

Um cara passa correndo por mim, agitando uma peça sobressalente e matraqueando alto em Gikuyu, e outro homem corre atrás dele. Eles são parceiros, dançando, de braços dados, ombro a ombro, um rindo, o outro rosnando.

Um está curvado, o outro tentando alcançar a ponta do braço. Suas mãos, que seguram a parte barulhenta. Então, um rindo, o outro não. E é um jogo e uma dança.

E então, é uma briga.

Uma multidão se reúne. Homens torcendo. Meu pai franze a testa e seu grupo de consultores autônomos se separa para observar e ficar ao redor.

E.
A briga acaba. Eles são separados.
Eu invento uma palavra. *Hughagh*: (a) um som que é ao mesmo tempo a barriga sendo atacada por um punho e o que sai da boca quando se bate no peito; (b) um lembrete em meio ao refrão sobre o próprio reservatório de força: comumente utilizado em *jingles* e programas esportivos, por equipes militares de cabo-de-guerra e por tenistas do sexo feminino.
Imortalizada por Billy Ocean: *Hugh agha ha! When the going gets tough, the tough get going, yeah! Hugh agha ha! Yeah yeah yeah.*
Hughagh governa partidas de futebol no City Stadium; a cidade fica paralisada quando os fãs do time de futebol Gor Mahia voltam para casa. *Hughagh* é um policial. É um membro do Parlamento em um pódio com seus grupinhos de bandidos pagos ocultos na plateia. Às vezes *hughagh* é um punho na cara da sua mulher; às vezes *hughagcgh-hic* é lubrificado por uma lata ou duas de licor *kumi-kumi* fino, amadurecido em barris de dez galões enferrujados que uma vez armazenaram diesel. Três latas e você vai dormir no ralo aberto do lado de fora do bar e acordar cedo para a vida, ou paralisado.
Hughagh também pode ser divertido: *hagh hagh*, você ri daqueles que são mais pobres do que você, ri do fundo da sua barriga do povo kirinyaga se você for kiambu, do tugens se você for nandi, do punjabis se você for gujarati, das tribos pequenas se você for de uma grande.
Alguém bate no meu ombro, um homem somali magro, bonito, com óculos escuros gigantes, opacos, de armação branca, uma camisa marrom estampada com floquinhos de neve cintilantes. A camisa não está por dentro da calça, no estilo somaliano. Ele levanta as sobrancelhas para mim, nossa pequena conspiração. E de suas mãos desenrola um tapete mágico que estala.
Óculos de sol, embrulhados em plástico ruidoso.
– Ferrari – ele sussurra, a voz carregada de monções iemenitas e rolos de pano. Considero, brevemente, e decido não arriscar.

Ferrari é uma coisa muito descolada. Ela avança em um rugido, aerodinâmica e rebaixada, vermelha como batom; esgueira-se e brilha e cheira a revistas novas e lustrosas e descoladas. Mas se ele está vendendo, ele é multiplicado por dez mil, então todo mundo em Nairóbi deve ter Ferrari.

Faço que não com a cabeça. Ele os empurra para mais perto de mim. Certamente não os vi direito. Afasto-me e me viro. Ele vem até mim com um novo sorriso e enfia um relógio na minha frente. Um músculo em sua mandíbula se enrola em articulações afiadas, caules de *khat* saindo pelo canto da boca. A bochecha esquerda está inchada, os olhos vermelhos e turvos.

Khat é néctar de vendas. Supercafeína.

– *SayKo!* – aponto para meu relógio e dou de ombros.

O dedo dele bate no relógio enfaticamente.

SayKoSayKo! Vamos nos animar, meu amigo. Escute.

Os sul-africanos cantam "*SayKunjalo* – a hora é agora". *Sekunjalo. SayKo.* Ele coloca o relógio na minha orelha e eu confirmo, sem sombra de dúvida, que *SayKo* faz tique-taque. Agoragoragora. E agora sei – que ele vai me bater e cutucar até que eu fique enfurecido e acabe atacando ou comprando.

SayKoSayKo! SayKoSayKo! SayKoSayKo!

Porque quando fica muito quente, nós derretemos. Ou entramos em erupção. Minhas espinhas estão brilhando. Posso senti-las. Empurro a mão dele e me afasto para perto do amontoado de homens Sokaboba e meu pai, que não vai gostar de ser interrompido.

– Heeeeey!

Eles gritam. Meu pai franze o rosto.

– *Waria!* – um termo derrogatório usado no Quênia para somalianos.

– *Toroka!* – Corra. Saia. Vá embora daqui.

Um deles grita: "*Waria!*". E *Waria* sorri e vai embora, e me sinto uma merda. Ele vai até outra pessoa e outra pessoa, agarrando, gesticulando, mandando, cutucando. Tique. Taque. *SayKo. SayKo. SayKo.* E o vapor sobe. Rugido, Ferrari.

Eles dizem, na minha nova escola, que a eletrogalvanização deposita a camada de zinco de um eletrólito aquoso por eletrodeposição, formando uma ligação mais fina e muito mais forte. Essas múltiplas camadas são responsáveis pela incrível capacidade do metal de resistir a circunstâncias corrosivas, como água salgada ou umidade. Além de ser barato e eficaz, o metal galvanizado é popular porque pode ser reciclado e reutilizado várias vezes. Nós chamamos de *mabati*. Ou ferro corrugado.

Pegue: dez mil martelos; dez mil línguas, todas gritando; dez mil especialistas em dez mil metais dispostos em dez mil permutações barulhentas para consertar carros, tratores, arados, potes, panelas, frigideiras, moedores, cadeiras.

Venda: óculos de sol, fitas cassete pirateadas, facas suíças, chaves inglesas, ovos cozidos em tigelas azuis, salsichas em caixas suadas de vidro e madeira amarradas a um torso magro, chaveiros, patos ou coelhos de plástico enrolados e ganindo freneticamente em MadeinTaiwanês.

É quente e amarelo e seco em 1984. Muitas dessas pessoas têm diplomas. Marketing. Carpintaria. Mecânica de potência. Tecnologia elétrica. Este é o depósito para diplomas que não levaram a lugar nenhum.

Estou parado e assentindo, e homens amontoados debatem ao redor do meu pai.

– *Sokasoba?*

– Nããão. Os amortecedores estão funcionando.

– Esses *pinjots* antigos são muito bons. Três-zero-cinco. Si injeção?"

Assinto.

Não sei nada sobre Peugeots antigos. Há coisas que homens devem saber, e eu não quero saber essas coisas, mas quero me encaixar e os membros precisam saber sobre eixos de manivela e pontos e rãs e cálices sagrados viris e caudas de cachorrinhos. Coisas seculares às quais se agarrar.

Na beira do campo de reparadores, há um velho cavalheiro com um novo corte de cabelo à moda antiga, incluindo uma linha aparada acima da têmpora esquerda, o que as pessoas brancas chamam de divisão, uma palavra apropriadamente bíblica para cabelos africanos projetados com muita vontade de se dividir desse jeito. Ele veste uma jaqueta tweed, um chapéu com pena, e seus sapatos velhos de couro brilham mesmo empoeirados. Está vendendo latas velhas e barris e todo tipo de recipiente.

Um cara está cortando tubos de pneus e vendendo as tiras: essas tiras, chamadas de *blada* – para estilingues de crianças; amarrar coisas à sua bicicleta ou em cima de um *matatu*; para encaixar uma mangueira em uma torneira sem vazar no ponto de contato. Para carros de arame complicados, para o porta-malas do carro em caso de qualquer uma das trinta mil coisas que podem dar errado que uma *blada* pode resolver. Quem não precisa de uma *blada*?

Há pilhas e pilhas de chapas de ferro corrugado. *Mabati*. Para telhados reciclados, para milhões de pessoas um-quarto em Nairóbi. Esfrego a mão nas ombreiras da minha jaqueta, emocionado com suas promessas acolchoadas neste mundo barulhento. Eu sou diferente. Eu sou diferente.

Fico entediado com a mecânica de Baba e ando por ali. É hora do almoço e as mulheres estão reunidas em torno de enormes panelas cortadas de velhos barris de óleo; feijão e milho estão fervendo, homens fazendo fila para um almoço de dois xelins. Gritos, berros, conchas batendo com força em pratos esmaltados. Agora é o cheiro de espuma de feijão fervente.

A grama foi reduzida a nada ao ser pisoteada por muitos anos, neste grande pedaço de terra batida. Em algum lugar, não muito longe daqui, está ocorrendo uma cerimônia religiosa ao ar livre: alto-falante, berros e gritos.

Você não acreditaria que a menos de quinhentos metros daqui estão estradas e lojas, e arranha-céus e restaurantes descolados que tocam música de elevadores silenciosos, e que servem comida de batedeiras elétricas discretas e recipientes plásticos para geladeira. Hambúrgueres e Coca Cola. Pizza.

Adoro a música de elevadores silenciosos: o zunido da hidráulica, uma promessa de aterrissagens suaves. Amo música *easy pop*, Michael Jackson e The Gap Band. As pessoas estão ao lado de alto-falantes grandes e baratos vindos de Taiwan, que, com certeza, estão pulando para cima e para baixo nos suportes de madeira baratos, emitindo um som de bateria próprio que se junta aos estalos.

Homens magros, com dentes marrons corrugados de *miraa*, e mandíbulas com músculos musculosos e olhos vidrados e selvagens, focados em uma tarefa repetitiva. E deles, de seus alto-falantes, vem o som do Congo – e esse é exatamente o som de todo o barulho, o *rang-tang-tang*, o clamor metálico de construções e vendas agitadas, e o choque multilíngue de címbalos de boca, para cima e para baixo, mandíbulas trabalhando, comendo, negociando, rindo. E as pessoas cantando são o som do metal derretido. Naquela música urbana congolesa que soa como barulho: lingala, aquela língua estridente de Kinshasa. Mas ao redor deles, guitarras elétricas vibram alto, coisas batem.

Por que não ouvimos canções cantadas em voz baixa e baterias suaves e poças d'água dedilhadas e campos de violão? Por que não ouvir canções folclóricas de lamento antigas, caixa de pele de cabra com cordas de couro? Os sons amadeirados de muito tempo atrás?

A madeira apodrece. A madeira não se dobra no calor. Madeira queima e desmorona. No início deste século. O calor abrasador da luxúria belga no Congo insiste em novas pessoas metálicas. Nós, no Quênia, não entendemos as letras – não falamos lingala – mas essa música, esse estilo, esse som metálico se tornou o som de nossos tempos.

Trabalhe o metal no frenesi de seu plano e deixe o calor aumentar e aumentar, e em breve resultará em algo, seu futuro – no lado mais suave da cidade, no degelo e grama suaves de sua nova casa quadrada de pedra na vila. Depois de um dia batendo metal, você vai para casa e dorme sob o teto de metal galvanizado, e chove, e nenhum sono no mundo é melhor do que o sono sob o barulho da chuva batendo em um telhado *mabati* nu. Resulta em algo: do corpo e seus limites, e você está em uma zona, um fluxo de metal fundido criativo. Seu trabalho pode bater, dobrar, derreter, endurecer, moldar, agregar, galvanizar. Trabalho que pode derrotar o cansaço, porque dançar e cantar é um trabalho que o estimula. Isso é rumba. Música *mabati*. Música metálica.

Baba terminou.

– Vamos – diz.

– Baba...

– Humm...

– Podemos ir no Wimpy?

– Claro – e sorri.

Capítulo Onze

Quarenta xelins quenianos para o Ndirangu.
Em frente ao Matatu Stage, em Thika (perto do Josphat Bar and Butchery). Sempre em estoque: Mills and Boon, Silhouette Romance, Robert Ludlum, Robert Ruark, Frederick Forsyth, Danielle Steel, e Wilbur Smith, James Hadley Chase.
Disponíveis todos os livros didáticos do quarto e sexto anos.
Peça pelas notas de Malkiat Singh e planos de estudo para o quarto ano.

Ndirangu fornece um estoque sem fim de livros para meninas da classe média de Thika, secretárias, caixas de banco, estudantes de férias, e donas de casa todos os dias. Escapo da minha nova escola para negociar com ele. Cada novo livro que leio tem que ser mais, maior, mais melodramático para prender meu interesse. Eu os engulo como doces. Leio dois ou três por dia. Posso escrever um, tenho certeza, uma longa saga e ganhar muito dinheiro e comer pizza todo dia.

Ele vai beijá-la? O jogador de polo argentino tem olhos derretidos e cílios espessos. Em um momento, estão fulminantes como uma chaminé demoníaca da Inquisição, no outro, estão olhando para ela e dizendo *caara, cara mia*. Ou a versão argentina – algo tipo-cara-mia, e então por causa da beleza dela eles se esquentam mais escuros e mais reluzentes, mais escuros e mais aveludados, mais e mais escuros, até que eles não conseguem se esquentar mais e ternura escura e latina goteja dos olhos como óleo quente, junta-se como um beijo, e ele a agarra e... e...

...

Mang'u, originalmente Kabaa High School, é a segunda escola para africanos mais antiga do país. Porque ela fica em terras Gikuyu, na Província Central, foi mais fácil conseguir um lugar para mim aqui. Mang'u foi fundada pelos irmãos Marianistas, em 1939. Nos anos de 1960, eles decidiram oferecer aviação como uma disciplina para os estudantes da Mang'u. Compraram um planador, receberam terras do presidente Kenyatta nesse mato seco e cheio de cobras, e, junto com o governo, começaram a construir uma nova escola.

Mas o dinheiro acabou, e só a primeira fase da escola foi terminada. Quando chove, somos soterrados pela lama. Nossos banheiros ficam entupidos e transbordam toda semana. Os chuveiros desmoronaram. Há animais estranhos se reproduzindo nos dormitórios inacabados. Muitas salas de aula não têm janelas.

Todos aqueles ex-alunos importantes, como o vice-presidente Kibaki, não visitam. O dinheiro deles patrocina escolas como a St. Mary's, escolas particulares em Nairóbi onde seus filhos agora estudam para prestar os GCE britânicos e conseguir bacharelados internacionais. Mang'u é uma escola nacional e atrai os estudantes mais brilhantes de todos os cantos do país. Alguns ricos, alguns muito pobres. Alguns chegam sem nunca ter visto uma torneira.

Tem um cara em minha turma de uma das vilas em Taveta, onde a família Kenyatta tem terras do tamanho de distritos inteiros. Muitos dos habitantes de Taveta trabalham informalmente nas plantações dos Kenyatta. Ele trabalha informalmente em fazendas durante as férias para juntar dinheiro e pagar as taxas. Vem andando da cidade de Thika, e chega com o uniforme rasgado e desbotado. Ele é todo antebraços gigantes e panturrilhas enormes de escavador, e fica acordado a noite toda, todas as noites, com seus livros.

Ele raramente fala, está sempre de bom humor, sempre atordoado pelos livros.

Mang'u High School, todos os anos, fornece um terço dos alunos para a escola de medicina do Kenya. Nós estamos no topo de todas as disciplinas científicas do país. Estamos sempre perto do topo em todo o resto.

Nós acreditamos. Mais do que qualquer outra escola no país, acreditamos em trabalho duro, cru, sangrento; em padrões acadêmicos impossíveis. Não é um professor que estabelece o parâmetro – a cultura antiga de nossa escola o faz.

A comida é fervida. Feijão e milho fervidos com pedaços grandes de repolho aguado. Fervidos em panelas gigantes de metal. A cozinheira da escola nos diz que um menino em fase de crescimento precisa de um pedaço de carne do tamanho de uma caixa de fósforos por semana para ficar saudável. Feijões fervidos são bons. Ela diz. Às vezes irrompem brigas por causa de batatas.

Nas quintas-feiras à noite, tem feijão e arroz – a camada de cima um chapéu marrom escuro de feijões e líquido escorrendo para o arroz duro como um punho. A camada de cima, *topi*, é nossa favorita. Formamos uma fila no refeitório meia hora antes do sinal do jantar, segurando pratos e colheres, salivando. *Topi. Topi. Topi.* Se o sinal atrasa dez minutos, os alunos brigam para chegar até a porta.

Nosso diretor, Karaba, a quem amamos, comprou porcos. Ele quer melhorar nossa dieta. Ele nos diz toda semana. Ohhhh, um dia vamos fazer um *pork-o mearo*. Nós sonhamos com *pork-o*.

Porko assado, *porko* frito.

Porko Mea-ro.

Dois alunos gorduchos, rosados e amarelados, chegam em Mang'u um dia. Irmãos. Seus pais gorduchos e rosados têm uma Mercedes antiga e cara. A mãe deles é gorducha e rosa e amarela. O pai deles é gorducho e amarelo. Parecem um *sitcom* americano sobre quenianos ricos. Eles vêm para o dormitório Old Boys, carregando caixas e caixas de comida e grandes sorrisos suados. O motorista traz frangos assados aos domingos. Pães frescos da padaria. Pizza.

Chamamos nossos dois novos benfeitores de Porco e Leitão.
Uma manhã durante a assembleia, Karaba anuncia que em dezembro teremos nosso primeiro *Pork-o Mearo*.
Nossos estômagos roncam.
Uma refeição adequada com *porko*.

As unhas dos meus dedões sararam e têm características próprias. Elas têm calombos e são pretas. Ainda uso uma lâmina, agora suavemente, para tentar moldá-las a meu gosto. Tenho um calo na base do dedão direito, por lamber meu dedão e dedo indicador e esfregá-los um ao outro para manter aquela fricção perfeita para virar páginas. Ler é uma febre nessa época. Esses dois dedos ficam perpetuamente prontos. Lambo-os e esfrego-os em intervalos de minutos. Cada vez que arranco o calo com os dentes, ele cresce de volta, nunca com sua finura original.

É 1984 e coisas estranhas estão acontecendo.

A seca é a pior desde 1870, alguns dizem, quando os maasai foram dizimados pela peste bovina e pela guerra civil. Não. A fome é a pior desde 1930, quando milhares morreram de fome após os britânicos "consolidarem" as diferentes terras de famílias Gikuyu.

O filme *Breakdance* quebra todos os recordes, as pessoas ficam em filas por horas para ver as sessões matinais, matam aula e giram e fazem o robô. Elas gritam pelo campus. Há também um novo grupo de demônios. Quem nos conta são as pessoas de Deus, que ficam mais barulhentas a cada dia. Elas estão por toda a parte. As áreas mais elegantes de Nairóbi são inundadas por gado conforme os nômades descem dos prados para gramados hidratados, vestindo cobertores e sendo perseguidos pela polícia. Nos noticiários, vemos os acres de carcaças de gado morto. Alguns maasai aparecem nos portões das pessoas, quase mortos de fome, e oferecem serviços de segurança em troca de comida.

As adolescentes de Nairóbi decidem que tranças maasai são a nova moda, e vemos guerreiros veneráveis vestindo *shukas* vermelhos, sentados em portões no subúrbio. Meninas adolescentes sentam em frente a seus bancos de madeira, as cabeças inclinadas para trás, cantando a última do Lionel Richie, enquanto os guerreiros maasai delicadamente trançam seus cabelos por dinheiro para comida. Tranças maasai são descoladas. Ndirangu, o cara da banca de livros na cidade de Thika, conta que as pessoas em Muranga não saem mais à noite.

Elas têm medo de fantasmas.

Karaba, nosso diretor tão amado, se foi. Moi o transferiu. Nosso novo diretor, Jos (muito muito) Gordo Kimani, é uma caricatura da ganância, com pernas finas e uma barriga gigantesca. Criaturas de aparência estranha chegam alguns meses depois dele. Uns são longos e magros e têm cabelos crespos e mascam chiclete e jogam basquete. O diretor JosGordo vangloria-se na assembleia, balançando a barriga de um lado para o outro, a papada tremendo quando ele diz que faremos desta a melhor escola esportiva do país, e nós assistimos esses alunos longos quicando bolas de basquete, todos eles parecendo muito, muito velhos. As pias dos banheiros agora são cobertas de pelos de barba e lâminas descartadas. Durante a aula eles sentam, magrelos, parecendo confusos sobre prefixos e sufixos, divisão e multiplicação. *Ati nini?*

Logo, JosGordo está nos jornais. Ele agora é parte do Comitê Olímpico do país.

Ele é o Jos mais gordo que nunca.

...

Um dia, juntamo-nos em um escritório pequeno e fedorento no Old Boys. O aparelho de vídeo da escola está no cômodo abarrotado – e Fat Freddie, que tem contatos na América, apresenta uma nova fita de vídeo.

Há mais de um ano não cai uma gota de chuva no Quênia. Florestas temperadas verdejantes estão queimando, vermelhas. A pele de toda a África oriental foi arrancada, e a terra está nua e queima os pés. De debaixo da terra, coisas escuras sobem gradualmente pelas rachaduras do solo.

Por todo o Quênia, há histórias sobre matilhas selvagens de cães raivosos. Nós os chamamos de T9. Alguns dizem que os olhos deles brilham no escuro. Alguns dizem que eles são biônicos e conseguem pular por cima de cercas espinhosas. Eles gostam de pegar bêbados de surpresa à noite e morder seus tornozelos. Todo mundo volta das férias com histórias sobre T9. Ouvimos rumores sobre um lugar chamado Nyati House. Em Nairóbi. Há uma gigantesca cabeça de búfalo de bronze em frente à Nyati House, e é para lá que as pessoas são levadas após desaparecerem de casa à noite, para passar os dias tendo os testículos espancados por pessoas do Setor Especial.

Há dez de nós no cômodo. Ele cheira a meias e pão e margarina barata e chocolate quente.

Freddie coloca a fita, e nós assistimos, escutamos o coração batendo, vemos a lápide: *SMOOTH CRIMINAL*; o silêncio total; a mulher egípcia neo-antiga vira a cabeça; dedos estralam, um gato ronrona, chapéus posicionados sobre um olho como o passado prestes a voltar à vida, roupas farfalham. Então Michael Jackson aparece vestindo um terno branco, brilhando. Ele joga uma moeda. Por um momento longuíssimo, ela cai no lugar certo no jukebox.

Toda a batida da música é retirada dos instrumentos e dada a seu corpo – ele sacode, desacelera o tempo, roda; sacode quando os sons balançam; marca o tempo e parece se mover não pelo tempo e batida, mas em relação a eles. Seu corpo foi liberto daquelas restrições. Está provocando o tempo e o espaço. Seu corpo é uma agulha, mergulhando de cabeça no tecido duro do mundo que conhecemos, todo o mundo sépia do passado guardado em suas calças. Agora ele mistura a história em seu corpo, faz de tudo um jogo para o corpo aproveitar; ele é mais flexível do que a física. Ele é um homem plástico e nunca falha.

...

Um dia, um dia lento e quente, olhamos pelas janelas e vemos que o sol está vermelho e brilhando. Na distância de pastagem plana, o monte Kilimambogo está vazando brasas líquidas vermelhas. O fogo se espalha na nossa direção; o céu está escuro por causa da fumaça. De tarde, a debandada começa. Os professores falam e falam, e das janelas das salas de aula, assistimos girafas passarem correndo, atrás de hienas, zebras, pequenos antílopes. No noticiário, ouvimos que um leão escapou do Parque Nacional de Nairóbi e estava aterrorizando residentes de Langata.

Naquela noite, Wahinya encontra uma serpente biúta em seu armário. Ele estende o braço para pegar pão e margarina, e algo se contorce em sua mão, e ele grita. Na manhã seguinte, encontramos duas biútas perdidas na calçada fria em frente à nossa sala de aula. É tão quente, todo dia, tão seco, molhamos nossas camisas para o período duplo de História à tarde, e em meia hora elas estão secas.

Moi e seus capangas estão no rádio diariamente. Está nos jornais todos os dias. Estes são tempos sombrios, dizem. Há dissidentes por todos os lados. Temos que nos unir e silenciar os dissidentes. Pelo rádio, ficamos sabendo que influênzias estrangeiras estão nos invectando, influênzias estrangeiras secretas estão nos infringindo, nos invencionando, perfertendo nossas grianças, queprando nossas moralidades gulturais, nossas filosofias antigas, os dissidentes são ocultos e intimidadores, trassendo Kurly Marxes e Michael Jagsons segretos, nos transformando em robôs que fazem o *moonwalk*, e nossa pátria está se tornando a zuperfície *moonar*. Eles roubaram a chuva, os marxistas, os ugandenses, vestindo mini zaias ocidentais, e maquiagem, eles as importam, inserindo-as em pessoas invectadas, esses dissidentes, como Ngũgĩ wa Thiong'o, e aquele homem chamado Raila Oginga Odinga.

Luvisia Wamalwa era um novo cristão. Ele voltou depois de um feriado, parecendo envergonhado, e disse que tinha feito o *moonwalk*. Nosso mundo é de novos cristãos ou *breakdance*.

...

Wahinya, da biúta no armário, começa a vibrar um dia, na sala de recreação. Seu corpo todo vibra, a cabeça balançando para cima e para baixo, cada segmento dos membros se movendo como um robô toda noite depois do jantar, a música saindo abafada de rádios ilegais. Logo, muitos de nós estão dançando *breakdance*.

Enquanto isso, grupos de alunos desaparecem à noite para dentro do vasto matagal atrás dos dormitórios, e os ouvimos à noite gritando Chesus, Senhoor Deus, e gemendo, gargantas vibrando, tambores estáveis. Murage, o dançarino de breakdance, que tem círculos como nuvens cirro escuras ao redor dos olhos grandes, gira no chão liso, cai e gira com as costas; as costas formam um arco, como se fossem quebrar, então ele usa a cabeça para girar, zunindo como um dervixe, as pernas virando como pás de batedeira. Ele fica de pé, a língua pendurada, os olhos explodindo em veias vermelhas, Chaka Khan, Ch-Cha-Chaka Khan... *baby baby when I think of you...*

Uma multidão se juntou ao redor, batendo palmas, e Ondiek, o aluno mais velho da escola, e da minha turma, estica os braços na direção de Murage e começa a rezar em línguas: esteja derrotado, demônio do *breakdance*, esteja derrotado.

Conforme a loucura cresce, a febre de estudo cresce. Nós, meninos da Mang'u, somos engenheiros por sensibilidade, e acreditamos que há uma fórmula para consertar qualquer saliência. Naturezas e coincidências rebeldes podem ser administradas com um plano. Não ideologia ou revolução. Discutimos novas maneiras de nos contorcer, reorganizar e replanejar para que nos encaixemos. Estudamos a noite toda, e fugimos para beber nos finais de semana. Outros vão para as grandes reuniões de centenas de milhares de pentecostais no Parque Uhuru.

Ondiek e sua equipe da União Cristã trazem pregadores, que aterrissam, de cursos bíblicos no Texas e na Nigéria, vestindo blazers brancos, camisas bordôs e sapatos cinzas, e dizem Déééeus o tempo todo, e Chesus, e por todo o campus da escola há cruzadas e gritos grupais e convulsões. Com a mesma dedicação, por todo o Quênia, filas de formam nas ruas com crianças que agora se chamam *Boogalo Breakdance Shrimp* e *Shaba Doo*. *Breakdance* é o maior filme da história do Quênia. Nossos maiores estádios recebem cruzadas pentecostais com centenas de milhares de participantes. Eu assisto, e leio mais livros, leio e jogo fora como se fossem chiclete. Sei que nunca vão acabar – sempre que termino a seção de ficção de alguma biblioteca, uma nova biblioteca, uma nova seção, um novo amigo me apresenta a uma coisa nova. Tenho lido muita ficção científica.

Nas plantações de café nas colinas atrás da escola, nas gigantescas plantações de abacaxi da Del Monte nas planícies do Leste, corpos são encontrados sem os genitais. Cortadores de *makende*, explicam. Dizem que os genitais são mandados para a Índia. Na televisão, um homem sujo e pálido que tem olhos selvagens e canta em uma banda chamada Boomtown Rats é coroado rei da Etiópia. Ele está em todos os lugares. Todos os noticiários, todas as músicas em todo o mundo. Bob Geldof.

Onde quer que ele esteja as pessoas caem, se curvam, se contorcem, perdem as habilidades de linguagem, acumulam insetos ao redor dos olhos, e então morrem na BBC. A comida fica abundante.

Eles nos dão milho amarelo americano no refeitório. Doado pela América. Nós temos uma enorme briga de *ugali*, jogando bolas de *ugali* amarelo uns nos outros e rindo. Escutamos rumores de que a farinha de milho tem químicos nela, para controle de natalidade. Tem gosto de químicos, temos certeza. Ouvimos dizer que só é dada a animais na América, sim, sim, tem um cheiro bestial. É amarela, uma cor muito muito errada para nossa tradição nacional.

Em um dia faminto, cercamos o escritório do JosGordo. A escola toda em rebelião.

Toda a escola está cantando canções de libertação sul-africanas. JosGordo está suando. "Vocês querem dinheiro?", ele diz. "Eu posso dar dinheiro". Entra correndo no escritório. Então escapa rapidamente, por outra porta no prédio da administração, e pula para dentro do carro. Arremessamos pedras em sua direção, e corremos pela escola, dançando *breakdance* e gritando e cantando canções sul-africanas.

Dirigimo-nos à fazenda. Ratos prósperos. Acendemos fogueiras à noite e assamos milho; logo estamos gritando *porko miro! Porko miro!* Invadimos o chiqueiro, pegamos os porcos, todos eles, e logo pedaços de porco assado, alguns um pouco crus, alguns queimados, alguns ainda peludos, estão sendo mastigados por todos nós. Estamos arrotando, bêbados e felizes, quando a polícia chega. Até os novos cristãos comem *porko* nesse dia.

Chegam os exames nacionais; os resultados são postados. Temos os melhores resultados de nossa história. Os melhores do país. A mitologia cresce, quando a pressão aumenta, quando as coisas pioram, melhoramos nossos resultados. Somos especiais. Pessoas como nós, engenheiros e médicos, deveriam governar o mundo.

...

Em 1987 prestamos nossos exames finais. Vou mal em todas as ciências e bem em todas as artes. Sou um dos melhores alunos do Quênia em Inglês, e provavelmente um dos piores em Física. Vou para uma nova escola fazer os níveis avançados, que levam dois anos. Lenana School. Escolho Francês, Literatura e História como minhas matérias. Mang'u não aceita estudantes das artes para níveis avançados.

Passo todo meu tempo útil em meus níveis avançados criando peças e livros, ou lendo e pesquisando sobre bolsas de estudo na América com meu melhor amigo, Peter Karanja, que ama livros tanto quanto eu. Não estudo muito.

Nossa peça de maior sucesso é um drama de tribunal chamado *O veredito*. Faço o papel de uma prostituta de bom coração chamada Desiree, que se apaixona por um garoto reprimido que assassina a própria mãe. O palco fica lindo. Saqueamos a capela para encontrar veludos anglicanos finos e mesas de madeira antigas. Tudo tem as cores da escola, bordô e branco, com a rosa branca bordada em todos os lugares.

Lenana é um antigo internato colonial. Uma vez era uma escola de cadetes, a Duke of York, para os filhos de colonizadores britânicos ameaçados pela Mau Mau. Está a um mundo de distância da Mang'u.

No clímax de *O veredito*, o advogado de defesa, interpretado por Peter, pula do palco e libera um vulcão de retórica que deixa a audiência sem ar. Roubamos muito disso das cenas em tribunais no *Filho Nativo*, de Richard Wright. Não nos ocorre o que Richard Wright pensaria de nós fantasiados como se vivêssemos nas White Highlands coloniais, em Nairóbi, usando suas palavras.

Ganhamos vários prêmios. Entusiasmados, cinco de nós fundamos uma companhia de teatro, a Changes Pycers, e apresentamos uma peça no centro cultural francês com nosso próprio dinheiro. Fazemos os cartazes e ensaiamos pela cidade em segredo. Lenana é um internato – e severo.

O diretor da escola fica furioso quando lê as resenhas nos jornais.

Não conseguimos acreditar que tivemos sucesso.

Depois da escola, passo um semestre na Universidade Kenyatta, fazendo o curso de Educação com ênfase em Francês e Literatura Inglesa. Estou apavorado que vá acabar sendo um professor de escola. Um destino pior do que música country. Ngũgĩ wa Thiong'o é um escritor de livros e peças, um escritor de peças queniano, e as pessoas dizem que ele diz que as mulheres não devem fazer permanentes ou usar batom. Eu fiz permanente. E gostei. Ngũgĩ wa Thiong'o é o escritor mais famoso do Quênia, e foi capturado por Moi nos anos 70, e preso. Ele está no exílio agora, e tentando derrubar o governo. Os livros dele são proibidos no Quênia. Ele é um comunista e diz que para descolonizar nós devemos escrever literatura em nossas línguas. Não gosto do Moi – mas se essas pessoas assumirem o governo, que músicas vamos escutar? *Nyatiti*? Eu amo escrever. Amo o teatro. Tenho medo de escritores; eles querem ir fundo demais e bagunçar os degraus claros até o sucesso. Não consigo me ver sendo esse tipo de pessoa. Sonho em estudar publicidade. De qualquer maneira, os banheiros no Teatro Nacional fedem. Posso escrever peças no meu tempo livre. Musicais.

Capítulo Doze

Estamos sentados em um bar barato em Westlands, Nairóbi, Peter e eu, bebendo e celebrando. É 1990. Peter vai embora para a América com uma bolsa de estudos. Vou embora também, para estudar Bacharelado em Comércio em uma universidade pequena em uma das pátrias negras da África do Sul, Transquei. Meus pais estão preocupados – o governo, pressionado pelo FMI, vai parar de financiar a educação universitária. Já estou na Universidade Kenyatta, estudando Educação. Porque os cursos são muito competitivos, não consegui entrar no que queria, Direito. Estudar Educação não teria problema com o subsídio, mas, depois de um semestre, pela primeira vez desde a Independência, Moi anuncia que temos que pagar nossas próprias taxas; nossos pais têm que financiar nossa educação universitária. No início, Baba e Mamãe estavam desconfortáveis em nos deixar sair do país tão jovens, mas o sistema universitário está caótico, e agora que eles estão sendo forçados a pagar, faz mais sentido pagarmos pelos cursos que escolhermos.

Tio Kamazi, o irmão mais novo de Mamãe, que ensina Matemática e Estatística na Universidade de Transquei, ajuda com o processo de inscrição. A África do Sul está se abrindo, ele diz; há oportunidades aqui. É mais barato do que a América ou a Europa. Temos família lá. Baba gosta da ideia. Mamãe está animada. Eu quero ir embora, Ciru quer ir embora.

Uma mulher anda na direção de nossa mesa.

Ela é mais velha, e glamourosa, com um vestido curto azul-cintilante. Senta ao nosso lado sem perguntar e estala os dedos para um garçom, a pele amarelo-Hollywood e fosca, os lábios rosas e brilhosos, olhos preguiçosos e esfumados.

Mpah!
— Um Black Russian — diz ao garçom, que assente, e nossos olhos crescem. Não tenho ideia do que é um Black Russian. Sabemos que as coisas estão bem tensas na Rússia. Que muros e países estão caindo por todo lado.

O sotaque dela tem alguma coisa, talvez alemão, misturado ao sotaque queniano. O cabelo é longo e desgrenhado, da cor de chocolate caramelado, como o da Tina Turner.

— Estou de férias — diz, em uma voz de aeromoça. — Meu marido é austríaco. Somos divorciados.

Pedimos Black Russians. Ficamos bêbados e dançamos. Ela faz o papel de irmã mais velha, prima malcriada, da tia jovem perigosa — flertando conosco, rindo da nossa juventude, chocando ao contar as coisas de que seu marido gostava na cama.

— Ele não gostava que eu fizesse permanentes — diz, mexendo a juba. — Ele queria que eu fizesse *dreadlocks*. Ele não gostava que eu usasse maquiagem. Ele gostava de me ver comer com as mãos. Ele me fazia sentar em seu colo, e se eu colocasse minhas mãos na comida e limpasse a sopa com o pão e o colocasse em minha boca, podia sentir seu *mkwajo* crescendo. Às vezes ele mostrava um vídeo de uma mulher sendo comida por trás por um cara grande e negro, e gritando na língua dela. Acho que ela era da África Ocidental. Ela balançava as nádegas, grandes e gordas, como aquelas dançarinas do Congo. Ele ficava muito excitado. Ganhei muito dinheiro quando nos divorciamos.

Nossa máquina educacional, nacional, baseada em mérito, orgulhosa e competitiva — o maior investimento do Quênia — está se desmanchando, e a nova estação parece um Band Aid. Está na CNN. Bocas abertas e música, milhares e milhares de pessoas brancas jogando comida e lágrimas e felicidade para africanos pelados que se contorcem e não sabem falar, não têm sonhos e compartilham restos com urubus.

Eu e meu amigo Peter passamos muito dos nossos níveis avançados na Lenana School dominando a linguagem das bolsas de estudos americanas e evitando estudar de verdade. Se nossos campos e laboratórios e salas de aula estão iguais há dez anos, não percebemos. Desde a década de 1950, todos os quenianos que fossem bem nos exames não precisavam se preocupar com dinheiro. A ideia era que isso seria uma maneira de criar pessoas novas. Filhos de camponeses miseráveis podiam se tornar médicos. Meus pais vieram disso. Agora, o FMI exigiu que paremos de gastar tanto dinheiro público em educação. É, verdadeiramente, a única coisa que funciona no Quênia. Há uma rede nacional de escolas, e todos os anos dezenas de milhares encontram seu caminho para habilidades e futuros. Agora o Muro de Berlim caiu, e nossas maravilhosas universidades, onde os ricos e aqueles que vieram da pobreza eram, finalmente, iguais – isso acabou. Até aqueles que têm dinheiro não conseguem comprar muito. Eles não estavam preparados para isso. As coisas acontecem de repente. Coisas muito muito grandes estão mudando da noite para o dia, e há uma sensação de pânico. É possível acreditar no que Geldof está dizendo, que cairemos em um grande buraco da África. O projeto de fazer pessoas como nós está acabando. Agora, aqueles que têm crescem, e os que não têm ficam para trás. Aqueles que têm podem ir embora. Alguns pais vendem seus bens mais preciosos para mandar os filhos para outros países.

Peter conseguiu uma bolsa de estudos.

Eu não consegui – gostava da fantasia, não dos formulários.

Estamos bêbados. A mulher joga a cabeça para trás para tirar o cabelo reluzente da testa, rindo alto, pingando gel. Bell Biv DeVoe sacode denso, escuro e baixo na luz azulada do bar. Ela é magra como uma modelo, não redonda como uma dançarina do Congo. Cheira a óleo para cabelo e perfume Poison. Às vezes, reaplica o batom, e o tempo todo seus ombros balançam inconscientemente, o queixo dança suavemente, com Janet Jackson, Neneh Cherry e Babyface tocando ao fundo.

Os manuais universitários que chegam da América pelo correio têm fotos de alunos internacionais de muitas cores, sentados em escadas e parecendo muito relaxados e internacionais. Como crianças do clube Modelo da ONU, mas depois de terem feito sexo educadamente. Alguns vestiam jeans, outros vestiam sáris, alguns tinham má postura, alguns tinham as costas retas. Eles eram limpos. Sem costelas aparecendo. Sem gemidos.

Embaixo de cada foto, eles davam sua opinião, tipo, O que é muito legal na Brandeis é a diversidade. Eles pareciam figuras na televisão dos anos setenta, início dos anos oitenta. Shows da UNESCO sobre as crianças do mundo – um mundo possível cheio de muitos tipos de pessoas normais: todos médicos e banqueiros e advogados, e todas essas coisas são possíveis, para qualquer forma de qualquer um. Todas aquelas crianças que costumávamos assistir na televisão estavam agora na Massachusetts fazendo diversidade.

Quero fazer diversidade.

Pedimos doses de tequila. Ela nos mostra como beber do jeito certo. Sal e limão, e ela os engole habilmente e lambe os lábios e faz um beicinho.

Depois de um tempo, o alemão some de seu sotaque. Ela berra alguma coisa em Gikuyu para um dos garçons. Ela sabe o nome dele. Ele sorri e dá de ombros e chega com uma bandeja com mais drinques, não é mais um homem com uma gravata borboleta e camisa branca desempenhando um serviço internacional em Westlands, agora é um homem Gikuyu com molejo.

Há algumas semanas, li *Decolonising the Mind*, de Ngũgĩ wa Thiong'o. É ilegal e foi emocionante, e eu tinha prometido voltar para minha própria língua. Inglês é a língua do colonizador.

Vou fazer aulas de Gikuyu, quando tiver terminado de fazer diversidade e publicidade, quando tiver um carro bom. Vou para a aldeia e montar peças em Gikuyu, em meu novo carro bom. Vou fazer propagandas descolonizadas muito boas para a Coca-Cola.

Vou ser descolado e descolonizado. Um cara internacional. Tipo, tipo Youssou N'Dour. Até Ngũgĩ está na América.

O garçom larga a bandeja com força na mesa; drinques vazam por cima dos copos. Ela lança um olhar severo, e ele ri.

Agora estou muito bêbado. As luzes da boate estão berrando por cima de mim, como uma criança frenética com luzes de giz de cera, rabiscando e gritando com prazer. Estamos dançando, perto, eu e ela. Ela sussurra coisas em meu ouvido. Ela cheira a chiclete e álcool.

Michael Jackson está gritando "Earth Song", e os tons mais suaves se desenrolam nos carretéis de sua respiração, como um cupim com asas depois das chuvas. Os cupins vão direto para os tubos de luz fluorescente em nossa varanda – batem e caem, as asas de papel se dobram e se partem.

Preciso me controlar. Saio e vou me refrescar no banheiro.

Ela está sentada, o cabelo bagunçado. As pernas estão abertas agora, e ela se inclina para coçar as coxas, a meia-calça costurada. R's e L's gikuyu se emaranham e rosnam em seu Inglês, como um pente em cabelo seco e sem tratamento. A cabeça ainda balança com a música, agora um pouco vigorosamente demais. A selva internacional macia em sua cabeça se divide de vez em quando, e vislumbramos as estradas que ela usou para chegar aqui, os pontos de cabelos enxertados, as partes carecas, os jorros de cabelos mais escuros e crespos presos brutalmente à trama, tão brutalmente que há pequenas erupções e cicatrizes em seu couro cabeludo.

Ilusões são criaturas peculiares. Presumimos situações completas quando os movimentos de um estranho evidenciam um padrão que parece consistente, mas basta uma contradição afiada para a pessoa se tornar não inteira, mas uma série de erros: pedaços e partes.

Um sistema inteiro se desmancha – se não há fé ou visão para carregá-lo.

As mãos dela não são mais ferramentas de ponta vermelha para levantar Black Russians até seus lábios de Hollywood. Elas existem apenas para serem medidas contra o pó de Hollywood de aparência errada agora visível em seu rosto. Não é para sua compleição, então a cor de sua pele deve ser descascada sob químicos para parecer certa. Mas confiança, estilo não podem ser fabricados. Quando percebemos isso, calos aparecem em suas mãos.

Olho para ela seriamente. A cortina de pó facial foi aberta e lá estão elas: três marquinhas tribais escuras em cada lado do nariz, não do clima, não do trabalho, ou um acidente, três linhas deliberadas e imóveis em seu rosto.

– De onde você é? – pergunto.

Os olhos dela congelam. Eles são lindos, limpos e castanho-claros e aveludados, grandes com longos cílios, oblíquos onde se encontram no topo do nariz.

– Subukia – ela sabe. Seu corpo relaxa. Um cacho do aplique cai sobre o nariz, mas ela não percebe. Ela se inclina para frente.

Wambui, há todos aqueles anos. Ela me faz pensar na Wambui da Amigos Disco dançando no Dia da Independência, tão fácil acreditar na pessoa que ela queria ser, tão impossível para mim aceitar a pessoa que ela se tornou. O garçom está atrás de mim, entrega a conta, ainda sorrindo; os olhos dele correm por seus seios e para o meio de suas pernas, agora frouxas.

Pago a conta. Mais dinheiro do que já havia gasto em qualquer coisa. Estou enjoado. Os olhos dela se enchem de lágrimas.

Eu, eu quero arrancar tudo: o cabelo, a pele, os gestos de Black Russian. Estou tão bravo com sua tentativa falsa de ser o que não é. Que ela tenha me enganado. Quero colocar uma enxada nas mãos dela e mandá-la ir para casa, para Subukia, para plantar batatas.

...

O seu primeiro ato como adulto, no Aeroporto Internacional Jomo Kenyatta, depois de seu passaporte ter sido carimbado e você ter entrado na TerraDeNinguém, a caminho para estudar Economia e Publicidade na Universidade de Transquei, na África do Sul, é assistir seus pais e sua irmã mais nova irem embora do aeroporto, o segundo beijo que você recebeu de sua mãe na vida ainda pulsando com culpa em seu pescoço, enquanto seus pés se apressam desastradamente até o *free shop*.

Sua irmã Ciru, que está viajando com você, para estudar Ciências da Computação, é mais sensata, e mantém os dólares no bolso. Você para em frente a uma mulher que, naquele longo livro de Ndirangu, é alguém que usa uma coisa chamada *chignon*, que é algo vago para você, mas você sabe que tem a ver com cabelos que conseguem enfrentar o céu e continuar no lugar, e você sabe que cheira assim: como papel desembrulhado cuidadosamente e máquinas ocultas que deixam você ficar parado e sonhar enquanto elas te levam aonde você tem que ir.

Isso não é como as novas lojas de produtos usados de Nairóbi, onde alunos compram coisas importadas agora. Ruas e mais ruas de lojas e fábricas de tecido quenianas foram estripadas pela morte da fé em um futuro comum. Os donos deixaram o país, ou começaram a participar de negócios ilegais que encontram maneiras de roubar do Ministério da Fazenda, com ajuda dos bandidos de Moi. Não vale mais a pena produzir nada. Há montanhas de roupas doadas por todo lado. Elas vêm em contêineres gigantes da Europa e da América. Há alguns dias, estive ao lado de um homem que parecia imundo, que estava em cima de uma montanha de roupas espalhadas sobre enormes lonas de plástico preto rodeadas pelo cheiro de frutas apodrecendo, no mercado quente e corrugado, suando e com calor e jogando uma jaqueta Hugo Boss que custava cem xelins na minha cara.

Aqui, há fileiras e colunas de Marlboros no *free shop* que não estão amassados pelos golpes do contrabando. Eles não são comprados de um vendedor somali mascando *khat*, na Avenida Kenyatta, com estranhos textos em árabe, ou garrafas erradas nas caixas erradas, ou o nome da marca meio errado. *Porchi. Poisone.* Vendidos por homens muito, muito magros, da Somália. Nações em dominó caem ao redor do Quênia – e homens somali andam por aí, superestimulados, e enfiam a cara deles na sua, cuspindo *khat* mascado, os olhos turvos, a jaqueta aberta e dizem... *kssss, kssss, kssss, kssss... Rolexxx... xss... xxxsss... SeyKo.*

Mandela está livre e a África do Sul tem shopping centers.

Agora sei que estou numa estrada para qualquer lugar. Posso subir em uma escada rolante sem ser empurrado, sem me mover, e deixar que máquinas me carreguem até o mundo que quero: onde não há espaços em mim. Não há barulhos aqui, sem sussurros em muitas línguas neste aeroporto, sem *kimay*. Puxo a carteira para fora do meu bolso de trás, meus olhos meio abertos com indiferença constrangida, a mão no bolso, o nariz suado, e compro uma garrafa verde de loção pós-barba da Polo.

Foda-se o Quênia.

Capítulo Treze

Brenda Fassie cresceu em um dos piores municípios da África do Sul, Langa – nas planícies de Cabo –, que já foi um pântano e hoje é só poeira, onde nem grama consegue crescer. Ela era a mais nova de nove irmãos. A mãe dela tocava piano. Aos cinco anos, ela já cantava para turistas para conseguir dinheiro para a família.

Ela saiu de casa aos quatorze anos. Os boatos são que ela dormia com caminhoneiros e conseguiu chegar a Joanesburgo, Egoli, a Cidade de Ouro. Ela se juntou a uma banda chamada Joy, e mais tarde fez parte da Brenda and the Big Dudes – com quem lançou seu primeiro hit, "Weekend Special", uma música sobre sexo casual.

Brenda Fassie é Langa em uma onda de calor no verão. Ela é correntes de luz do sol em telhados enferrujados da periferia. Ela é a contração da vida próxima: fios de som viram e torcem e se transformam em uma corda grossa em sua garganta – *mbaqanga*, gospel, os musicais antigos, canções de protesto de coral, gângsteres e dinheiro; sexo à venda; política de libertação; trabalhadores de minas e vovós chegando em dezenas de milhares neste município apertado. É esses sons flexíveis e derretendo; é eles gritando mais alto para serem ouvidos; é saxofonistas de jazz bêbados e cansados em *shebeens*. Telhados começam a rachar e grunhir sob o sol. Ela fica de pé e canta – uma rua inteira de prata queimando e ferrugem. Sons chicoteantes chocalham e batem em sua cabeça.

Ela não tinha dentes, em seu primeiro álbum. Essa era uma moda estranha da época na África do Sul, entre algumas mulheres negras atrevidas e urbanas. Vários dentes frontais eram removidos, dizia-se, para dar mais prazer aos homens. Depois, colocou dentes falsos. Quem a conhece diz que ela tem o hábito de tirar a dentadura em festas quando está bêbada. Quero parar de prestar atenção nela. Não consigo parar de prestar atenção nela.

...

Mulheres de Transquei conhecem carros.

Kofi é um estudante ganense da Universidade de Transquei. O carro dele tem dezesseis válvulas. Não quatorze. Não doze. O carro é do irmão dele, na verdade. Tem dezesseis válvulas. Eu sei disso porque toda vez que estamos sentados no carro do Kofi, enxames de moças cor de mel vêm e dizem:

– Oooooh...

– ... dezesseis válvulas!

Noite passada, saímos para encontrar mulheres. Um grupo de estudantes, de Gana, Uganda e Quênia. Todos temos pais ou tios ou tias que dão aula na Universidade de Transquei, no interior de terras Xhosa, perto do local de nascimento do Mandela. Tenho dois tios aqui, irmãos da minha mãe, os dois professores universitários.

Kofi sugere irmos até o Colégio St. John's. Este colégio de ensino médio, fico sabendo, já foi uma das melhores escolas para negros da África do Sul. Nelson Mandela frequentou este colégio. Estacionamos fora dos dormitórios. A porta do prédio está aberta. Sem seguranças, sem portão, sem professores. Entramos sem problemas e Kofi exibe suas chaves de dezesseis válvulas.

Janelas quebradas, tinta descascando, e vários grupinhos de meninas usando maquiagem e roupas minúsculas. Um dia, o dia em que o *apartheid* estiver morto, o dia em que o mundo for justo e igualitário, e todos aqueles que assistem vídeos de R&B tiverem acesso igual para representar esses sons para o mundo, Kofi estará entre os selecionados.

Nós sabemos, ele sabe.

Quando nos conhecemos, ele me perguntou qual era meu nome no rap. Eu não sabia. Ele sorriu, um sorriso secreto. Ele estava apoiado em uma porta, o corpo todo inclinado para o mesmo lado de seu novo corte de cabelo inclinado, o sorriso entortado na mesma direção. Ele vestia uma camisa de beisebol longa e uma bandana na cabeça, cheia de estrelas e listras.

O pai dele é professor e ele está se inscrevendo para ir para a América, para Ohio, estudar Administração e depois um MBA. No meio tempo, ele vai ser DJ em festas.

As meninas fazem fila para a audição do elenco; as que estão perto da porta estão todas vestidas para a noite. À distância, meninas emburradas estão reunidas, fingindo desinteresse, algumas vestindo o uniforme da escola, outras segurando livros, uma ostentando uma Bíblia aberta. Estou usando Polo e minha jaqueta – a que eu comprei toda amassada de uma pilha que estava ao lado de um banheiro público em Gikomba, Nairóbi. A jaqueta ocupa bem a África do Sul.

Todos se sentem pequenos por serem locais, e todos acham difícil imaginar que pessoas de muito longe também ficam incertas quanto a sua localidade. Aqui, com esta jaqueta, sou apenas estrangeiro. Descobri um forro preto lustroso, que apareceu porque enrolei a manga. Está aqui, brilhoso – como um sorriso de Coca Cola – dobrado sobre a jaqueta de tweed cinza.

– Você – Kofi diz para uma das meninas. O dedo dele se dobra na direção dela. Sempre fico com vontade de inclinar a cabeça para o lado quando estou assistindo Kofi se mover. Prometo fazer um corte de cabelo torto; talvez vá fazer meu corpo parecer magro do jeito certo.
– Vem aqui – ela vai. Logo, as amigas se juntam. Não dizemos nada, na realidade. Kofi se inclina para frente e sai andando, balançando seu corpo de MC de um lado para o outro, e nos enfiamos no carro.

Nomarussia, uma das mulheres, em tranças castanhas novas, grossas e limpas, como as da Janet Jackson, vira para trás e acena para a amiga – Dezesseis válvulas.

Vamos para uma boate chamada Dazzle, filhos da fuga desesperada para fora da África. Isso não é África. Ouvimos isso todo dia aqui. Você é da África? África do Sul não é África.

Há quenianos aqui, ugandenses, ganenses. Somos todos unidos por uma rede de parentes, profissionais da África fora da África do Sul. A maioria de nós estuda Economia ou Ciências da Computação – um vento de algum lugar anunciou que é a próxima grande oportunidade.

Nomarussia vira para mim. – Hugo Boss!

Ela dá um sorriso largo.

– Eu gosto dos homens do Gana – diz, e examina meu cabelo arrumado com um permanente cuidadoso e muito gel, o pescoço-de-Polo negro debaixo da jaqueta. – Você parece o Luther Vandross.

Encosta a mão em meu pulso e arrepios galopam pelos meus ombros.

– Os homens de Gana são muito bonitos – diz, a pele limpa e amarela e dourada. – Mas por que é que as mulheres são tão feias?

Na tela, um homem negro americano do R&B – ele poderia ser ganense, fácil – está em frente a canos industriais de fumaça da MTV, encostado em uma porta; seu cabelo é inclinado, o corpo é inclinado, e ele canta alguma coisa sobre amor, a pele escura, e ao redor dele um harém de mulheres cor de leite com cabelos longos e leitosos estão esfregando seus corpos e fazendo beicinhos, rodeadas de fumaça e luzes.

...

Agora o Club Dazzle está cheio de estudantes universitários e alguns alunos do ensino médio. Uma música da Brenda Fassie está tocando, e todas as meninas correram para a pista para dançar. Nós ficamos para trás.

Nomarussia volta com as amigas. Suas bolsinhas brilhosas se abrem e pequenos pênis de ouro com línguas vermelhas, laranjas e rosas atravessam as mesas, lábios se alongam e contraem, batons compartilhados são devolvidos, e pescoços são retocados. *Mpah!*

Kofi está dançando agora. A namorada dele se move desajeitadamente ao seu lado. A música muda, e agora ele está fazendo alguma coisa tipo-MC Hammer, parecendo correr sem sair do lugar enquanto empurra os cotovelos para cima e para frente e para baixo novamente. O garçom aparece.

Inclino minhas sobrancelhas para ele. – Vou tomar outro Black Russian – digo, meu braço ao redor de Nomarussia.

Sinto-a ficar tensa quando o garçom a encara para recolher o pedido. – Savanna – diz rapidamente e fica vermelha.

– Quer dançar? – pergunto. Ela fica vermelha e diz que sim.

– E aí, o que você quer fazer depois de sair da escola? – pergunto.

– Economia ou Tecnologias da Informação – responde, cheia de certeza. O pai dela está exilado na Rússia, lutando contra o *apartheid*. A mãe a chamou de Nomarussia. Aqui, em Umtata, Transquei, África do Sul, as meninas bebem cidra Savanna. Os homens fumam e bebem cerveja. Mulheres não podem fumar em público em Transquei. Todo mundo quer estudar ciências contábeis ou computadores. Mulheres não podem ir para boates sozinhas em Transquei. É 1991. Mandela foi solto há um ano.

Capítulo Quatorze

Victory Ngcobo, meu novo amigo, é um cara longo e contente com braços e pernas como o último espaguete deslizando pelo prato enquanto seu garfo o persegue. A vida dele está feita. Ele trabalha nos finais de semana, dirigindo um táxi até Butterworth, a duas horas de distância. Estuda muito e vai bem nos exames. Tem vinte e dois anos. Ele se sustenta sozinho e também a família direta e indireta. Paga as taxas escolares para quatro irmãos e irmãs. Paga a mensalidade para o irmão mais novo, que é um calouro na Universidade de Transquei.

Ele ganha a maior parte do dinheiro vendendo cerveja e erva de seu quarto, que é um *shebeen*. Ele fuma maconha apenas uma vez por semana, sexta-feira à noite. Lulama, sua namorada, estuda em uma faculdade técnica não muito longe de nós. Ela é quieta. Ela visita todo final de semana. Durante o fim de semana, ela administra o negócio dele, cozinha comida para ele e pendura a roupa da semana, que ela leva para casa todos os domingos para lavar e passar. Eles vão se casar assim que Victory se formar.

Victory paga as mensalidades para Lulama na Butterworth Teknikon. Ela estuda Serviço Social e Administração. Ele faz os trabalhos do curso de Administração para ela. Ele está fazendo Bacharelado em Comércio, com foco em Administração de Empresas.

Victory é um amante expressivo, cheio de beijos e abraços. "Minha mulher", ele diz. É impossível persuadi-lo a ir para uma festa quando ela está por perto.

Lulama não usa maquiagem. Quando Victory está ocupado, ela vem para meu quarto e senta em minha cama, lendo uma revista e fazendo perguntas tímidas sobre o Quênia. Ela não tem medo de mim, e sinto-me incerto ao seu redor; ela me olha direto nos olhos, sem medo de sorrir e me encarar sem piscar. Sempre que ela fala com Victory é na língua deles, xhosa. Normalmente, ela não fala com ele quando outros estão por perto. Às vezes, se há um grupo de clientes bebendo com Victory, ela se aproxima dele silenciosamente, senta em seu colo e sussurra algo em seu ouvido. Ela nunca se junta à conversa se há homens no quarto de Victory.

Neste prédio imundo e bêbado, nesta universidade pátria, as lixeiras transbordam lixo. Os estudantes frequentemente fecham o campus devido a uma questão política ou outra. Há conversas sobre libertação por toda a África do Sul.

Escuto o primeiro momento de um protesto enquanto estou deitado em minha cama. Um som agudo e ralo, crescendo. Risadas, portas batendo, um político-estudante dizendo slogans, risadas, alguns deboches bêbados e garrafas quebrando no asfalto. Cantos.

ANC. PAC. ANC. PAC.

Sons se arrastam para fora dos fios frágeis de música, portas batem em algum lugar, e o som explode: palmas, e batidas, soltas e tranquilas, pés batendo aleatoriamente, mas mais forte; outra porta se bate, agora há ecos enquanto um enxame de asas atravessam os andares do Dormitório Feminino Ntinga, que fica ao lado, e irrompem pela porta, uma ventania de som, batendo e enrolando como lençóis, como mar; agora um baque grupal, tenores precipitam-se como um enxame de andorinhas mergulhando para o chão, dez mil bicos de contraltos agressivos, dez mil gnus debandando em xhosa.

O trem é som voando em círculos, às vezes, ele plana, os pés batendo enquanto o trem grita.

Olho pela janela e não vejo nenhum enxame – dois mil estudantes se reuniram em uma confusão na porta do prédio, mas cada pé, cada voz está fazendo o que deve fazer para apoiar a greve.

...

Eu e Victory estamos bebendo em seu quarto, com Monks, o colega de quarto, e Sis D, que entrou na universidade com mais de trinta anos, então bebe em público e ninguém fala nada. É o segundo dia da greve geral no campus.

Falamos sobre os novos escândalos da Brenda Fassie. Eles são rápidos e selvagens agora. Ela estava jogando futebol com meninos nas ruas de Hillbrow, Joanesburgo, sem blusa. Então, choca o país conservador ao anunciar que é lésbica.

Depois, ela está fazendo um tour pelos Estados Unidos, dançando em uma boate em Washington, D.C., e um de seus seios escapa. Ela o agarra e diz: "Isso é África!".

Brenda é onde o sexo e as políticas de libertação se encontram. Ela é Hillbrow, em Joanesburgo, onde dezenas de milhares de imigrantes ilegais estão vendendo e comercializando e trocando e morrendo e ganhando dinheiro e perdendo dinheiro. Onde o preto encontra o branco, drogas encontram sonhos, e a música absorve tudo. Parece que Hillbrow é onde ela sempre vai parar quando não está tendo muita sorte.

Finalmente, assistimos televisão e sacudimos a cabeça. Brenda está acabada. Bêbada e incoerente, não aparece para apresentações. Há rumores de que está viciada em crack, que aterrissou em Joanesburgo, devastando bairros inteiros.

...

A greve se estende. O sindicato dos professores, o sindicato dos trabalhadores e o sindicato dos estudantes se unem. Na sexta-feira, de ressaca, vou até o quarto do Victory. Reggae está tocando no rádio. *Ayibo!* Victory está sempre rindo quando reclama dos estudantes em greve. Estou sempre preocupado que as coisas terminem, enquanto ele corre pelo quarto sobre pernas que parecem instáveis.

– Merda. Não tenho estoque suficiente – diz. – Não tem aula amanhã e não tenho erva o bastante.

Depois de passar bastante tempo com ele, você consegue achá-lo engraçado: sem muita lógica, sem se mover como o grupo se move – ele sempre procura os espaços entre as coisas: oportunidades e ideias. Se muitos estudantes negros vivem apenas para um futuro utópico, Victory mantém os pés no chão, prestando atenção em coisas que ninguém notou. Muitos alunos não gostam disso.

Yu! Um estudante universitário! Vendendo coisas? *Ayibo*. Por que ele não consegue uma bolsa e pede cartões de crédito de lojas?

Conheci um homem ganense há alguns meses no batizado da sobrinha de Kofi. Ele é o amargo administrador de uma faculdade agrícola no Ciskei. Os alunos dele estavam em greve porque ele tinha demitido a equipe de manutenção da fazenda.

– Fazendeiros de pranchetas! – ele gritava. – Eles querem se tornar fazendeiros de pranchetas!

Victory me oferece uma cerveja. Parece que nunca pago por cerveja quando bebo com ele. Desisti de insistir. Ele está animado.

– Vou ganhar muito dinheiro este final de semana. É fim do mês, os alunos têm dinheiro.

– Onde está Lulama hoje?

– Lulama ficou em Butterworth este final de semana – diz. – Está estudando para uma prova.

Ele fica de pé em um pulo e está fora do quarto. Volta uma hora depois com caixas e caixas de cerveja. Enchemos o freezer gigante juntos, e esperamos que as músicas de libertação se tornem músicas de festa, para Victory poder começar a contar dinheiro.

África do Sul sem racismo, sem sexismo. Gritam isso em todo lugar, todo dia, nas paredes, em cartazes. Aldeias. Cidades. Montanhas. Residências de estudantes. Está escrito nas paredes dos banheiros.

...

Passa-se um ano.

Estamos no Club Dazzle. Meus novos amigos Trust, Kaya, Feh

George, de Serra Leoa, e eu. Kofi está na América. Percebemos algo estranho. Há um grupo enorme de mulheres na pista. Todas têm *dreadlocks* curtos; elas vestem calças sociais e camisas masculinas. Todas estão fumando na pista, rindo e parecendo livres e felizes. Nós não estamos felizes.

O segurança anda até elas e tenta puxar uma das meninas fumantes para fora da pista. O grupo o ataca, puxa a amiga de volta e continua dançando.

Meu amigo Trust vai até elas, para convidar uma para dançar. Ele volta, suando. "O que é?", digo, rindo. Os olhos dele estão arregalados. "Elas disseram que são lésbicas".

Logo elas estão no campus também, mulheres fazendo festas só para mulheres, comprando a própria bebida e fumando em grupinhos, em público. Todas têm *dreadlocks*. A libertação está chegando. Falam na rádio o tempo todo.

Capítulo Quinze

Tenho uma pequena televisão preto-e-branco em meu novo quarto fora do campus. Ela fica ligada o dia todo. Um cabide de metal enfiado na antena quebrada ajuda a imagem a ficar boa. É 1993. Mandela aparece na tela fora de foco. De Klerk está correndo para trás, gaguejando e todo *kimay* e na defensiva. Corpos se amontoam nas terras Zulu. Chris Hani é o homem furioso à esquerda, popular entre os jovens. Sul-africanos brancos morrem de medo dele. Eles gostam do Mbeki – ele fala gentilmente e fuma cachimbo. Rhamoposa também é um candidato – para a próxima geração depois de Mandela, que está envelhecendo.

Durante o último ano, quando me afastei de tudo e de todos, saí dos dormitórios do campus e fui para uma casa de um quarto em Southernwood, um subúrbio ao lado da universidade. Eu não sei o que aconteceu. De repente, estava me movendo mais devagar, frequentando menos as aulas e agora não saio do quarto.

Meu colchão afundou no meio. Livros, cigarros, xícaras sujas, embalagens vazias de chocolate e revistas estão empilhadas em volta do meu torso horizontal, no chão, tudo ao meu alcance. Se colocar o colchão de volta no estrado, fico perto demais da luz que entra pela janela, então uso o estrado de compensado como uma espécie de bloco de notas de opções: manteiga, uma faca, manteiga de amendoim e *chutney*, latas vazias de sardinhas, pão, uma televisão pequena, muitos livros, fósforos e velas espalhadas, todas em vários estágios de desintegração.

Há uma loja de segunda mão em Umtata que é propriedade do homem mais pálido que já vi: ele tem longos dedos finos, quase cinza, e usa um suéter marrom. Ele é grego e fala muito com a mãe ao telefone. Ele tem uma seção de troca de livros. Levo meu lote de livros; ele os avalia e me dá uma lista de opções. Vou roubar alguns. Ele nunca presta atenção. Saio com livros enfiados nas calças, na frente e atrás, e vou para a rodoviária.

De volta ao meu quarto, minha cabeça dói. Ela sempre dói quando saio do meu quarto por muito tempo. Tenho conseguido evitar meu senhorio há dois meses. Quando ele bate em minha porta, não respondo. Minhas cortinas estão fechadas. O buraco da fechadura está tapado. Não estou em casa. Avisos são deslizados por baixo da minha porta. Avisos são jogados fora.

Ciru está prestes a se formar. Ciência da Computação. Ela está dando aula em uma faculdade local e trabalhando no centro de computação do campus. Às vezes ela vem e bate e bate. Enfia dinheiro por baixo da minha porta, até traz comida às vezes. De vez em quando, acabo no apartamento dela. Ela abre a porta, não diz nada sério. Conversamos. Ela me serve uma bebida, ri e me vejo rindo também, como quando éramos jovens. Bandas gêmeas do Exército de Salvação em um domingo quente e seco em minha cidade natal, Nakuru, Quênia. Elas batem enquanto sobem pelos lados da minha cabeça e se encontram em algum cruzamento em minha têmpora, agora fora de ritmo uma com a outra. Estou com sede por causa do esforço, mas meu corpo é um acordeão e não consigo encontrar forças para levantar.

Reaprendo a fazer renda manualmente, como na infância, quando desfiei o novo poncho feito à mão da minha irmã Ciru e fui punido por isso. Há várias formas diferentes, trancinhas enroladas e pulseiras, no chão ao lado da minha cama, todas feitas a partir do meu suéter de inverno. Consigo ouvir meu senhorio, um professor de Geografia ugandense, andando em seu quarto. Três moçambicanos foram jogados de um trem em Joanesburgo. Está nas notícias. Imigrantes negros estão sendo espancados diariamente em Joanesburgo.

Espreguiço-me na cama. Novos livros ao meu lado. Saul Bellow, Nadine Gordimer. Uma caixa de fósforos está em um pires, fósforos Lion, a barriga afundada, com uma crosta de migalhas de cinzas de cigarro. Está presa em uma camada endurecida de cera. Ela deixa um buraco à medida que sobe, inchando ameaçadoramente, e vira um borrão quando a afasto do brilho intenso da lâmpada de cabeceira. A vela ruge ao se acender, cuspindo como gatos da madrugada fodendo perto da garagem lá fora.

...

Somos filhos da guerra fria. Entramos na maioridade quando ela terminou; assistimos a nossos países se amassarem como papel. É como se os Grandes Lagos estivessem de pé e crescendo por cima do mapa e se inclinando para baixo, e correntes de ruandeses, quenianos e outros estão desaguando no Congo, Tanzânia, Quênia. Então o Quênia estremeceu e eles se levantaram e desaguaram na África do Sul.

A primavera está chegando e estou agitado. Meu cabelo não é mais tratado quimicamente. Ele ficou crespo. Meus dedos observam a si mesmos na parede à luz de velas enquanto brincam com um pente afro dividindo meu couro cabeludo em quadrados certos, seção por seção, mindinho afastado, dedos polegar, indicador e médio trabalhando, batendo um no outro primeiro, fazendo-me lembrar de Mary estalando os dedos no salão de Mamãe.

No noticiário aqui, um menino ruandês de quatorze anos atravessou a fronteira para a África do Sul. A pé. Monte sua pequena torre de cabelos, observe-a pender para o lado, passe o dedo indicador e sinta a ordenação oculta de toda aquela massa crespa, dividida e quadrada e transformada em um campo de pedacinhos curtos de renda. Não olhe para seus dedos; eles vão parar imediatamente e ficar confusos.

Tia Rosaria mora em Ruanda. Com seus três filhos e marido. Não temos notícias dela desde que a matança começou. Mamãe está desesperada. Eu deveria ligar para ela.

Não ligo para ela.

Médicos do Quênia, meninos da Mang'u, inundam hospitais sul-africanos a trabalho. Deixe o tempo ser cada nó não finalizado;

tempo é seus dedos alcançando a parte de trás da cabeça e agarrando o monte selvagem de cabelo embaraçado – limpíssimo e quebradiço por causa do secador. Junte o monte de cabelos, para que ele não se enrole em si mesmo, e segure-o como um buquê de flores; esfregue os dedos pelos lados de seu buquê para evitar que fique escorregadio demais. Em minutos vocês, os não iniciados, estão se movendo pelo tabuleiro de xadrez crescente, as pontas dos dedos se beijando rapidamente, como as de Mary – olhos esbugalhados e falando baixinho para as costas das orelhas de Mamãe, nada de que você se lembre.

Este ano, quenianos começam a chegar à África do Sul em grandes quantidades. Às vezes, saio do meu quarto, sempre à noite, e acabo em festas com pequenos grupos de jovens. Eles trazem histórias que fluem pelo continente: Ah, as estradas no sul da Tanzânia? Quais estradas? E riem. Algumas pessoas vinham regularmente, para comprar Peugeots antigos na África do Sul de mulheres brancas velhas e levá-los de volta para o Quênia para revender. Depois de algumas viagens, sabendo subornar; como se esconder em meio a todos; como construir uma história de refugiado perfeita; como pagar as mensalidades da faculdade; o que dizer em entrevistas de emprego (Eu não sou militante. Suas estradas são tão boas. Eles vão me matar. Os políticos. Eu sou de Ruanda. Somália. Libéria. Eu perco meus documentos. Eu sou órfão. Não, não, eu não sou médico, eu sou bebê de Geldof refugiado. Olha, olha meu rosto parece um bebê do Geldof piedoso. *No spik English*.)

Você coleta informações sobre a polícia rodoviária em Botsuana, que é impossível subornar; sobre a vida universitária em Harare. É tão limpo; a educação é barata e de boa qualidade.

Moi fraudou as eleições e a economia está afundando. Houve confrontos étnicos no Vale do Rift, não muito longe de onde meus pais moram, onde cresci.

Em 1992, milhares foram desalojados da província do Vale do Rift no Quênia. Os principais agressores foram as milícias de Moi. Há retaliações – e logo não está claro quem começou o quê, onde ou quando – e logo a violência se espalha para fora do Vale do Rift, para Nyanza e para o Oeste. Parece claro que o governo de Moi está chegando ao fim, e isso serve como um tipo de solução final para livrar o Vale do Rift de "estrangeiros".

Estou desesperado para ir para casa. Mas não sei o que faria lá sem um diploma, sem dinheiro. Meu pai me implora, por telefone, para ficar e encontrar meu caminho.

Não lhe conto explicitamente que agora sou um imigrante ilegal. Não digo que não vou às aulas há um ano, que me permiti desaparecer em uma instituição onde não há castigo, nem sinais, nem horários claros, nem vergonha de verdade, porque não estou em casa e não me importo muito com a aprovação das pessoas daqui.

Ligo a televisão, desligo a televisão e observo a barriga inchada e reluzente da tela por um momento. A noite está quieta; sento na cama e acendo um cigarro. O palito de fósforo faz a dança do ventre, uma pena gigante e trêmula sobe pela parede na ponta dos pés. Estendo a mão para apagar a vela. A sombra gigante do dedo mindinho e a sombra do polegar se encontram desajeitadamente na parede. Polegar aprendeu a não pensar enquanto se move pela mão para fazer uma pinça com o dedo indicador, mas o dedo indicador está ocupado carregando a tocha olímpica com o Grandão, o dedo médio, que não faz nada, só fica lá mandando pra aquele lugar e presidencial, mas reivindica algum tipo de autoridade duvidosa baseada na altura. A pinça de dedos encontra a chama, que grita por um momento antes de apagar. Mexo-me de volta até meu travesseiro, e as lágrimas começam a cair, e elas não param.

Brenda Fassie está de volta às rádios. Uma Brenda surpreendente, mais suave, cantando a música gospel *"Soon and Very Soon"*. Ficamos desarmados. E suspiramos. Não sabemos se a música é tão poderosa por causa de tudo que ela já passou, ou por causa da sinceridade incomum em sua voz. Ela deveria se chamar Graça, uma língua lírica de luz prateada, feita de barracos e lixeiras de ouro, de poeira, contrações e sonhos. Olha, ela diz, o que você pode fazer com isso?

Lá está ela, um alvo fácil, sendo baleada e permanecendo em pé, cada vez mais machucada, mas ainda revestida de luz. Por que, por que, Brenda, perguntamos, você continua amando e queimando? Feche-se, Sis Brr. Feche-se, menina.

...

Chris Hani está morto em sua garagem, foi morto a tiros, e o sangue escorre de sua cabeça e desce pelo asfalto liso da África do Sul, e você se levanta, tonto. Você vai até o campus pela primeira vez em mais de um mês.

Você compra vários litros de cerveja Lion. Victory bebe muito agora. Ele tem uma pança. Está namorando uma mulher de 40 anos, com pele clara e reluzente, um emprego em um banco e um carro de dezesseis válvulas. Pelo sexo, ele diz. Vou ganhar dinheiro, ele diz. Vou ser rico. Lulama terminou com ele. Ela é lésbica, ele diz; ela bebe com uma turma de amigas.

Eu exclamo e berro com meu amigo Trust, no pequeno *shebeen* de Victory. Você consegue se ouvir grunhir, e tudo o que diz nos primeiros minutos é uma espécie de eco, enquanto observa seu pomo de Adão subindo e descendo.

Dá para ouvir os enxames rugindo pelo campus.

O país vai explodir. Chris Hani, a última grande barreira do partido esquerdista ANC, está morto. Umtata está queimando de raiva. Estudantes, até mesmo os elegantes dos clubes de queijo e vinho, estão revirando latas e cantando. Chris Hani está morto. Todos vimos o corpo no asfalto na televisão, o sangue escorrendo da cabeça aberta. Mandela, na televisão, implora às pessoas que fiquem calmas.

O primo de Trust tem um carro. Dirigimos pela cidade. Toda Umtata está nas ruas, chorando e cantando, os pés batendo. Estacionamos em um *shebeen* gigante ao ar livre chamado Miles, como seu proprietário milionário. Ele recentemente converteu este antigo armazém. É ao mesmo tempo uma gigantesca loja atacadista para os milhares como Victory em Umtata, e um lugar onde todas as pessoas com carros descolados podem exibir seus sistemas de som, e garotas das faculdades St. John's do mundo podem escolher as batidas e válvulas e baixos e calotas mais atraentes. Um lugar ao ar livre para festas de verão. Dá para comprar carne e linguiça e churrascos.

Nosso carro está estacionado ao lado de Tsietsi e seus amigos. Tsietsi ficava do outro lado do corredor quando eu morava no campus. Ele tem uma arma e é um bêbado perigoso. Ele diz que é um gângster bem conhecido em Joanesburgo. Seus amigos estão cobertos de ouro e perfume, a nova linguagem dos tempos pós-Muro de Berlim.

Ele gosta de sair com uns caras Zulu de Durban. Um deles é irmão do ex-marido da Brenda Fassie. Ele se parece com o irmão celebridade, Ntlantla Mbambo, mas tem um pé torto. Há mais ou menos um ano, Brenda Fassie e Nhlanhla estavam tendo problemas, apenas alguns meses depois do casamento, que saiu em todas as revistas, todos os jornais, todos os programas de televisão.

Tsietsi e seus gângsteres têm um aparelho de som gigante em seu quarto no campus. Eles deixam a porta aberta – assim qualquer mulher que passe pode espiar para dentro e ser convidada para um conhaque Fish Eagle. Victory baniu Tsietsi de seu *shebeen*. Ele gosta de mostrar a arma sempre que está irritado. Uma menina – que não pode ter mais de dezesseis anos – passa pelo carro. Ele agarra seu braço. Ela resiste. Ele a puxa para perto. Ela está gritando.

Estou cheio de vida e a sensação é maravilhosa. Deixo a vodka mergulhar por minha garganta. Posso senti-la escorrendo pelos canos, sentir a fumaça saindo da minha boca, e estou tão quente, espero que eles peguem fogo.

Gasolina pega fogo. Meu punho está em sua boca e seus dentes cortam minhas juntas. Bato e bato nele. Agora ele está chorando.

É terrível e não sei o que fazer. Ele chora, alto e cru. *Ndiyaku...*

ndiyaku... ele está mexendo o dedo para cima e para baixo, como hip hop, ou como uma arma sendo engatilhada, ou algum sinal obscuro para os gângsteres do mundo de que estou marcado.

Os amigos dele ficam lá parados, não fazem nada.

Trust é esperto. Ele é de Diepkloof, Soweto. Joanesburgo é maior e mais violenta do que Nairóbi. Ele sabe que estou encrencado. Eu não me importo. É tão bom me sentir vivo de novo.

...

Trust me segura por trás, e ele é todo desculpas, os olhos nunca deixam Tsietsi e seus amigos, a mão bombeando para baixo suavemente, como hidráulica, "Ah-desculpe *maagents, ohh-magents*, ele está bêbado, *ma-gents*, ele vai se aquietar, *ma-gents*, desculpem *ma-gents*. Ele é só um *Kwererekwere* bêbado, *ma-gents*... esses estrangeiros, sabe, *ma-gents*, eles são engraçados assim, *ma-gents*, Chris Hani morreu hoje, *ma-gents*, as pessoas estão loucas", diz Trust.

Então, aterrissa. *Pang.*

Uma garrafa de cerveja Lion quebra em minha cabeça. A sensação é linda. Tsietsi está se aproximando, os amigos segurando-o, os polegares para baixo como as nádegas de um carro de dezesseis válvulas, o peito estufado, enquanto ele se move para frente e é puxado para trás. Começo a rir. Posso espalhar este calor pelo mundo todo.

Começo a me mover na direção de Tsietsi. Escuto pneus cantando atrás de mim e Trust me enfia no carro. Ciru está no carro com a gente. Não sei como ela chegou aqui. Ela está chorando. Eu a ignoro.

Sinto-me maravilhoso. Há pequenos rompantes deliciosos em minha cabeça por dias – pequenas explosões de estrelas, espalhando-se pelo meu crânio, como o beijo da minha mãe. Fico deitado na cama por um dia inteiro depois, meu coração batendo, ideias e sonhos socando, mordendo, sibilando e beijando e rolando, enquanto sombras se movem como lama no teto branco do meu quarto.

Caio no sono novamente, esperando pela próxima explosão.

Capítulo Dezesseis

É 1995. Mandela é o presidente. Todos dançamos e aplaudimos a inauguração. E eu vou para casa. Eles enviaram uma passagem. Meus pais. Depois de amanhã, estarei ao lado de minha mãe. Vou me perguntar por que não faço isso todos os dias. Planejo ficar no Quênia por nove meses. Pretendo viajar o máximo possível e, no fim, participar do sexagésimo aniversário de casamento de meus avós em Uganda neste Natal. Ciru irá para Kampala e se juntará a nós.

Há tantas possibilidades que poderiam acabar com essa jornada, mas não posso ir embora sem ter certeza de que chegarei ao meu destino. Se há um milagre na ideia da vida, é este: que somos capazes de existir por um tempo, desafiando o caos. Mais tarde, muitas vezes você esquece como tudo foi arriscado; como as passagens quase não se materializaram; quanto tempo você demorou, tempo perdido e você ficou preso no próprio cabelo durante dias; como o evento quase foi adiado; como uma ressaca quase fez você perder o voo...

Palavras incham, tornando-se maiores do que seus contextos, e falam conosco como se fossem verdade. Gerenciamos esta série de eventos como se fosse nossa obrigação, o padrão para presentes do futuro. Vivemos o resto de nossas vidas acreditando piamente que algo deliberado transporta tudo para seu devido lugar, se seguirmos pelo caminho da certeza.

Pela primeira vez em meses, percebo que consigo me mover com convicção. Faço as malas, esfrego, limpo, penteio e até chego ao aeroporto a tempo. Digo a mim mesmo que meu problema é simples. Estou com saudades de casa. Odeio meu curso. Meu corpo concorda.

...

Pego o ônibus Transtate barato à tarde, para economizar dinheiro para beber com Trust, que voltou para Joanesburgo, onde trabalha como estagiário de administração em uma grande empresa de seguros.

Este é o ônibus que trabalhadores negros pegam de e para Joanesburgo. Está cheio de trabalhadores das minas e empresárias que compram coisas na cidade para levar para casa e vender. Todos dormindo e bebendo e quietos. Corais gospel profundos e góticos cantam na rádio. E Dobie Grey, e Percy Sledge.

Se você olhar pela janela para os campos secos das pátrias rurais, não vê plantações, nem vida humana; você vê plástico descartado a perder de vista, margaridas de Transquei, eles são chamados, como os milhões de pessoas à deriva que trabalham e consomem produtos brilhosos. Neste ônibus há homens de macacão, com rostos marcados, olhos turvos e lábios queimados até virarem manchas rosa, pelo álcool. Eles se sentam em grupos, em todos os pontos de ônibus de todas as cidadezinhas em que paramos, bebendo garrafas transparentes de bebidas alcoólicas baratas. Na hora do almoço, eles comem cerveja sorgo, que é espessa e nutritiva, mas deixa você bêbado de tarde. Trabalhe, e beba, e trabalhe, e beba.

Passamos por cidadezinhas rurais onde moças e rapazes ficam em frente a lojas: uma montanha de pacotes de frango frito pisados por meses até se tornarem parte do chão; panfletos sorrindo para você com bugigangas reluzentes, do chão, de uma cerca de arame farpado; recortes de revistas com roupas e glamour colados nas paredes dos quartos das pessoas. Em cada superfície há bugigangas reluzentes de plástico dourado e azul e rosa, e bebendo líquidos de um amarelo e verde fosforescentes de pacotes que têm uma jovem bonita pulando no ar em êxtase, um canudo na boca. *Yogi Sip*!

Mandela é presidente. E Brenda Fassie agora parece abatida e exausta. Dentes falsos e vergonha. Agora há novas pessoas negras de terno e gravata, na televisão, nas ruas. Há pessoas negras com sotaque americano, com sotaques sul-africanos brancos, seios macios, abdômen definido e características regulares e dentes retos, na rádio, na televisão, em revistas exibindo suas casas novas nos subúrbios brancos, seus 2,3 filhos brilhando de felicidade e saúde de piscina.

Há pessoas negras falando sobre o mercado de jeitos sérios e confiáveis. Uma boa parte da minha turma de Economia está em Joanesburgo, trabalhando para a Arthur Andersen. Pessoas de publicidade estão falando sobre uma coisa nova chamada *branding*. O *branding* está mudando a África do Sul, alguém me disse uma vez quando estávamos bebendo em algum lugar. Você não pode mais simplesmente dizer às pessoas para comprarem o vestido azul. A publicidade decidiu que para vender uma coisa você tem que passar um tempo criando os pensamentos, os sentimentos, as percepções, as imagens, as experiências, as crenças e as atitudes corretas. Então, de repente, há empregos para pessoas que conhecem todas as culturas. Pessoas brancas não podem mais vender coisas para pessoas negras. É sobre dinheiro, e o dinheiro decidiu se tornar um arco-íris. Kwaito – uma versão sul-africana dura, material e cínica do hip-hop americano – está em alta.

Um dia, Brenda aparece protestando na televisão: bêbada, chapada e incoerente. "Isso não é música de verdade", ela diz. "Kwaito não é música de verdade".

Uma vez, parece que há muitos anos, em uma viagem universitária até Durban, paramos o ônibus no meio da estrada para mijar em uma área desabitada depois de Kokstad. O céu estava enorme; o ar fresco e seco cheirava a vapores de asfalto e calor. O rádio do ônibus estava ligado, e estávamos todos bêbados, e alguém começou a cantar, e logo todos os sessenta de nós, bêbados, estávamos organizados em fileiras no acostamento, dançando o Bus Stop, rindo e cantando, totalmente afinados. O céu estava enorme – estávamos a apenas algumas milhas da fronteira, e para além da estrada havia fazendas gigantescas de brancos – e sabíamos que existiam armas e ameaças, mas naquele momento éramos apenas um tapete trançado de corpos cantando músicas de protesto. Descobri que sabia as palavras, mas não os significados; eu sabia a intenção. Carros buzinavam rudemente, e nós voltamos para o ônibus e cantamos por todo caminho até Umtata.

Mandela é presidente. Estamos adentrando os limites da cidade de Joburg. Estou indo para casa. Pela primeira vez, não gostamos de nada sobre Brenda Fassie. Não queremos vítimas do passado; elas nos lembram de como a esperança é essencialmente cruel.

E se a mudança chegar e nos percebermos incapazes?

...

Trust me busca na Rotunda e seguimos para Tandoor. É um mar de batidas, *ganga* e *dub*, gotas de suor voando. Nós zunimos e pisoteamos: lagartas pretas e peludas de peróxido respingando suor por todo o cômodo; cabelo rasta colorido conchas e miçangas chacoalhando; a batida do reggae, o baixo e pessoas negras muito sensuais: peles de mocha, cappuccino e frappé, ar quente e úmido, teto aberto, pomada Zam-Buk e suor negro, gengivas cor de carvão e abraços lentos e desfocados em pessoas que você não conhece.

São cinco da manhã. Estamos em um táxi do outro lado da rua do Tandoor.

O motorista, um cara da Zâmbia, veste um terno de caubói de couro branco, com franjas e um Stetson, e muitas joias de ouro. Negociamos o preço e ele nos diz para entrar. Tentamos desistir da corrida, e escutamos tiros e gritos vindos do outro lado da rua. Um carro sai acelerado – enquanto a multidão de sábado à noite se espalha atrás de nós. Sirenes da polícia começam a soar.

Pulamos para dentro do táxi.

Fazemos um tour de Hillbrow enquanto ele pega pessoas e as deixa onde querem ficar. Trust começa a reclamar.

– Ah, mano. De boa, mano. Vou levar vocês. Não minto, se vocês me derem um tempo, levo vocês de graça. Vocês são meus irmãos. De onde são?

E começamos a conversar. Ele era um contador em Ndola antes do preço do cobre cair. Nós queremos ouvir música?

Respondemos que sim. Bobinas de luz passam por nós. Estamos cantando.

– *Like a rhinestone cowboy...*

...

Ele pega duas mulheres em uma esquina. As duas estão encharcadas de perfume e pó compacto e apliques baratos.

Ele se vira para nós, um sorriso largo.

– Não minto, irmãos. Joanesburgo é uma loucura. Né?

Estamos no apartamento do homem da Zâmbia, com as duas mulheres.

Três homens sérios do Malawi estão desempacotando caixas de esculturas de madeira enquanto conhaque gorgolejante enche nossos copos. Há colchões espalhados pelo chão – umas quinze ou vinte pessoas devem ficar neste apartamento. Na mesa há uma pilha de livros sobre publicidade, manuais de faculdades a distância. Aparecem pratos fervendo com *nsima* e ensopado, trazidos pelas mulheres vestindo meia arrastão, Mary e Violet. Todos enfiamos os dedos no prato compartilhado e comemos. O motorista de táxi-caubói aperta as nádegas de Mary enquanto isso. Ela ri e senta no colo dele.

– Temos que cuidar uns dos outros! Quem vai cuidar da minha irmã?

Ele está falando com a gente.

– Eu devo cuidar da minha irmã, e ela pode cozinhar para mim. Este país é muito perigoso. Eles são violentos aqui.

– Quem?

– Os pretos.

Trust vira na direção dele, os olhos faiscantes, o dedo erguido em protesto.

– Ah. Desculpa, irmão. Desculpa, irmão. É o *apartheid*.

Ele levanta e dá tapinhas nas costas de Trust, dizendo: "Vamos fumar ganja".
– *Kwererekweres* – diz Trust, pesarosamente.
Vamos para a sacada. Yeoville.

É um edifício bonito da década de 1930, no formato de um cilindro oval, com uma costura fina o circundando em cada andar, grandes janelas ovais, como olhos transparentes, e sacadas ovais, linhas impecáveis – mas este não deixa de ser um prédio de outra era, de caminhões de sorvete buzinantes e maçanetas redondas de cobre. Lágrimas de um velho palhaço triste escorrem pelas paredes descascadas. A noite está seca e fresca, e o ar machuca as narinas.

O nome dele é Evans, diz. A camisa de caubói vermelha e preta está desabotoada e ele tem uma corrente de ouro. Ele tem pelos no peito, outra surpresa, e lábios grandes e muito escuros, cinzentos como os de alguém que fuma maconha frequentemente. Até os dentes, que são grandes e muito brancos, têm as bordas fuliginosas, e há um espaço entre os dois da frente. O sorriso dele me aquece.

Sementes dentro do baseado estalam enquanto o passamos. Mary e Violet chegam, com um cara novo, jovem, reluzente e elegante em um terno preto e gravata.

– Meu irmão mais novo – diz Evans. – George. Eu o trouxe para cá da Zâmbia. Ele terminou o Bacharelado em Comércio na Wits, e agora está trabalhando no First National Bank – eles moravam em Tembisa, mas uma vez Evans foi espancado em um *shebeen* por ser estrangeiro.

– Eles não gostam da gente – diz George. O rosto de Evans se fecha – Eles não gostam da gente porque os fazemos lembrar que ainda são escravos.

Lanço um olhar sarcástico para Trust. Ele não presta atenção nisso – está olhando fixamente para o baseado estalante, o lábio inferior para frente como se fosse a gaveta de uma caixa registradora. Dou uma risadinha. George sorri para mim e pisca, tira a jaqueta. Ele monta uma churrasqueira, acende o carvão e traz carne da cozinha em uma tigela.

Logo o cômodo está girando. Rostos aparecem e desaparecem; os dentes de Evans se movem quando ele ri para cima e alto. Ele cutuca a cintura de Violet – esse é o nome dela, Violet. Ela desvia a cintura para o lado.

– Ah, *mpslp* – ela estala a língua e faz barulho para engolir, e ri, e esse barulho me deixa com tanta saudade de casa que dói. O beijo de Mamãe ficou lá, naquele dia, as pernas delicadas correndo no lugar, como se fosse o único jeito de se controlar. Então, caiu devagar, esticado, diluído e mais suave, pulsando por vários minutos.

Estou sendo atacado por folhas de luz dançantes urbanas. Fecho os olhos, e o pânico cresce. Saliva vai para trás, por cima, e depois por baixo da língua de Evans enquanto ele fala com Trust; então, um soluço tipo arroto alcança o fundo de sua garganta e ele tosse de repente, e ri, e me viro para olhar para ele. O céu e as estrelas começam a tremer e escorrer para dentro da minha mente. Uma língua escapa pelo espaço em sua boca; carne cai sobre uma chama, chiando.

Estamos comendo. Na sacada, o ar é fresco e o céu está girando e estou morto de fome. Todos enfiamos as mãos em um grande prato de *nsima*, depois mergulhamos as bolas de creme de milho no molho de tomate. Escuto dentes batendo enquanto despimos a carne dos ossos. Estou vendo coisas? Fecho os olhos, tonto. Um gemido vermelho e úmido desce do telhado. Então, começa a pingar – cenouras macias e oscilantes passam pelos espaços, batatas inchadas e túrgidas caem e se esparramam.

Corro até o banheiro e vomito. Sinto falta do meu quarto. Faz tanto tempo desde que andei pelo mundo sem medo. Já estou fora do meu quarto há mais tempo do que estive o ano todo. Tenho medo de não conseguir lidar comigo. Não posso me esconder em meu quarto agora. Estico a mente até meu quarto em casa – vou estar em casa amanhã. Fico na sacada, longe dos outros. Olho para o céu, e o gigantesco telhado de escuridão oferece promessas esponjosas e confiantes – pode ser atacado de qualquer jeito e permanecer imutável. Risadinhas estridentes e gritos circulam mais e mais rápido, cada vez menores, então são engolidos por uma dolina de incoerência conforme o tráfego matinal aumenta.

É a mão de Trust em meu ombro.

– Está se sentindo melhor, irmão?

Faço que sim.

– Você também é da Zâmbia? – pergunto para Mary, uma das mulheres de meia arrastão.

Ela balança a cabeça. – Malawi. Ele é só um amigo. Esta é minha casa. Ele me deixa em casa todo dia, e leva minha filha para a escola. Eu cozinho para ele. Ele não sabe cozinhar, esse aí.

Rumba do Congo retumba de um pequeno toca-fitas no chão. A prima dela, Violet, em um vestido justo de lantejoulas e com uma peruca barata, está dançando, sozinha, com a rumba. Os caroços debaixo dos cobertores no chão não se movem.

O sol começou a entrar, ainda suave e dourado. Pessoas se desenrolam de seus colchões, dizem olá. Conto pelo menos doze pessoas neste apartamento. Sacolas plásticas gigantes se enchem à medida que comerciantes de raridades se preparam para trabalhar nos mercados de pulgas de Joanesburgo. Duas meninas, as duas com sete ou oito anos, aparecem em uniformes escolares completos, saias plissadas em azul-marinho e branco, tão curtas, essas saias sul-africanas, limpas e inocentes com mochilas idênticas e sotaques sul-africanos brancos arrogantes. Elas ficam ali, as mãos timidamente balançando nas costas ao me cumprimentarem, as cabeças inclinadas respeitosamente. Evans está coçando as tranças de uma enquanto elas olham para nossos corpos desgrenhados sem alegria ou surpresa. Elas falam a língua delas e ajudam a mãe a colocar a mesa. A mãe, Violet, agora está enrolada em um sarongue, os cabelos embaixo de um lenço, a pele limpa, revelando duas marcas gêmeas de queimaduras nas bochechas. Clareadores de pele. Ela parece uma mãe agora. Seu rosto noturno se foi. Não vejo Mary em nenhum lugar.

Um rapaz entra, despe o uniforme de segurança. Ele pega os livros de cima da mesa e desaparece em um dos cômodos.

Enquanto comem cereal Kellogg's, as meninas assistem televisão, rindo. Há uma propaganda com um homem aerodinâmico vestindo um *collant* neon. Ele está correndo depois de tomar uma bebida energética saudável. "Seu corpo lembra", a propaganda diz, "seu corpo lembra".

– Sem dormir. Temos que trabalhar! Um homem não deve dormir – ruge Evans.

Estamos no táxi novamente – e logo em frente aos portões de uma escola aparentemente próspera, majoritariamente branca. Há algumas crianças marrons. O porta-malas está cheio de esculturas de madeira, e o carro reclama e oscila, enquanto outros carros, troféus mais elegantes de uma economia de crédito, disparam para longe. As meninas saem, são advertidas pelo tio para que se comportem. Elas rolam para fora do carro, e caminham, agora arrastando os pés e conversando em voz alta, seus corpos diferentes, corpos falantes de Inglês. Elas não olham para trás. Juntam-se alegremente a um grupo de crianças de aparência elitizada, a maioria brancas.

– A geração descafeinada – diz Trust, fungando. – Elas falam com sotaque sul-africano branco.

Paramos em um Chicken Licken (*"s' good s' nice"*) no caminho de volta para a casa de Trust em Soweto. Evans se recusa a nos deixar pagar. "Nós somos irmãos", ele diz. "Temos que ajudar uns aos outros!".

Capítulo Dezessete

Meu passaporte tem um problema. Ele inchou, e agora é um acordeão encaroçado – cheio de marcas de água, páginas enrugadas e carimbos de visto manchados. Ele passou um ciclo na máquina de lavar roupas. O homem da segurança olha para ele, depois para mim e para minha mala meio rasgada e encardida, e me deixa entrar, balançando a cabeça.

Dizem que aquelas trilhas de fumaça deixadas pelos aviões são feitas da mesma coisa que faz vapor sair da sua boca em dias frios: quando duas massas de ar que não estão totalmente saturadas com vapor de água se misturam, o ar permanece na mesma temperatura, mas absorve todo o vapor possível, até saturar e formar uma espécie de nuvem. Pergunto-me, às vezes, se a substância que chamamos de realidade não é, na verdade, uma organização tão amorfa quanto as trilhas brancas deixadas pelos aviões enquanto voam.

Desde que eu era criança, minha mãe realiza um ato de vontade comigo. Apresento-me ao seu alcance, irritado com alguma coisa ou chateado com alguém. A primeira coisa que ela faz é colocar os dois polegares sobre minhas sobrancelhas e empurrar a carne para o lado, a voz dela achatando minha careta; então, suas mãos descem por minhas bochechas e eu sou uma guitarra lombar; minhas vértebras são os trastes.

Eu não teria sobrevivido à minha temporada de queda se Ciru não estivesse sempre lá, assegurando-se, me dando um dinheiro para gastar e, sabiamente, mantendo distância.

As pessoas nos puxam para fora de nós mesmos, e desde o dia em que conheci Trust Mdia, ele fez isso. Cada vez que fui até ele, mais bêbado e mais sujo, ele levou em conta o que viu, ignorou a besta, e falou com o amigo, então me vi sendo, com ele, uma pessoa atenciosa, eloquente, uma pessoa normal.

...

Consigo o assento da janela e, assim que me acomodo, coisas espalhadas ao meu redor, meu companheiro de assento chega. Ele é bronzeado e musculoso e desleixado como um surfista, com cabelo loiro desgrenhado que fica caído na testa, um esquadro de 180 graus: uma geometria ondulada e elástica que pende e retorna a seu local exato. Não consigo parar de olhar. *Boing*! A palavra pula na minha cabeça. Ele larga a mala no assento, uma caixa de quebra-cabeças de nylon com estranhas protuberâncias e fendas e zíperes por toda parte. Parecem colocados em locais aleatórios.

Ele me lança um sorriso comedido e começa: alças gritam, o zíper da mala é fechado pensativamente, antes de desenrolar a esteira de dentes simétricos, que tem um sorriso torto, como Informações para Turistas, Bondi Beach, para revelar pequenos compartimentos australianos, onde jeans rasgados e macios estão cuidadosamente enrolados, sentados ao lado de uma bolsa menor com vários produtos felizes.

Levanta a camiseta; uma coisa colorida enrolada ao redor do quadril se abre, uma aba se eleva, e um zíper sorri e engole o passaporte.

Senta. Coloca o cinto. Acomoda-se no assento em uma posição de ioga, mais ou menos, um joelho para cima, guia turístico aberto sobre a coxa. Joga uma pequena cápsula de chiclete para dentro da boca.

A revista de bordo descreve uma coisa nova chamada *bungee jumping*. A pessoas ficam em guindastes gigantes, em cima de penhascos gigantes, com faixas de borracha ao redor da cintura, e pulam e quase beijam o solo em supervelocidade, e são puxadas de volta, quicando no mundo esponjoso, que se recusa a oferecer qualquer ameaça. Assim que ele fica confortável e começa a ler o livro, preciso fazer xixi.

...

Quando você está preguiçoso e trancado em seu quarto por dias, a poeira, na luz certa, parece milhares de criaturas como estrelas rodopiando no ar. Elas aparecem do nada e rodopiam e explodem ou desaparecem de novo no nada, e outras aparecem, como se algo do outro lado da realidade estivesse soprando as menores bolhas do mundo por buracos que não conseguimos ver.

Há um momento, cinco minutos depois de levantarmos voo sobre Joanesburgo, o nariz do avião apontado para cima e as costas retas, em que o básico se estabelece fora da minha janela: pilhas gigantes de terra das minas de ouro que parecem pirâmides de plasticina em um playground, milhares de piscinas, e mais milhares de barracos de papel e papelão e ferro corrugado, e ainda mais milhares de casas como caixas de fósforo. De cima, o lugar delas dentro de um projeto político fica óbvio: quadradinhos minúsculos de espaço medido e regulado.

Uma cidade de planilhas de Excel. Cada caixinha tem o mesmo tamanho. Lugares que poderiam se espalhar até a lua estão dobrados para caber na física deste universo – e você se afasta de algumas rodovias e você está em um denso buraco negro chamado Alexandra, que tem quase um milhão de pessoas morando em duas milhas quadradas, mas você examina a planilha, e Alex é uma caixinha, do tamanho de mais ou menos vinte condomínios em Sandton, que fica perto. Então milhões de palavras e vidas e economias desapareceram detrás das linhas. Os moradores de Sandton escrevem cartas desnorteadas para os jornais, incapazes de entender a incontrolável onda de crimes.

Ainda é tudo muito estranho para mim, este país, onde toda atividade econômica humana foi etiquetada e medida e tributada. Tudo é numerado. Qualquer coisa que você quiser comprar está a seu alcance; foi quebrado em vários pedacinhos, e você pode comprar, um pedaço por vez: um carro, uma casa, um CD. Até costeletas de cordeiro Woolworth estão disponíveis a crédito, compradas por *mamas* dos subúrbios para refeições especiais e pagas em parcelas com juros.

Se você clicar em uma dessas caixas, qualquer uma, um mundo gigante cai para fora, um tipo de hipertexto do *apartheid* com mundos imensos escondidos dentro de caixas, fervendo e crescendo, e emergindo do invisível para pagar por costeletas Woolworth. Uma vez, uma BMW Série 7 desapareceu dentro de Alexandra, vinda de Sandton, e foi encontrada dias depois em Cingapura.

Dentro daquelas minas de despejo, há mais de cem anos, quando Joburg era uma cidade de ouro, dura e pronta, um cara Zulu chamado Nongoloza montou uma gangue de bandidos chamada Ninevites. Eles eram altamente organizados.

– Eu os coloquei sob o que desde então ficou conhecido como a lei Nínive – disse para seus captores brancos quando foi preso. – Li na Bíblia sobre o grande estado de Nínive, que se rebelou contra o Senhor, e escolhi este nome para minha gangue de rebeldes contra as leis do governo.

Os Ninevites se tornaram lendas – dizia-se que eles ocupavam minas inutilizadas, onde eles tinham um contador escocês, mulheres brancas, lojas e boutiques. Dizia-se que eles eram imunes a balas. Por volta de 1910, a polícia o capturou. Líderes de gangues como Nongoloza se infiltraram e organizaram o sistema prisional na África do Sul. Até hoje, membros de gangues em prisões masculinas da África do Sul rastreiam sua história e ideologia e cultura até os Ninevites. E Nongoloza permanece um herói.

Atravessamos as nuvens. Pego meu livro e tento ser blasé-de-avião, como o Billabong ao meu lado, que não se moveu, mas quero me remexer e olhar pela janela.

Quero fazer xixi. Pedem que apertemos os cintos e o avião mergulha em nuvens; elas são, para nós, ali dentro com os olhos fechados, pedras espancando a fuselagem.

Capítulo Dezoito

Estou nervoso. Nairóbi explodiu para fora de si, como uma fruta podre, e não me agrada. O táxi vai do aeroporto para o centro da cidade. Ao nosso redor estão *matatus*, aqueles veículos de transporte público atrevidos e espalhafatosos. *Manambas* conduzem o movimento dos *matatus*, pendurados para fora de portas abertas, fazendo todo tipo de ginástica enquanto anunciam as rotas, avisam sobre espaços entre os carros, e se comunicam com os motoristas por uma série de batidas no teto que conseguem ser ouvidas mesmo com a música. Há batidas para avisar sobre aliados se aproximando, batidas para avisar sobre engarrafamentos, batidas para anunciar que há policiais em frente. Também há métodos para entregar o suborno sem ter que parar.

O táxi me deixa perto do Stanley Hotel. Pareço estrangeiro o suficiente para que me deixem guardar as malas na recepção.

Caminho. Não sei se tudo parece sem graça e sujo porque estive em um lugar mais limpo, ou se sempre foi assim.

Olhar pelo túnel de prédios: a parte baixa da Avenida Moi; Moi, o presidente que supervisionou a queda da cidade colonial e fez o setor informal crescer ao inadvertidamente quebrar o domínio das máfias empreendedoras Kiambu Gikuyu e asiáticas, que têm conexões políticas. Avenida Moi, a rua que demarca o fim de Nairóbi, a cidade internacional, e começa uma cidade africana esparramada e sem documentos.

Ao olhar por este túnel, você vê multidões – pessoas e pequenas construções teimosas escalando os arranha-céus como ninhos de cupins em uma árvore. Barracas de roupas usadas, vegetais, armários de madeira, atrás dos quais ocorrem consertos duvidosos de relógios em Dholuo; o noticiário da KTN em um rádio abafado; exposições de produtos de Dubai lançadas para fora das vitrines, para as ruas. Engraxates e sapateiros contando boatos improváveis sobre política, que acabam sendo verdade; os dois oferecem seus serviços mantendo os olhos nos pés, e você se aproxima envergonhado quando é chamado para um reparo ou para engraxar. Livros e fitas gospel espalhados em plásticos no chão, ao lado de revistas internacionais de segunda mão – NBA! GQ! FHM! *Matatus* luminosos e ousados de Buru Buru, trinando como espécies de pássaros tropicais em guerra, balançando para frente e para trás, acelerando, luzes roxas piscando urgentemente, tentando chamar a atenção de passageiros apressados para chegar em casa, que descobrem, tarde demais, que esta urgência é falsa: o *matatu* esperará até estar lotado, e superlotado, e se moverá somente quando houver corpos pendurados para fora da porta, os pés quase sem caber dentro, *songasonga mathe, songasonga*. Deus Pentecostal da Hora do Almoço, não regulamentado, sem impostos, um negócio tão atraente quanto ser vendedor de rua, o Deus da Hora do Almoço ataca o ar ao nosso redor, de pequenos quartos do andar de cima, pregadores que gritam, cristãos que gemem, rezas da hora do almoço, graxa ou reparo.

Na distância, as folhas de ferro e favela, estendendo-se além da rodoviária Machakos. Um *matatu* passa em frente aos meus pés, quase batendo em mim. O motorista pisca, grita, dá a ré, um *bip bip* curto e musical; o condutor bate no lado, joga as sobrancelhas na minha direção, sacudindo a cabeça na direção da porta. Faço que não e dou risada. O carro passa por mim novamente, provocando, quase me acerta, e vai embora acelerando, as nádegas gordas balançando de forma sugestiva nos buracos da estrada, luz negra oriental piscando sugestivamente, palavras brilhando – Just Do It – acima de uma carranca pintada. Outro passa rapidamente – este rosa como algodão doce, com asas infladas pela velocidade pintadas de azul metálico em cada lado dos quadris. Ele pisca, luzes rodam pelo teto como dominós, uma luz roxa fantasmagórica brilha na parte de dentro.

Um cara está pendurado no teto, segurando-se com os dedos das mãos, um pé na porta aberta, a centímetros da morte, soltando as duas mãos e batendo palmas e assobiando para uma mulher que veste jeans justos e está andando na calçada.

Isso é Nairóbi.

É isso que você faz para ser bem-sucedido: torne-se desossado e trate sua camisa de força como se fosse um jogo, um desafio. Agora a cidade está toda nas ruas, puxação de saco e golpes. A pior recessão de nossa história produziu *matatus* mais brilhosos e criativos.

É bom estar em casa. Todas as ruas são esburacadas. Até o centro da cidade, uma vez elegante e internacional, está imundo. As pessoas evitam os olhos das outras. A Rua River é parte da artéria principal de movimento de e para os principais pontos de ônibus. Ela é governada por *manambas*, e eles são cínicos, toda risada com desdém, a cidade uma guerra ou um jogo. Esta é uma face útil para se carregar, aqui onde a humanidade invade todo espaço que não é reivindicado com convicção.

Neste aperto, as pessoas se movem rápida e freneticamente. E por trás da loucura, há medo – não há nada a caminho. Depois das greves e batalhas na África do Sul, que envolveram a todos, é difícil aceitar este lugar derrotado. Algumas pessoas percebem meus pequenos *dreadlocks* e se afastam rapidamente. Eu pareço problema: muito espalhafatoso e visível. Uma criança de rua me faz uma saudação rastafári, e eu sorrio de volta enquanto ela desaparece entre as pernas das pessoas, uma garrafa de cola na boca, os pés descalços e sangrando.

O Quênia urbano tem uma personalidade dividida: autoridade, trajetória, cidadãos internacionais em Inglês; irmão nacional em Kiswahili; e aldeão contente ou urbano nostálgico em nossas línguas maternas. Parece-me tão claro aqui e agora, depois da África do Sul, que é tão diferente. Lá, há guerras políticas para resolver indivíduos em guerra. Cada língua luta por espaço em toda política. Nesta parte da cidade vivem os três Quênias: pessoas da cidade que trabalham em Inglês, a caminho de casa; a aldeia e seus produtos e línguas nas ruas; e as multidões e multidões de pessoas sendo gentis umas com as outras em Kiswahili. Kiswahili é onde nos encontramos em fraternidade.

É um aspecto do Quênia sobre o qual estou sempre intensamente consciente – e que desejo, pois não tenho tudo. Minha terceira língua, Gikuyu, quase não existe; não sei falar. É um membro fantasma, *kimay* – e isso só aumenta meu desejo de observar e pertencer a esta inteligência e seus padrões. Todas as pessoas da cidade habitam diversos mundos em muitas línguas. Há pessoas que falam seis ou sete línguas.

É tão comum ouvir falar de alguém que estava vivendo outra vida em outra língua e, quando morreu, família inteiras saíram sabe-se lá de onde. Viúvas brigando ao lado do caixão. Antes de ir embora, eu via essas coisas como exceções, coisas que aconteciam às vezes, com algumas pessoas. Isso não é verdade.

Algo se contrai em minha nuca, e então há um silêncio, por um momento uma sensação de tempo suspenso. Daí vejo os caminhões chegando. Pernas cáqui pulam para fora. Um grupo de vendedoras de rua, avós, algumas bisavós, levantam-se e saem correndo, enquanto askaris com grandes cacetetes saem de um caminhão do conselho municipal e vão para cima delas. Por vender. Ilegalmente. Na rua. O mesmo conselho municipal coleta impostos dessas pessoas mensalmente.

Corro. Todos corremos. A poeira se eleva; tomates rolam para a rua e sangram quando rodas de *matatu* os esmagam. Há sacolas plásticas por todo lado, flutuando e se agitando, Tigritude de Taiwan. Há vaias, gritos, e risadas, e o baque abafado e úmido de cassetetes pesados em corpos macios.

Escondi-me atrás da porta de uma loja, e observo enquanto uma velha gujarati me olha com suspeita. Os olhos dela inspecionam meu corpo. Tenho certeza que ela está prestes a gritar pela polícia, mas ela terá de lhes pagar também. Coloco a mão no bolso e um punhado de notas sai de lá. Compro uma khanga, que está na parede. Assim que pago, ela começa a conversar.

– Então, você é americano? Minha filha está lá.

– Fazendo o quê? – pergunto.

– Ciências da Computação – responde.

Saio. Nairóbi pisca, e as pessoas retornam lentamente, e se instalam, enquanto o caminhão se afasta. Tenho poeira nos olhos e estou agitado. Um homem passa por mim, carregando chaveiros à venda, berrando em Gikuyu. Ele tem uma daquelas raras caras avermelhadas que ocorrem em algumas pessoas, sempre com sardas, sempre com cabelo da cor do refrigerante Krest de limão, com grandes bochechas montanhosas, e seus olhos encontram os meus. Eles são de um marrom pálido, e apertados, com cílios cinza. Ele pisca. Balanço a cabeça para o lado e sorrio. Estou agitado e tem poeira em meus olhos.

Retorno para a cidade mais suave, ombros me empurram. Os prédios da cidade balançam, bebês-girafa gigantes com joelhos instáveis, línguas como lixas lambendo a coceira de meu rosto empoeirado. Todos estão apressados. Um homem de aparência bastante séria em um terno está implorando a um *askari* em Inglês, e quando um chicote é levantado, ele se encolhe e começa a implorar em Kiswahili, e o chicote atinge seu pescoço e ele está sangrando, *bwana*, oh, *bwana*, a cabeça sacudindo de um lado para o outro enquanto ele sorri nervoso, e grita quando registra a dor. Se eles fossem da mesma tribo, ele provavelmente teria sussurrado alguma coisa, em uma das quarenta e poucas línguas, línguas maternas, e o *askari* teria olhado de um lado para o outro rapidamente, e franzido a testa fingindo irritação, balançando um dedo, vá agora, e não faça isso de novo!

Três línguas bifurcadas! Veja como elas se dividem e se enrolam e se mesclam.

A luz salta dos carros e vidros de janelas, e consigo ver a rua Tom Mboya, inchada e contida para trás por bastões, buzinando e cheirando a carbono queimado, banheiros entupidos, camadas de suor, frutas esmagadas e gás lacrimogêneo – e tudo isso é nada perto do medo do enxame de pessoas. Faz anos que vi meus pais, meu irmão Jim e minha irmã Chiqy. Mesmo no caos de Nairóbi, estou forte, há um fio, fino e tão certo quanto seda, que faz com que minhas pernas se movam sem dúvidas. Se não tenho certeza sobre qualquer outra coisa, tenho certeza de que o mundo da minha família é tão sólido quanto a ficção, e posso relaxar e me mover em direção a eles sem pânico.

Capítulo Dezenove

Nakuru.

Estou em casa.

Mamãe parece cansada e seus olhos estão mais sonolentos do que o normal. Ela nunca teve uma aparência frágil, mas agora tem. Decido que mudei, e que minhas tentativas de maturidade a fazem parecer mais humana.

Sentamos na sala de jantar e conversamos do café da manhã até o almoço. De vez em quando ela pega minha mão e verifica minhas unhas. Limpa algo em minha testa e arruma minhas sobrancelhas. Ela levanta para tirar a mesa. Está emitindo seu radar, como fazia quando éramos crianças, meio dormindo, arrastando os pés em seu cafetã, depois de sentir uma perturbação por algo intangível. Caminhamos e conversamos, e as coisas se juntam por uma avaliação invisível dentro dela, nítida e segura, e ela diz: "Você fuma".

Faço que sim, olhos sapateando desconfortavelmente, esperando que venha, o baque. Mas não vem: ela se segura.

Eles estão preocupados comigo e, pela primeira vez em minha vida, preocupados o bastante para não falarem nada. Faz muito tempo que não falo com eles sobre meu diploma empacado. Eles sabem. Eu sei.

Depois do jantar – *ugali*! –, ando pela casa. A voz de Mamãe conversando com meu pai ecoa no corredor. Nenhum de nós tem sua voz: ela arrepia. Se cristal fosse água sólida, sua voz seria o último respingo de água antes de solidificar-se.

A luz da cozinha dá vida à mulher nandi. Uma pintura.

Eu morria de medo dela quando era criança. Os olhos pareciam tão vivos e as partes vermelhas rosnavam para mim. O rosto largo anunciava uma imobilidade que realmente me assustava; eu estava preso lá, enjaulado por seus traços em uma reserva tribal. Com anéis nos tornozelos e sinos no nariz, ela faz música onde quer que vá.

Existem dois tipos de pessoas. As de um lado da linha usam roupas de terceira mão até apodrecerem. Elas podem comer terra, mas a mensalidade escolar estará paga. No outro lado da linha moram pessoas que vemos em *coffee table books*, ou em viagens de fim de semana até a aldeia para visitar a família, em dias de feira em cidadezinhas, e na televisão, traduzidas para nós por um homem estrangeiro com uma voz grave que passou a representar dias clássicos e costumes passados.

Essas pessoas são como uma floresta antiga e verdejante cujas folhas continuam a crescer e revelar brotos extravagantes, recusando-se a perceber que alguém cortou a água.

Para nós, parece que tudo é mapeado e definido para eles, e todo mundo é fluente naquelas definições.

Os mais velhos não se impressionam com nossa sociedade, nossos modos – o que chama a atenção deles são nossas ferramentas: os carros e remédios e telefones e as bonecas de corda e armas e antropólogos e os financiamentos e as redes internacionais de povos nativos.

Em minha adolescência, que foi acesa por poemas de Senghor e Okot p'Bitek, a mulher nandi tornou-se minha *Tigritude*. Eu a declarava maravilhosa, ficava maravilhado com as maçãs de seu rosto, e lamentava a sabedoria perdida em seus olhos, mas ainda teria preferido dormir com Pam Ewing ou Iman.

O fato de que eu nunca conseguiria amá-la era fonte de um medo terrível. Escondi esta traição em um imaginário complicado que não tinha nenhuma conexão com meus instintos: Ó Princesa Núbia, e outros poemas ruins. Ela morou em meu quarto por um tempo, ao lado do tecido *kente* falso pendurado na parede, mas minha mãe a levou de volta para seu púlpito.

Com o passar dos anos, aprendi a olhá-la com simpatia. Ela me enchia com uma nostalgia falsa que era exatamente o que eu pensava que deveria estar sentindo porque muitas pessoas negras que amam poesia pareciam estar sentindo isso espontaneamente. Nunca mais tentei olhar para além de suas vestimentas.

Observo a pintura de baixo; consigo ver traços de nossas marcas de lápis, rabiscos infantis ainda visíveis sob novas camadas de tinta. Ela é mais nova que eu agora; noto que ela tem um jeito de menina. Os olhos são o único sucesso real do artista: eles sugerem malícia, serenidade, vulnerabilidade, e uma sabedoria cansada. Percebo que a desejo. E não me importo de admitir que isso pode ser, também, porque sua aparência passou a ser moderna em algum lugar deste mundo de Zap Mama, Erykah Badu e Alek Wek.

Olho para a pintura de novo. E enxergo. Ha!

Tudo: o sorrisinho, o ângulo da cabeça e dos ombros, o flerte leve com o artista. Eu sei que você me quer, eu sei algo que você não sabe.

Mona Lisa. Nada diz outra coisa. A verdade é que nunca tinha visto o sorriso. Seus lábios grossos sempre tinham sido uma guerra entre meu intelecto e minhas emoções. O artista pintou "uma Mona Lisa africana".

A expressão da mulher é estranha. No Quênia, você só vê essa expressão em meninas que frequentaram escolas particulares, ou que cresceram nos subúrbios mais ricos das cidades grandes. Aquele olhar, aquele sorriso meio jocoso, nunca teria acontecido em uma mulher nandi real. Os lábios também. A boca se esforça demais para ser simétrica, para se desculpar por seu tamanho. Aquela boca foi feita para se abrir como a carne de um domingo de aplausos.

...

Acordo cedo, saio pelo portão e subo a colina para ver o lago e a cidade.

Estou evitando Baba. Ele foi educado até agora – não disse nada, mas uma conversa é iminente. É óbvio que Mamãe insistiu em cuidar da minha situação. Então, talvez ele não diga nada. Estou cheio de culpa. Todo aquele dinheiro desperdiçado com meu curso. Chiqy está em um internato agora – e precisará ir para a universidade.

Moramos em uma casa nas encostas da Cratera Menengai. Este costumava ser um subúrbio só para brancos.

Enquanto eu lia todos aqueles livros ingleses distantes quando era criança, a ideia da primavera se instalou no retrato de minha infância, Milimani. Não temos primavera de verdade – estamos na linha do Equador. Mas, para mim, a primavera era toda manhã, orvalho e neblinas leves, e o lago ainda azul a distância, às vezes todo rosa com flamingos ondulando na brisa e elevando-se como folhas para girar e circular pelo céu. O outono era setembro, quando os jacarandás perdiam todas suas flores roxas e as breves chuvas começavam – e a ideia de um outono, uma primavera, também estava presente na imaginação dos colonos ingleses que planejaram este local folhoso, e imaginaram botões de flores e abelhas e as White Highlands transformadas em uma nova área rural inglesa.

Antigas casas coloniais como a da minha infância são a matéria sólida desta cidade, fingem ser seu início, e teimam em nossas mentes.

Ontem, Jimmy foi convocado – por Mamãe, com certeza – a me levar para um longo passeio em seu carro de bancário e coletar informações com delicadeza.

– Você quer conversar? – ele perguntou.

Eu não sabia o que dizer.

Ele comprou sorvete.

Depois de alguns minutos constrangedores, dirigimos para fora da cidade e ele me apresentou para a mulher com quem pretende casar, Carol.

– Não conte para eles ainda – disse.

No passado mais distante de que temos lembrança, há pequenas memórias gasosas de pessoas muito velhas, os Sirikwa, alguns que moravam na Colina Hyrax Hill, a mais ou menos uma milha de distância. Eles construíram canais de irrigação nas escarpas que consigo ver daqui. Dez milhas acima de nós, nesta colina, está a segunda maior cratera africana, depois da Ngorongoro. Há uma estrada até o cume, e de lá é possível ver a imensa cratera, que tem o formato de um pires, doze por oito quilômetros, quinhentos metros de profundidade em suas falésias. Ela se formou há oito mil anos, depois da última grande erupção.

Diz-se que uma das batalhas decisivas de uma grande guerra acontece aqui, há mais de cento e vinte anos. Durante séculos, o complexo militar dos Maa – uma civilização criadora de gado – dominou grande parte do interior do Quênia. Como o gado era a moeda de troca de muitas sociedades quenianas, incluindo a minha, os gikuyu, os grandes rebanhos dos maasai os transformavam na sociedade mais rica do Vale do Rift. Eles eram nosso banco de proteína. Nakuru significa *lugar empoeirado*. Diz-se que Menengai significa *lugar de cadáveres*.

Os britânicos construíram suas ferrovias, estradas e seus satélites; depois, vieram as pessoas, e estradas foram construídas depois da Independência, seguindo o mesmo modelo, meio distorcidas e incertas. Então, enquanto nossos pais serviam cerveja quente e mingau de aveia, os Jetsons apareceram na televisão: ombros curvados, mascando chiclete, vendendo a América.

E fervendo dentro deste espaço, de mais ou menos cinquenta histórias e ângulos históricos, está o Quênia – uma coisa ainda incerta, pegando aqui, casando do outro lado, escolhendo lá; roubando aqui e ali – estripando o que veio antes, reconstruindo. Às vezes, mudando. Às vezes, não. Alguns dizem que tudo que fazemos é girar, como frangos de rotisseria, nos caprichos de nossos presidentes imperiais, Kenyatta e Moi. Eles correm pelo país o dia todo, todos os dias, para verificar se estamos assando direito para o jantar.

Eu tinha mais ou menos quatorze anos quando eu e Baba passamos uma noite em um hotel colonial barato, o Devon, em Nairóbi.

Eu era todo espinhas e incertezas. Foi desconfortável. Eu e Baba nunca tínhamos dividido um quarto de hotel.

Ele começou um sermão sobre manter o banheiro organizado; falamos sobre minhas notas em matemática, que estavam, como sempre, péssimas.

Me defendi, dizendo: "Se tirei 10 por cento em matemática, e estou entre os cinco melhores alunos, quer dizer que fui muito bem".

Nós dois rimos nervosamente. Daí ele franziu a testa e seus lábios ficaram tipo um diretor geral. Eu tinha certeza de que havia mais sobre o que conversar, mas não aqui. É em casa que entramos neste tipo de batalha, com Mamãe invisivelmente decidindo os parâmetros – atacar, recuar, ultrapassar todos os limites.

Uma bomba nuclear.

Baba ficou sentado na cama, vestindo um colete, e leu o jornal por um tempo constrangido, depois levantou-se. Minha cara estava, como sempre, escondida atrás de um livro. Todos os movimentos eram mais barulhentos do que deveriam ser. Então, ele ficou de pé sem fazer nada por um longuíssimo momento – com certeza um minuto inteiro.

Limpou a garganta e disse: "Acho que vou sair e jogar nos caça-níqueis" – e eu assenti, aliviado, e ele se virou, e esse é o motivo para eu lembrar desse dia tão claramente; a mão dele errou a maçaneta, e ele tropeçou ao sair do quarto, essa pessoa que sei que nunca é desajeitada, e consigo sentir, tão alto quanto o oceano em uma concha, a maneira como seu corpo sempre havia se voltado para o tronco de sua vida – trabalho e família – e cumprido seu dever, e agora percebia, em um momento de choque, que não podia simplesmente sair, a jaqueta jogada sobre o ombro, assobiando e livre.

...

Não sei como explicar minha situação para eles. Passo pelos jacarandás que cercam as casas governamentais. Saio da estrada principal e sigo a trilha para evitar o caminho matinal de Baba até o trabalho. Há uma casinha desbotada aqui, bem em uma esquina, com um grande jardim rochoso que se estende colina abaixo, até a State House. Ela costumava ter uma piscina, que agora está cinza e verde e vazia. É uma das várias casas que foram dadas aos filhos do Velho Bommet, cuja irmã era casada com o presidente.

Uma velha árvore baixa e nodosa se enroscou em si mesma como um cachorro se virando para mordiscar uma coceira nas costas; ela tem uma casca, é marrom e suntuosa, poucas folhas, e flores laranja que parecem anêmonas. Ela deve ter sido comum nesta área antes das memórias de Surrey e Anglo-Bangalore mudarem o cenário na década de 1930: jacarandás e eucaliptos e troncos retos, em fileiras retas. Você encontra essa árvore por todas as partes selvagens da floresta da cratera. Não sei seu nome.

Há histórias sobre os jatos de vapor que subiam, que seriam fantasmas de velhos guerreiros maasai tentando ir para o céu e sendo puxados de volta pela gravidade do inferno. Durante anos houve histórias sobre um imenso guarda-chuva cor de nevoeiro que se eleva acima do chão quando chove e cobre a cratera, e o solo embaixo permanece seco. Há também histórias, muitas, sobre pessoas que desapareceram na cratera durante dias e foram encontradas depois, desorientadas; elas não conseguiam lembrar do que havia acontecido.

O antigo padrão inverteu-se: o poder estava nas mãos dos criadores de gado, duzentos anos atrás; agora está nas mãos dos colonizadores, dos agricultores de subsistência, dos fazendeiros. Eles se adaptaram mais rapidamente às mudanças do mundo. Há cem anos, um excedente de grãos comprava gado. Os gikuyu compravam gado dos maasai. Em 1920, todo excedente já era convertido em dinheiro, e a economia dos maasai entrou em colapso.

Nossa nova casa, a algumas centenas de metros da casa onde cresci, está na última fileira antes da floresta de eucaliptos que se estende até a borda da Cratera Menengai.

Eu os ouvi entrar ontem à noite, os *moran*, com o gado. O cheiro forte de urina e esterco inundou nossa casa, e as velhas canções guturais, e os sinos nos pescoços dos animais. Eles cantaram a noite toda, e por um tempo pude fingir que havia voltado no tempo e que estava sentado entre eles, como um nômade bíblico, ou como meus bisavós teriam estado. Decido passar alguns dias viajando, para evitar meus pais, para seguir uma estrada e para pensar em outras coisas além do que está errado com a minha vida.

Que maravilhoso seria, penso, se fosse possível passar minha vida habitando formas e sons e padrões de outras pessoas.

Capítulo Vinte

Consegui um emprego temporário. Viajar pelas províncias centrais e do Leste e convencer fazendeiros a voltarem a plantar algodão. Me deram um carro e um motorista. Baba e alguns amigos investiram dinheiro na compra de uma antiga fazenda de algodão do governo, que será privatizada. Ele me pergunta se quero fazer uns trabalhos de extensão agrícola para eles. Digo que sim. Eles estão começando a confiar em mim. Tenho ajudado Mamãe em sua loja e com algumas tarefas. Prometi a mim mesmo que não leria nenhum livro enquanto estivesse sentado atrás do balcão na lojinha de flores. Às vezes dou um pulo até o clube e sento no banheiro por meia hora com um livro e um cigarro, mas, na maior parte do tempo, tenho estado presente no mundo. Semana passada, no café da manhã, eu estava falando sobre alguma teoria, e Baba explodiu: "Eu não entendo, eu não entendo, você é tão inteligente, eu não entendo por que você é tão...".

Mamãe enviou um aviso cortante para ele do outro lado da mesa, e ele se levantou e saiu. É bom que eu não seja mais um ovo. Muito melhor que o silêncio.

Eu e meu colega Kariuki estamos a caminho da cidade de Mwingi em uma picape Nissan nova e ligeira. O caminho até a Barragem Masinga é monótono, e minha mente é dominada por música chiclete, mastigando, tentando digerir um vácuo.

Aquela música terrível: *"I donever reallywanna killthedragon..."*.

Voa por minha mente como uma mosca demente, sempre rápida demais para pegar e esmagar. Tento iniciar uma conversa, mas Kariuki não fala muito. Senta-se debruçado sobre o volante, o corpo tenso, o rosto franzido em uma careta. Ele é normalmente bem relaxado quando não está dirigindo, mas carros parecem despertar seus demônios.

Honestamente, Mwingi não é um lugar que eu queira visitar. É um distrito novo, semiárido, e não ouvi falar de nada que valha a pena ver ou fazer lá, exceto comer bode. Aparentemente, de acordo com os gráficos nacionais não oficiais sobre a qualidade da carne de bode, o bode de Mwingi é o segundo em sabor depois de Siakago. Nós, quenianos, gostamos de bode. Me contaram que um sujeito empreendedor do Texas criou um rancho de bodes para atender aos dez mil quenianos que moram lá. Está sendo de matar.

Carne de bode tem um gosto horrível na África do Sul. Ao longo dos anos na África do Sul, passei por bodes que me olhavam com arrogância, mastigando com indiferença e me desafiando a usar minha faca.

Chegou a hora da vingança.

É por isso que partimos às seis da manhã, na esperança de terminar todas as burocracias possíveis até o meio-dia, depois do que poderíamos começar a beber cerveja e a comer muitos e muitos bodes.

Investi em alguns sachês de antiácido Andrews Liver Salts.

Cochilo, e o sol está forte quando acordo. Estamos a trinta quilômetros da cidade de Mwingi. Há um sinal em uma das estradas empoeiradas que saem da rodovia, um pássaro magrelo vermelho lindamente desenhado e um aviso com uma flecha: Gruyere.

Fico curioso e decido investigar. Afinal de contas, penso comigo, seria bom ver qual é a situação do cultivo de algodão antes de ir até o escritório agrícola do distrito.

Levamos cerca de vinte minutos na estrada empoeirada para chegar a Gruyere. Esta parte do Ukambani é muito seca, cheia de arbustos que parecem espinhentos e poeira. Ao contrário da maioria dos lugares no Quênia, aqui as pessoas moram longe das estradas, então se tem a ilusão de que a área é escassamente povoada. Estamos no pequeno centro de uma aldeia. Três lojas de cada lado e, no meio, um grande espaço de poeira batida no qual três esculturas gigantes de girafas em madeira aguardam transporte para os mercados de curiosidades de Nairóbi. Não parece haver ninguém por perto. Saímos do carro e entramos no Gruyere, que, no final das contas, é um pub.

É tão suíço quanto é possível ser em Ukambani. Uma estrutura simples com chão de concreto e mobília simples, mas, mesmo assim, bem-acabado – nada fora do lugar, tudo simétrico. Percebo um refrigerador de cerveja engenhoso: uma pequena caverna no chão de cimento, onde cerveja e refrigerantes são refrigerados na água. Isso é um alívio; conseguir cerveja gelada fora de Nairóbi é um desafio.

Quenianos amam cerveja quente, mesmo que esteja fervendo lá fora. Desde que cheguei nesta área, já lidei com atendentes preocupadas pensando que ficarei com pneumonia, ou que a cerveja vai perder todo o gás se ficar na geladeira por mais de vinte minutos.

O dono do estabelecimento entra, a pele queimada vermelho-tomate, vestindo um *kikoi*, e só isso. Ele nos dá as boas-vindas e eu me apresento e começo a conversar, mas logo descubro que ele não fala Inglês nem Kiswahili. Ele é suíço, e só fala Francês e Kamba. Meu Francês está enferrujado, mas consigo pedir uma cerveja gelada, servida pela mulher dele. A pele dela é da cor de chocolate amargo. Ela é linda do jeito que só mulheres kamba conseguem ser, com pele macia como um bebê, olhos bem separados e um arranjo de características que parecem estar sempre no precipício da malícia.

Começamos a conversar, e quando pergunto o que trouxe seu marido para Mwingi, ela ri.

– Sabe como europeus têm ideias estranhas. Ele é mKamba agora; não quer saber da Europa.

Enxergo uma bicicleta a distância, um homem impossivelmente grande ziguezagueando até nós, suas pernas curtas e arredondadas pedalando furiosamente.

Entra o homem mais jovial que já vi, rechonchudo como um monte quente de *ugali* fresco, brilhando com bonomia e limpando gotas de suor do rosto. Há uma expressão familiar de malícia em seu rosto – algo familiar para mim, não sei por que, como uma característica kamba, mas nele é multiplicado a um nível que a torna ameaçadora. Seu rosto não tem nenhuma ironia, o que também é uma coisa kamba para mim. A esposa de Gruyere me conta que este é o chefe local. Levanto-me para cumprimentá-lo, então convido-o a se juntar a nós. Ele senta e pede uma rodada de cervejas.

– Ah! Você não pode beber chá aqui! Estamos em um bar!

Ele sorri novamente e posso jurar que em algum lugar uma shamba de flores está florescendo. Tento deslizar para o assunto do algodão, mas ele é ignorado.

– Então – ele diz, – então você vai para a África do Sul com minha filha? Ela está em casa, não consegue um emprego – kambas são boas esposas, sabe, vocês gikuyus não sabem se divertir.

Não tenho como negar isso. Ele chega perto, os olhos redondos como a lua cheia, e conta uma história sobre um major aposentado que mora ali perto e tem três jovens esposas, que reclamam de sua demanda sexual. Então, parece que os pais no vilarejo estão preocupados porque suas filhas são vistas tentando chamar a atenção dele sempre que ele está por perto.

– Sabe – diz. – Vocês gikuyus não conseguem pensar além do seu próximo pagamento. Vocês plantam milho em todo centímetro de terra disponível, e cobrem seus sofás com plástico. Ha! E na cama! *Bwana*! Até o sexo é trabalho! Mas kambas não são preguiçosos, trabalhamos duro, trepamos bem, brincamos duro também. Então beba sua cerveja!

Decido redimir a reputação de minha comunidade. Peço uma Tusker. Gelada.

Que grande dádiva é o carisma. Às onze horas, a mesa está cheia de pessoas, todos nós brilhando sob o feixe de luz do chefe. Minha língua redescobriu o Francês, e converso com Monsieur Gruyere, que não é de falar muito. Ele parece ainda estar encantado com este lugar, e enquanto bebemos vejo seus olhos examinando a todos. Ele não parece muito interessado na substância da conversa; é mais atingido pelas sensações.

É meio-dia quando, finalmente, peço licença. Temos que ir até Mwingi. Kariuki parece estar consideravelmente embriagado, e agora o chefe finalmente mostra interesse em nossa missão.

– Algodão! Ah! Vocês vão precisar de alguém para levá-los ao departamento agrícola do distrito. He! Estão trazendo o desenvolvimento de volta para Mwingi!

Chegamos ao departamento agrícola do distrito. Nossa reunião lá é, felizmente, breve, e conseguimos todas as informações de que precisamos. O chefe nos leva por um labirinto de ruelas até o melhor açougue/bar de Mwingi. Ele, é claro, é bem conhecido aqui, e nos colocam na mesa VIP. Empunhando sua pança como um imã sexual, ele interrompe uma mesa de mulheres jovens e as convida a se juntarem a nós.

Um sussurro de lado: "Vocês solteirões devem estar sedentos por companhia feminina, já que passaram a manhã toda sem nada de sexo.".

Vamos até o açougueiro, que tem prateleiras e prateleiras de bodes decapitados. Já estou salivando. Pedimos quatro quilos de costelas e *mūtura*, chouriço de sangue.

A *mūtura* está deliciosa – quente, apimentada e forte – e as costelas macias e cheias da pungência dos temperos de que gostamos na carne de bode.

Depois de algumas horas, começo a ficar desconfortável com os níveis de prazer ao meu redor. Quero voltar para meu quarto de hotel barato e ler um livro cheio de realismo e prosa afiada. Talvez Coetzee? Isso vai me transformar em protestante novamente. Naipaul. Algo rabugento e revigorante.

– Não, não, não! – diz o Sr. Chefe. – Vocês têm que ir à minha casa, na aldeia. Precisamos falar com as pessoas de lá sobre o algodão. Com certeza vocês não vão voltar dirigindo depois de todas essas cervejas? Durmam lá em casa!

Na casa do Chefe, deito na sombra de uma árvore no jardim, leio o jornal e durmo.

...

– Acorde! Vamos sair e festejar!

Estou determinado a recusar. Mas o sorriso em seu rosto me abraça. Depois de tomarmos banho e tentarmos fazer nossas roupas encardidas ficarem respeitáveis, já está anoitecendo.

Só há espaço para duas pessoas na frente da picape, então sento na parte de trás. Consolo a mim mesmo com a vista. Agora que a luz do sol está desaparecendo, todo tipo de florezinhas escondidas com cores extravagantes estão se revelando. Como se, assim como o chefe, elas desdenhassem a falta de graça frugal que se espera ser necessária para sobreviver nesta cumbuca de pó. Passamos por diversos leitos de rios secos.

Já estamos tão longe da estrada principal que não tenho ideia de onde estamos. Isso dá ao terreno ao meu redor uma imensidão repentina. O sol é o amarelo profundo de um ovo caipira, a ponto de sangrar sua gema sobre o céu.

A queda do dia se torna uma batalha. As aves estão entrando em frenesi, voando de forma alvoroçada, insuportavelmente estridentes. O céu resiste uma última vez, despindo sua ubiquidade e competindo com a paisagem pela atenção dos olhos.

Passo algum tempo observando o chefe pela janela dos fundos. Ele não parou de falar desde que saímos. Kariuki está até rindo de verdade.

Está escuro quando chegamos ao clube. Vejo um telhado de palha e quatro ou cinco carros. Não há mais nada por perto. Estamos, aparentemente, no meio do nada.

Saímos do carro.

– Vai encher hoje à noite – diz o chefe. – É fim do mês.

Três horas depois, estou em algum lugar além do bêbado, deslizando por um vasto momento de semissobriedade que parece não ter fim. O lugar está lotado.

Mais horas depois, estou em pé em uma fila de pessoas do lado de fora do clube, um coro de brilho líquido ascendendo, depois indo até o chão, depois aproximando-se. O vazio maleável da imensa noite acima de nós nos incita ao movimento.

Uma música *dombolo* muito conhecida começa a tocar, e uma onda de animação domina a multidão. Este arrepio compartilhado acorda o ritmo em nós, e todos levantamos para dançar. Um cara, com uma perna engessada, está usando a muleta como apoio para dançar, balançando ao nosso redor como uma marionete. Todos os carros ali estão com as luzes internas acesas, enquanto casais fazem o que fazem. As janelas parecem olhos, brilhando excitados enquanto nos assistem no palco.

Todos estão fazendo o *dombolo*, uma dança do Congo na qual os quadris (e só os quadris) devem se mover como um rolamento feito de mercúrio. Para dançá-la corretamente, você move a pélvis de um lado para o outro enquanto a parte de cima do seu corpo permanece tão casual como se você estivesse almoçando com Nelson Mandela. Em qualquer restaurante no Quênia, um ovo frito com a gema para cima é chamado *mayai* (ovos) *dombolo*.

Há anos tenho dificuldade em acertar esta dança. Simplesmente não consigo fazer meus quadris rolarem como deveriam. Até hoje à noite. A bebida ajuda, acho. Decidi imaginar que tenho uma coceira bem fundo em minhas nádegas, e tenho que coçá-la sem usar as mãos ou me esfregar em qualquer coisa.

Meu corpo encontra um mapa rítmico rapidamente, e deixo meus movimentos adquirirem fluência antes de deixar meus membros improvisarem. Todos estão fazendo isso, uma coisa solitária – mas estamos conectados, como uma criatura, em um ritmo.

Qualquer música dombolo tem uma parte em que, após atingir um breve pico de balançar frenético dos quadris, a música para, e deve-se mover o quadril para um lado e parar, aguardando uma explosão de música ainda mais rápida e frenética do que antes.

Quando isso acontece, você deve esticar os braços e fazer umas manobras kung fu complicadas. Ou continuar girando os quadris e descer devagar até o chão, e depois subir novamente. Se assistir uma mulher bem-dotada fazendo isso, vai entender por que mulheres magras frequentemente não fazem sucesso na África Oriental.

Se você me perguntar agora, vou lhe dizer que isso é tudo que importa. Então é por isso que nos movemos assim? Afirmamos um propósito comum; qualquer dúvida sobre os motivos dos outros desaparecem se somos todos partes de um só movimento. Esquecemos, não é, que há outro tempo, além da hora e do minuto? Uma medida humana, passando em nossos corpos, por trás de nossas aparências.

Nossas cascas se abrem e nos derramamos e nos misturamos. Eu me importo tanto com essas coisas que ficam debaixo da complacência do mundo certificado. Talvez eu não esteja falhando; talvez eu tenha algo que possa oferecer, mesmo que apenas pela aprovação daqueles que eu respeito. Tenho vivido da certeza dos outros, tornei-me uma espécie de parasita. Talvez eu possa ajudar as pessoas a verem os padrões para os quais não dão valor. Aleijados podem levantar-se triunfantemente.

Junto-me a um grupo de pessoas que estão falando de política, sentados ao redor de uma grande fogueira lá fora, agrupados para encontrar calor e vida sob a rede pendurada de massa noturna. Alguns deles são estudantes universitários; há um médico que mora na cidade de Mwingi.

Se toda jornada tem um momento mágico, este é o meu. Tudo parece possível. Assim, no escuro, tudo que dizemos parece não ter consequências, a música é forte, e a luz do fogo empresta fraternidade aos nossos corpos.

Política abre caminho para a vida. Por aquelas poucas horas, é como se fôssemos velhos amigos, confortáveis com as feridas e tensões uns dos outros. Conversamos, trazendo as esquisitices de nossa infância para este prato compartilhado.

Os lugares e pessoas dos quais falamos parecem exóticos e distantes nesta noite. Warufaga... Burnt Forest... Mtito Andei... Makutano... Mile Saba... Mua Hills... Gilgil... Sultan Hamud... Siakago... Kutus... Maili-Kumi... o feiticeiro em Kangundo que tem uma loja e compra as unhas dos pés das pessoas; a colina, em algum lugar de Ukambani, na qual as coisas deslizam para cima; meninas de treze anos que ficam perto de bares como este, vendendo seus corpos para enviar dinheiro para casa, ou para cuidar de seus bebês; o político kamba bilionário que foi amaldiçoado por roubar dinheiro, cujas bolas incham sempre que ele visita seu distrito eleitoral; um estranho inseto em Turkana que sobe pela urina morna enquanto você mija, e faz coisas espinhosas impensáveis com sua uretra.

Coisas dolorosas pingam como suor. Alguém confessa que passou um tempo na prisão em Mwea. Ele fala sobre o alívio de ter saído antes de todas as partes elásticas de seu corpo serem desgastadas. Ouvimos sobre o guarda da prisão que pegou AIDS e infectou vários presos deliberadamente antes de morrer.

Kariuki se revela. Ouvimos sobre como ele prefere trabalhar longe de casa porque não aguenta ver seus filhos em casa sem dinheiro para as taxas escolares; sobre como, mesmo que ele tenha um diploma em agricultura, ele tem aceitado trabalhos informais como motorista há dez anos. Ouvimos sobre como sua fazenda de café tornou-se inútil. Ele começa a rir ao contar que viveu por um ano com uma mulher em Kibera, com medo de contatar sua família, porque ele não tinha dinheiro para lhes dar. A mulher tinha terras. Ela o alimentou e o manteve bêbado enquanto ele ficou lá. Rimos e aproveitamos nosso azar, pois somos reais dentro do grupo, e não podemos sucumbir ao caos hoje.

A esposa de Kariuki o encontrou colocando um anúncio na rádio nacional. O filho dele havia morrido. Ficamos em silêncio por um momento, digerindo a informação. Alguém pega a mão de Kariuki e o leva para a pista de dança.

Alguns de nós param para dançar, e retornam para o grupo. Conversamos e dançamos e conversamos e dançamos, sem pensar sobre como seremos estranhos uns para os outros quando o sol estiver no céu, e nossa plumagem for inevitável, e as árvores, de repente, tiverem espinhos, e ao nosso redor um vasto horizonte de possíveis problemas fecha nossas defesas novamente.

As bordas do céu começam a desfiar, uma invasão de malva reluzente. Vejo sombras fora do portão, casais indo para os campos.

Tem um cara deitado na grama, obviamente agonizando, o abdômen duro como um tambor. Ele está suando muito. Fecho meus olhos e enxergo os chifres do bode que ele estava comendo forçando-se para fora de suas glândulas sudoríparas. É óbvio – tão óbvio. Por todo esse tempo, sem escrever uma só palavra, estive lendo romances, e assistindo a pessoas, e escrevendo o que vejo em minha cabeça, encontrando formas para a realidade ao transformá-las em um livro. Isso é tudo que fiz, sempre, fiz tanto, com tanta satisfação. Nunca usei uma caneta – fazia tudo para meu próprio conforto sensorial. Se vou crescer, preciso fazer essas coisas para os outros.

Músicas melancólicas começam a tocar. Kenny Rogers, Dolly Parton. Tento convencer Kariuki e o chefe a irmos embora, mas eles estão presos em um abraço, uivando para a música e nadando em sentimentos.

Começa uma música que me faz insistir para irmos embora.

Em algum momento da década de 1980, uma professora universitária queniana gravou uma música que foi um sucesso estrondoso. O melhor jeito de descrevê-la é como uma multiplicidade de cantos iodelei celebrando os votos de casamento:

Will you take me (falado, não cantado)
To be your law-(iodelei)-*ful wedded wife*
To love to cherish and to (iodelei)
(então, um iodelei gradativamente mais histérico):
Yieeeeei-yeeeeei... MEN!

Daí só mais uns *amens*, e mais iodelei.

É claro, todos esses guerreiros orgulhosos, pilares da comunidade, estão neste momento cantando em uníssono com a música, abraçando-se (garrafas de cerveja seguras nas axilas), e parecendo pesarosos.

Logo as camas neste hotel estarão rangendo, quando alguns destes homens esquecerem a melancolia e procurarem pela juventude perdida nos corpos de jovens mulheres. Estou com medo. Se escrever, e falhar nisto, não sei o que mais poderei fazer. Talvez eu escreva e as pessoas rolem os olhos, porque vou falar sobre sede, e sede é uma coisa sobre a qual as pessoas já sabem, e o que eu vejo são apenas formatos ruins que significam nada.

...

É fim de tarde. A luz do sol pode ser muito rude. Parece que desenvolvi novas lentes encaroçadas sobre meus olhos. Quem colocou areia nos meus olhos? Ai! Kariuki ronca demais.

Em algum lugar, a distância, está acontecendo uma guerra: armas, canhões, cachorras, jipes, e gin e suco.

– Todo mundo dizendo *heeeey*!

O chefe entra no meu quarto, com a aparência de alguém que passou a noite comendo vegetais e massageando o corpo com vitaminas. Isso não é justo.

– Hey, *bwana* chefe.

É minha voz? Tenho a visão trêmula de água, gotas frescas contra uma garrafa gelada, cachoeiras, riachos montanhescos, torneiras, cubos de gelo caindo em um copo. Ah, beber...

– Desculpa pelo barulho, meus filhos gostam demais desta música estranha. Agora, me fale tudo sobre essa história de algodão.

Gosto deste trabalho.

Capítulo Vinte e Um

Há alguns minutos, eu estava dormindo confortavelmente no banco da frente de um Land Rover Discovery. Agora, estou do lado de fora, no frio, com minhas malas, enquanto o oficial de extensão rural que me deu uma carona até aqui vai apressadamente na direção dos confortos noturnos da cidade de Narok. Dirigir à noite nesta área não é uma ideia inteligente. Faz anos que cultivamos trigo e cevada por aqui. Meu pai trabalha aqui para ajudar a pagar as taxas escolares. O trabalho é duro, mas sempre gostei das aventuras em terras maasai. Também sobra muito tempo para ler. Minhas malas estão cheias de livros da biblioteca.

Quando você está viajando por um cenário desconhecido, nos primeiros momentos, seus olhos não conseguem se concentrar em particularidades. Sinto-me esmagado pelo brilho do anoitecer, pelo arrepio do vento em acres ondulantes de trigo e cevada, pela visão de milhas e milhas de espaço livre de cabos elétricos. Meu foco está tão descarrilado que quando volto a mim, percebo, para minha surpresa, que meus pés não estão do chão. O cenário tinha me agarrado com tanta força que por um momento absorveu minha autoconsciência. Ocorre-me que não há prova mais clara da subjetividade (ou seletividade) de nossos sentidos do que momentos como este.

Ver é, quase sempre, apenas perceber.

Lâminas de frio estão cortando minhas narinas. O silêncio, após o barulho sem trégua do carro, é tão pegajoso quanto teias de aranha, tão intrusivo quanto o mais alto dos ruídos. Quero arrancá-lo dos meus tímpanos.

Estou em terras maasai.

Não as terras maasai da televisão. Estamos no alto, nas Colinas Mau. Não há pastos ondulantes, leões ou acácias aqui; há florestas, florestas montanhosas trançadas de forma impenetrável, dominadas por bambu. Em seu interior, há elefantes, que saem à noite e deixam enormes panquecas de merda na estrada. Quando eu era criança, costumava pensar que os elefantes, como os gatos, usavam estradas empoeiradas como papel higiênico, apoiando os quadris no chão e inclinando-se para frente nas patas dianteiras.

O ar frio é irritante. Quero inspirar, sugar umidade montanhosa do ar, o cheiro de acácia e esterco – mas o processo dói demais. O que as pessoas fazem em lugares realmente frios? Elas têm algum tipo de Sensodyne nasal?

Vejo nosso velho trator Massey Ferguson subindo uma colina distante. Eles estão vindo me buscar.

Alívio. Receberam minha mensagem.

Uma semana depois, estou em um trator, congelando, enquanto vamos para o acampamento, de volta dos campos de trigo. Estamos supervisionando a pulverização do trigo e da cevada nos campos dispersos arrendados por meu pai.

Não há muito o que fazer aqui à noite, nenhum pub escondido na selva de bambu. Nem é possível andar livremente à noite porque lá fora está cheio de urtigas. Vamos para a cama às sete para vencer o frio. Escuto histórias sobre sapos que se escondem debaixo da cama e se transformam em mulheres bonitas, que são armadilhas. Escuto histórias sobre motoristas de tratores lendários – pessoas que conseguiriam transformar o pico pontudo do Monte Kilimanjaro no afro da Lauryn Hill.

Escuto sobre os maasai fora do nosso acampamento, tão perto e tão longe de nós. Escuto sobre fulano de tal, que ganhou duzentos mil xelins pela cevada cultivada em suas terras, e como ele foi para as favelas de Majengo em Nairóbi, deixando esposa e filhos para trás, para viver com uma prostituta por um ano.

Quando o dinheiro acabou, ele descartou seu terno, chaleiras e panelas e móveis. Enrolou-se em um cobertor e foi para casa, assobiando alegremente por todo o caminho.

Mais do que tudo, escuto histórias sobre Ole Kamaro, nosso senhorio, e sua esposa Milka.

Baba cultiva trigo e cevada nessa área desde que eu era criança. Por todo esse tempo, arrendamos uma parte das terras de Ole Kamaro para guardar nossos tratores e para acampar. Conheci Milka quando ela se casou com Ole Kamaro. Ela era sua quinta esposa, treze anos de idade. Ele estava muito orgulhoso dela. Ela era filha de um grande chefe de perto de Mau Narok. Mais importante, ela sabia ler e escrever. Ole Kamaro comprou-lhe um rádio de bolso e a fez segui-lo com uma caneta e um lápis por todos os lugares, tomando notas.

Lembro de ter ficado horrorizado com o casamento. Ela era tão jovem! Minha irmã Ciru tinha oito anos e elas brincaram juntas um dia. Naquela noite, Ciru teve um pesadelo no qual Baba a vendia para Ole Kamaro em troca de cinquenta acres de terra.

Alguns anos de estudo foram suficientes para dar a Milka uma ideia clara dos princípios básicos de empoderamento. Ole Kamaro já tinha deixado suas outras esposas quando ela chegou aos dezoito anos.

Milka alugou as terras dele para as Cervejarias do Quênia e abriu uma conta bancária, para onde ia todo o dinheiro. Ocasionalmente, ela dava dinheiro ao marido. Sempre que ele estava fora, ela se reunia com seu amante, um jovem lojista gikuyu rico vindo do outro lado da colina que supria itens essenciais como sabonete, fósforos e parafina.

Milka é a presidente local da Liga de Mulheres do KANU e assim permanece invulnerável à censura dos elementos conservadores da área. Ela também tem um negócio próspero, curando couros e os bordando elaboradamente com contas para o mercado turístico do parque Mara. Ao contrário da maioria das mulheres maasai, que desdenham o cultivo, ela tem uma próspera horta com milho, feijão e outros vegetais. Ela não levanta um dedo para cuidar disso. Parte da cooperação que esperamos dela como senhoria depende de nosso pessoal cuidar de sua horta.

...

Algo interessante vai acontecer hoje e os motoristas estão nervosos. Sang conta sobre uma tradição entre os maasai: as mulheres são liberadas de todos os deveres domésticos por alguns meses após o parto. Elas podem dominar a terra e reivindicar qualquer amante que escolherem. Por alguma razão, eu não entendo muito bem, tudo isso acontece em uma determinada época, e essa época começa hoje. Fui avisado para manter distância de grupos de mulheres andando por aí.

Estamos voltando do trabalho. Estou sentado com o resto do pessoal na carreta atrás do velho trator Massey Ferguson que usamos para transportar suprimentos e trabalhadores. Chegamos ao topo, viramos para descer, e lá estão elas, lideradas por Milka, uma tropa de cerca de quarenta mulheres marchando em nossa direção vestidas com suas melhores roupas tradicionais.

Milka está imperial e linda em sua capa de couro bordada, *khanga* vermelha amarrada na cintura. A *khanga* é estampada com um galo gigante, nas cores do partido do presidente. Milka é, afinal de contas, a líder da Liga de Mulheres do KANU. Este é seu vestido cultural. As cores festivas em panos retangulares idênticos que antes eram a vestimenta swahili tradicional, e agora haviam adentrado todo o Quênia. Em torno disso tudo há anéis, colares e brincos. Porque Milka é responsável pela Liga de Mulheres do partido, ela é a líder de todas as mulheres locais. Ela também é uma líder cultural. Há uma mulher velha entre elas; deve ter setenta anos e está gargalhando de alegria. Ela tira o pano e exibe os seios, que parecem meias velhas.

Mwangi, que está dirigindo, para e tenta dar a volta, mas a estrada é estreita demais: de um lado está a montanha, e do outro, um vale bocejante. Kipsang, que está sentado na carreta comigo, grita, "Aiiii. *Mwangi bwana*! NÃO PARE!".

Parece que a tradição dos anos 90 envolve homens fazerem doações para a Liga de Mulheres do KANU. Você pode pensar que é um pedido bastante inocente, mas a quantia nessas doações deve satisfazê-las ou elas irão despi-lo e fazer coisas indizíveis com seu corpo.

Então saímos a toda velocidade. As mulheres estão firmes no meio da estrada. Não podemos desviar. Paramos.

Então Kipsang salva nossas peles jogando um monte de moedas na estrada. Eu jogo algumas notas, e Mwangi (reconhecido nas terras maasai por sua mesquinhez) esvazia os bolsos, atirando notas e moedas. As mulheres começam a juntar o dinheiro, o trator ruge de volta à ação e nós passamos por elas.

Fico com a imagem de uma senhora idosa desdentada se jogando para evitar o trator. Então ela se levanta e olha para nós, rindo, os seios batendo como uma bandeira de vitória.

...

Estou na cama, ainda em terras maasai.

Pego o *World Almanac and Book of Facts 1992* do meu pai. A seção de linguagem tem palavras novas, confirmadas por fontes tão impecáveis quanto a *Columbia Encyclopedia* e o *Oxford English Dictionary*. A lista parece um televendas americano: *jazzercise, assertiveness training, bulimia, anorexic, microwavable, fast-tracker*.

As palavras afundam em mim. A América é a líder de torcida. Eles rodam o bastão e nós seguimos. Há uma palavra lá, *skanking*, descrita como "um jeito de dançar o reggae nas Índias Ocidentais, em que o corpo se inclina para a frente pela cintura e os joelhos são elevados e as mãos agarram o ar de acordo com a batida; dançar desse jeito".

Tenho uma breve visão de nós em quarenta anos, em algum estúdio de dança genérico. Estamos praticando para campeonatos seniores, em um Quênia formatado e grande, onde o trabalho digeriu a todos, usando sorrisos de plástico em nossos rostos enquanto atravessamos a sala, contando cada passo como bons alunos. O instrutor verifica o movimento: ombros para cima, braços para baixo, mova-se assim, mova-se assado: Agarre, *baby*. Agarre! De acordo com a batida, dançando desse jeito.

. . .

Langat e Kariuki não sentem mais constrangimento ao meu redor e estão falando sem parar sobre Milka.
— Huh! Ela tinha dez mil xelins e eles foram e ficaram em um hotel em Narok por uma semana. Ole Kamaro teve que encontrar uma mulher para cuidar das crianças!
— Hai! Ela senta nele!
A conversa deles serpenteia lentamente, sem direção — só conversa, só conexão, e sinto aquela faixa firme do tempo se soltar, a ansiedade de perder tempo desaparece, e sou um vácuo glorioso por um tempo, apenas permitindo que o que chega à minha mente chegue à minha mente, então o sono chega à minha mente aberta.

. . .

Ole Kamaro vai matar uma ovelha hoje.
Sentamos todos na grama entre os dois campos. Ole Kamaro termina com a ovelha rapidamente e me oferece o rim fresco para comer. O sabor é surpreendentemente bom: calor escorregadio, uma limpeza orgânica.
Ole Kamaro me apresenta a sua cunhada, Suzannah, e conta orgulhosamente que ela está no ensino médio. Irmã de Milka. Eu a vi esta manhã olhando para mim da pequena janela em sua *manyatta*. Desconcertante no início, um olhar tipicamente maasai, sem constrangimento, sem medo de ser vulnerável. Então ela percebeu que eu a tinha visto, e seus olhos se estreitaram e se tornaram atrevidos — atrevidos de um jeito esperto, como uma garota do Eastlands em Nairóbi.

Os seios dela são pontudos, balançando dentro de uma camiseta, indiferentes ao efeito que causam.

Então agora estou confuso sobre como me aproximar dela. Deve ser com educação exagerada, como é tradicional, ou casual descolado, como seu segundo comportamento pedia? Eu teria escolhido a segunda opção, mas o tio dela está de pé ao nosso lado, ansioso.

Ela responde abaixando a cabeça e desviando o olhar. Estou tão envergonhado que dói. Peço a ela que me mostre onde eles curtem o couro.

Escapamos, com certo alívio.

– Então, qual sua escola?

– Ah! St. Teresa's Girls, em Nairóbi.

– Milka é sua irmã?

– Sim.

Ficamos quietos por um tempo. Foi um erro falar em Inglês. Onde sou fluente, ela é artificial. Troco para Swahili, e ela se derrama como outra pessoa, falante, agressiva. Uma pessoa que deve ter uma camiseta do Tupac escondida em algum lugar.

– Ahh! É muito entediante aqui! Não tem ninguém para conversar! Espero que Milka volte logo para casa.

Ainda estou surpreso. Como ela é ousada e animada, falando Sheng, uma linguagem de rua muito moderna que mistura Swahili e Inglês e outras línguas. Aqui, tão longe do Quênia de estradas e ferrovias.

– Por que você não foi com as mulheres hoje?

Ela ri. – Não sou casada. Ha! Com certeza elas se divertiram! Estão bebendo muratina em algum lugar, com certeza. Mal posso esperar para casar.

– Então, você usa pomada, Suzannah?

Ela fica vermelha e ri.

– *Kwani*? Você não quer ir para a universidade e tudo mais?

– Talvez, mas se eu casar com o cara certo, a vida vai ser boa. Veja a Milka. Ela é livre, faz o que quer. Os homens velhos são bons. Se você os alimenta e lhes dá um filho, eles deixam você em paz.

– Não vai ser difícil fazer isso sem ser circuncidada?
– *Kwani*, quem disse que não sou circuncidada? Fui ano passado.
Fico chocado, e é aparente. Ela ri.
– É! Quase me caguei! Mas não chorei!
– Por quê? *Si*, você podia ter se recusado.
– Ai! Se eu tivesse recusado, minha vida estaria acabada. Não há lugar aqui para alguém assim.
– Mas...

Interrompo a mim mesmo. Sinto que este é seu acordo – para viver duas vidas fluentemente. Como acontece normalmente com as razões para a fé e as escolhas das pessoas, tentar discutir seria inútil. Como maasai, ela consideraria meus argumentos ridículos.

Em Sheng, não tenho como trazer o assunto de forma diplomática; em Sheng, ela só consegue apresentar a situação com uma bravata afiada, porque é humilhante. Não conheço nenhuma maneira para discutirmos isso em Inglês com sucesso. Se há uma cortesia praticada por todo queniano, é não questionarmos as contradições uns dos outros; todos temos alguma, e humilhar outra pessoa é um sacrilégio. Se os sul-africanos preenchem os vazios em suas realidades construindo uma base política forte, nós passamos muito tempo fingindo que nossas contradições não existem. Ser algo novo na África do Sul é normal. Sabemos que estamos sentados no topo de um edifício que está apodrecendo; morremos de medo de questionar qualquer coisa profundamente. No Quênia, não há nada de errado em ser o que você não é; mas seja bem-sucedido. Quase todas as piadas quenianas são sobre pessoas que pensavam que haviam tido sucesso na criação de uma nova personalidade, mas acabaram ridicularizadas. Suzannah conhece bem as próprias faces. Conversamos durante toda a tarde.

...

Passo dias inteiros observando a colheitadeira funcionar, acres e acres de trigo seco sugados, esmagados e cagados em grãos.

Weetabix is unbeatabix. Leio livros ao sol, agora no topo da já conhecida escarpa, olhando de cima os flamingos de Nakuru, Amigos Disco, sonhos e conversas na distância. Ajudo a ensacar os grãos e costurar os sacos, seguindo o exemplo dos operários.

Estou começando a anotar meus pensamentos, a escrever esses momentos. É quando tudo está feito que faço o que faço melhor. Olho para cima, confuso e com medo, todo acordeão com *kimay*; então mergulho nos padrões seguros de outras pessoas, e vivo minha vida os pegando emprestado; então recuo – por razões que desconheço – para olhar para baixo, para dentro da segurança dos livros; e levanto meus olhos novamente para as pessoas, e faço delas meu próprio tipo de padrão confuso.

Não sou uma flecha afiada voando na direção do sucesso corporativo. Chegou a hora de tentar encontrar algum sentido nas coisas em páginas escritas. Ao menos lá elas podem ser formatadas. Questiono a mim mesmo no momento em que penso isso.

Capítulo Vinte e Dois

É agora. O Natal de 1995 está chegando. Em janeiro começa um novo semestre. Decidi voltar para a África do Sul e tentar terminar meu curso. Se conseguir focar o bastante por apenas um ano, faço todas as matérias que faltam. Não posso começar de novo. Tenho estado bem nos últimos meses, tão bem que é difícil explicar para mim mesmo por que estive tão... incapaz. Estou nervoso. Não sei o que farei se começar a falhar novamente. Mas antes, estamos a caminho de Uganda, pela estrada, para o aniversário de casamento dos meus avós. A viagem pelas Colinas Mau, passando pelo Vale do Rift e na direção de Kisumu me deixa entediado. Faz dez anos desde a última vez em que estive aqui, mas meu objetivo é estar em Uganda. Chegamos em Kampala às dez horas da noite. Estamos na estrada há mais de oito horas.

Mamãe me perguntou se sinto que estou pronto para voltar aos estudos. Respondi que sim. "Tem certeza?". Ela estava me olhando de frente. Não hesitei. "Estou pronto, Mamãe", disse. Ela sorriu.

Esta é minha primeira visita a Uganda, uma terra de mistérios para mim. Cresci com seus mitos e lendas e horrores, narrados com a intensidade que só exilados conseguem expressar. Esta é a primeira vez que meus avós terão todos os filhos e a maioria dos netos juntos em casa; estão esperando mais de cem pessoas.

Minha mãe – e os muitos parentes e amigos que já nos visitaram – encheu minha imaginação com histórias incríveis sobre Uganda. Ouvi sobre como você tinha que se arrastar sobre a barriga para ver o *kabaka*; sobre como o rei tutsi em Ruanda (que tinha dois metros de altura) recebeu uma bicicleta como presente e, já que não podia tocar o chão (por ser rei e tudo mais), era levado para todo lugar em sua bicicleta, por seus servos.

Aparentemente, no antigo reino de Ruanda, as mulheres tutsi não deviam se esforçar ou danificar sua beleza de forma alguma. Algumas mulheres tinham que ser alimentadas pelos servos hutus e não saíam das cabanas por medo de se queimar no sol.

Ouvi sobre uma viagem que meu avô fez quando jovem, com um tio, na qual foi confundido com um servo hutu e levado para dormir com as cabras. Alguns dias depois, o tio perguntou por ele, e os anfitriões ficaram constrangidos em confessar que não sabiam que ele era "um de nós".

Este foi um ano de avanços conflitantes para a África. Este é o ano em que sentei em um bar na Cidade do Cabo durante a Copa do Mundo de Rúgbi que aconteceu lá e vi os sul-africanos se reaproximarem antes de acabar com a Nova Zelândia. Mandela, vestindo uma camisa de rugby número 6, conseguiu derreter, por uma noite, toda a hostilidade que dominava o país desde que ele havia saído da prisão. Os negros, tradicionalmente apoiadores dos All Blacks, abraçaram os Springboks com entusiasmo. Por apenas uma noite, a maioria dos sul-africanos sentiu uma nacionalidade compartilhada.

É o ano em que voltei para minha casa, o Quênia, para encontrar pessoas tão além do cinismo que lembravam de seus dias cínicos com carinho.

Uganda é diferente. Este é um país que não só chegou ao fundo do poço em que os países às vezes caem, como também cavou esse fundo e caiu de novo e de novo, e agora se reconstruiu e varreu o ódio. Este país me dá esperança de que este continente não é, no fim das contas, incontinente.

Este é o país que eu costumava associar com bananeiras, reinos antigos e elegantes, Idi Amin, decadência e desesperança. É uma associação que fiz quando criança, quando as paredes de nossa casa destilavam e vazavam sussurros de horror sempre que um parente ou amigo da família visitava, fugindo dos crocodilos literais e metafóricos de Amin.

Estou bastante chateado por as famosas sete colinas de Kampala não serem tão claramente definidas como eu imaginava que seriam. Sempre tive uma visão infantil de uma cidade grandiosa cheia de parafernália monárquica. Esperava ver pessoas elegantes vestidas com roupas esvoaçantes, carregando cestas sobre as cabeças e andando arrogantemente pelas ruas cheias de cheiro de banana assada e de intelectuais de um sonho dos anos 60, sacudindo as ruas com sua retórica afrocentrada.

Imagens formadas na infância conseguem ser mais do que apenas teimosas.

A estética da realidade é melhor. Kampala parece desorganizada, cheia de buracos, má administração e caos. É o tipo de cidade africana que tanto horroriza o Ocidente em todos nós. A verdade é que é uma cidade lotada de empreendedorismo. Vejo sorrisos, o brilho da pele e dos dentes saudáveis; sem pessoas ociosas à toa e maquinando planos em cada esquina. As pessoas não andam com paredes em torno de si como fazem em Nairoubo.

Por toda parte, há um frenesi de construção. Um cobertor de tinta está lentamente caindo sobre a cidade, então ela parece um daqueles anúncios da Smirnoff em que coisas inanimadas são sopradas para dentro do Technicolor pelo arroto sagrado de mais ou menos de 40% de álcool transparente.

É úmido e quente, e as bananeiras flertam com você, balançando suavemente como ventiladores, oferecendo um frescor que nunca se materializa.

Tudo tem um cheiro almíscar, como se vapor espesso e suave subisse de um caldo. As plantas são enormes. Mamãe me disse uma vez que, viajando em Uganda nas décadas de 1940 e 1950, se você estivesse com fome, podia simplesmente entrar em uma plantação de bananas e comer o quanto quisesse. Não precisava pedir permissão a ninguém. Mas não podia levar nem uma única banana deformada da plantação.

...

Temos uma reserva na hospedaria católica em Kampala. Assim que largo minhas coisas na cama, ligo para um velho amigo da escola, que promete me buscar.

Musoke chega às seis e vamos procurar comida. Passamos pelo famoso Hospital Mulago e entramos na cidade. Ele pega uns amigos e vamos a um bar chamado Yakubu's.

Pedimos cervejas e muitas *bruschettas* de porco assado, e sentamos no carro. As *bruschettas* são deliciosas. Gosto muito, peço mais. Cerveja Nile é ok, mas não chega perto da Tusker do Quênia.

O sol se afoga repentinamente, e escurece.

Vamos para a estrada, na direção de Entebbe. Nos dois lados da rodovia, pessoas construíram casas frágeis. Bares, lojas e cafés ladeiam a estrada por todo o caminho. Muitas pessoas estão do lado de fora, especialmente adolescentes, com hormônios em chamas, nuvens de fumaça cercando seus rostos agrupados. Ainda está quente lá fora; lâmpadas de parafina iluminam as fachadas de todos esses lugares.

Viro para Musoke e pergunto:

– Podemos parar em um desses pubs e tomar uma cerveja?

– Ah! Espere para ver onde estamos indo. É muito melhor do que este buraco!

– Tenho certeza que sim, mas, sabe, talvez eu nunca tenha a chance de beber em um pub de Entebbe de verdade, não aqueles lugares burgueses. Vamos, eu pago uma rodada

Palavras mágicas.

O lugar é encantador. Os ugandenses parecem ter um jeito de tornar as coisas elegantes e confortáveis, independentemente da renda. O universo ético do passado é forte aqui neste país que é mais católico, anglicano e muçulmano do que o Quênia. Ao mesmo tempo, aqui os antigos reinos e suas instituições ainda estão vivos.

É estranho como as coisas mudam. Uganda era o bicho papão da minha infância, e agora o Quênia está cambaleando, e ugandenses em todos os lugares me perguntam o que há de errado conosco.

. . .

Durmo no caminho de Kampala para Kisoro.

De Kisoro, começamos a viagem para St. Paul's Mission, Kigezi. Ciru está sentada ao meu lado. Ela veio da África do Sul e nos encontrou em Entebbe. Chiqy foi para Uganda antes e está aproveitando ao máximo sua vasta experiência para bancar a guia turística adulta. Na idade dela, descolado é deus.

Tenho a estranha sensação de que somos fantoches em alguma história de Natal. É como se uma artesã de cestas estivesse escrevendo esta história em uma linguagem artesanal, apertando as cordas de papiro a cada poucos minutos, e se recusando supersticiosamente a revelar o final – mesmo para si mesma – até dar o último nó.

Agora estamos nas montanhas. A estrada sinuosa e o papiro denso dos vales parecem me entrelaçar cada vez mais na cesta da artesã fictícia. De vez em quando, ela puxa as cordas para apertar.

Levanto os olhos e vejo a última meia hora de estrada serpenteando ao longo da montanha acima de nós. Estamos na cordilheira de Bufumbira agora, passando por Kigaland a caminho de Kisoro, a cidade mais próxima da casa da minha mãe.

Há uma característica estrangeira neste lugar. Não está de acordo com nenhuma topografia africana com a qual eu esteja familiarizado. As montanhas são íngremes e lembram cones de sorvete invertidos. A enxada domesticou cada centímetro delas.

É incrivelmente verde.

No Quênia, *verde* é o melhor elogio que alguém pode dar à terra: verde é escasso, verde é riqueza, verde é fertilidade.

O verde de Bufumbira não é um verde tropical, não tem almíscar quente, como Buganda; também não é o verde intenso da savana queniana, aquele verde que dura dois meses e que comprime todos os elementos da vida – milhões de gnus e zebras, grandes carnívoros fazendo banquetes durante as chuvas, aragem e plantio frenéticos e leitos de rios secos soterrados por solo e água manchada de sangue. Nairóbi subaquática.

Não é o verde de grande desperdício e grande recompensa que meu país conhece. Não é a nação protestante que doma e salva que o Quênia está tentando se tornar. Esta é uma nação católica – ritual e formato importam mais.

Este é um verde montanhoso, fresco e duradouro. Rios e lagos ocupam o decote das muitas montanhas que nos cercam.

Mamãe parece quase estrangeira agora. O sotaque Kinyarwanda está mais forte e o rosto não está tão discreto como de costume. Sua beleza, tão exótica e chamativa no Quênia, aqui, parece em casa. Ela não se destaca mais; ela pertence. O resto de nós parece turistas.

A viagem continua, e um entendimento de onde estamos começa a penetrar em mim. Não estamos mais na história de Buganda, de Idi Amin, dos *kabakas*, guerra civil, Museveni.

Estamos agora nos arredores do teatro onde os hutus e tutsis vêm se apresentando para a mídia mundial. Minha mãe sempre se descreveu como uma mufumbira, uma que fala Kinyarwanda. Ela sempre disse que há muito inventado sobre as diferenças entre tutsis e hutus, que eles são, na verdade, mais parecidos do que diferentes. Ela insiste que é bufumbira, fala Kinyarwanda.

– Esqueça o resto – diz.

Tenho apenas uma lembrança do pai do meu pai, Guka. Estamos sentados do lado de fora de sua casa preta de madeira e ele está sentado em uma cadeira, vestindo um paletó preto, alto, magro e escuro, com manchas de carvão em volta dos grandes olhos oblíquos, como os de Jimmy. As juntas se destacam em seus longos dedos e ele tem a testa longa de todos os Wainaina, todos os primos, todos seus doze filhos. As entradas do cabelo têm o formato de W que todo mundo, exceto eu, tem.

Estou sentado em seu joelho pontudo e ele me diz que vai a Nakuru nos visitar.

No mesmo ano, no aniversário de Jimmy, estamos reunidos no quarto de Baba e Mamãe de manhã, para abrir presentes. Os presentes sempre ficam no porta-malas do carro de Baba. O telefone toca. Guka está morto. A mãe de Baba, minha avó, morreu em 1963, e falar sobre ela sempre o deixa triste. Eu nunca a conheci.

. . .

Pergunto à minha mãe onde fica a fronteira com Ruanda. Desta colina alta, podemos ver Congo e Ruanda. Mamãe aponta para a fronteira, onde o Monte Muhavura, um enorme cone de sorvete invertido, fica acima de todas as outras montanhas, como algo saído de um livro de ficção científica. Os países são mais próximos do que eu pensava. Talvez seja isso que torna essa reunião tão urgente. A vida tem urgência quando está perto da morte. Não há grama mais bonita do que as folhas que crescem após a primeira chuva.

Na década de 1960, quando o pai de Mamãe, meu avô, se aposentou, ele escreveu a genealogia da família. Ele sabia seus ancestrais voltando nove gerações: Sserubabaza, filho de Mbayiki, filho de Bidudu, filho de Mutiamwa, filho de Ruhetsi, filho de Biraro, filho de Masunzu, filho de Rubunga, filho de Nzogoma.

Ao entrarmos na área florestal, amoleço com o cheiro e o dossel da vegetação montanhosa. Junto-me à conversa no carro. Ultimamente, tenho me sentido constrangido ao demonstrar meu jeito sonhador e distraído.

Eu costumava passar horas olhando pelas janelas de carros, criando grandes batalhas entre batalhões de nuvens. Existe uma conspiração para me trazer de volta à Terra, para que eu seja mais prático. Meus pais estão defendendo essa causa com pouca sutileza, conscientes de que meu tempo com eles é limitado. Baba quis saber se tenho um problema com drogas. Preciso acreditar que estou entrando em uma estrada difícil até o sucesso pessoal quando sair de casa. Viajar por nuvens é bom e confortável quando você tem controle sobre os desembarques. Eu nunca tive. Preciso viver, não sonhar com viver.

Sentamos há alguns dias, Baba e eu, na sala de jantar, com o manual da universidade para falar sobre meu curso. Fizemos um acordo. Preciso fazer apenas três disciplinas para me formar, se mudar meu curso de Economia para Administração. O plano é simples. Vou voltar e terminar, aguentando firme até que esteja feito. Vou manter as coisas simples. Só acredito que consigo fazer isso porque não consigo olhar para eles e dizer que não vou. Há meses que estou bem. É difícil imaginar estar perdido de novo. Não falo nada sobre as histórias que estou escrevendo. Baba se aposenta este ano. Não posso falhar.

...

Mamãe é tataraneta de um homem chamado Bidudu e sua esposa Nyabijana. Nyabijana deu à luz apenas filhas e isso deixou Bidudu muito frustrado. Quando ele finalmente teve um filho, chamou-o de Bisanukuli, que significa "desta vez parece ser a verdade".

Bisanukuli também era chamado de Rukara – que se refere a um tom muito escuro de pele negra. As pessoas aqui acreditam que aqueles nascidos com a pele mais escura são os que se tornam verdadeiramente *"infura"* – pessoas com um grande coração, pessoas que são lembradas por gerações por atos de graça, coragem e sabedoria, para que a memória de suas vidas sirva de valor para as novas gerações.

Bisanukuli manteve ambos os nomes e era chamado pelos dois pelas pessoas. Rukara, no entanto, era o mais formal.

Bidudu era um homem rico, com muitos súditos, servos e um grande rebanho de gado, chamado *"Akatabuze"*. Ele amava viagens e aventuras. No final de 1800, durante a terceira dinastia do Reino de Ruanda, no reinado do Rei Rwogerase wa Rwabugiri, Bidudu mudou seu povo de um lugar chamado Nduga, no que hoje é Ruanda, para esta localização, nas montanhas de Bufumbira. Ruanda é um reino antigo. O primeiro rei, Mwami Ndahiro, começou a reinar no século XII.

Para Bidudu, Ruanda não tinha fim – ele acreditava que Ruanda só terminava onde "o céu era suportado por pilares". Onde quer que fosse, a pessoa mantinha sua cidadania.

Quando Bidudu desembarcou aqui, em Bufumbira, Nyabijana deu à luz o segundo filho, Mbayiki.

Mbayiki e sua esposa Nyiramivumbi tiveram gêmeos: Sserubabaza, meu bisavô, e Bujunjuri.

Mbayiki foi envenenado e morreu jovem.

O quinto filho deles foi Rwirahira.

Quando criança, Rwirahira gostava de misturar a comida no prato. A família o apelidou de Binyavanga, que tem algo a ver com misturar as coisas. O nome pegou. Ele foi o primeiro da família a ser batizado e se unir à igreja católica, o primeiro a ir à escola. Tornou-se um dos primeiros professores nesta parte do país.

Binyavanga tinha trinta anos quando foi batizado como católico. Ele adotou o nome Cosma e foi um dos primeiros professores do distrito Kigezi. Em 1935, casou com uma mulher do clã Abagyesera chamada Modesta Kamondo, de Bunagana, no que é, hoje, o Congo. Binyavanga e Modesta tiveram doze filhos.

Sua filha Rosemary, a bela, também era uma viajante. Ela se casou no Quênia. Seu segundo filho, de acordo com o costume do marido, chamou-se Binyavanga, em homenagem ao avô materno. Meu avô está surpreso que eu me chame Binyavanga. Não é assim que seu povo dá nomes. É uma ideia estranha para ele – que o filho de sua filha leve seu nome. Ele não sabe como este jovem é misturado.

Entre nós, gikuyus, o nome é uma espécie de destino. Você ouve mulheres chamando seus filhos de Papai, ou as filhas de Mamãe – dito muitas vezes, você cresce vendo-se à imagem de quem seu nome homenageia. Mas não conheço meu avô. Não falo sua língua. Ser Binyavanga é exótico para mim também – algum tipo de imaginário ugandense reside em mim, um que me impede de reivindicar, ou de ser admitido sem hesitação, como inquestionavelmente pertencente aos gikuyu.

...

Estamos em Kisoro, a principal cidade do distrito, percorrendo as estradas entre as casas de pessoas. Estamos indo em direção à casa do tio Kagame. Tenho uma visão confusa de um produtor de filmes sobrenaturais retardando a ação antes do clímax, examinando pequenos detalhes em vez de grandes cenas. Vejo um narrador na quinta dimensão dizendo: "E agora nosso filme de Natal: uma história tocante sobre a reunião de uma família dilacerada pela guerra civil e o genocídio em Ruanda. Este filme é patrocinado por Sobbex, lenços para todas as ocasiões" (repetido em Zulu).

Minha avó me abraça. Ela é muito magra e sinto que vai quebrar. Sua elegância me cerca e sinto um forte desejo de penetrar em seus segredos, enxergar com seus olhos. Ela é uma mulher quieta, e inflexível, até mesmo taciturna, e isso lhe dá um carisma poderoso. Coisas não ditas. A semelhança com minha mãe é forte.

Meu avô está chorando e rindo, exclamando quando ouve que Chiqy e eu recebemos nossos nomes em homenagem a ele e sua esposa (Kamanzi e Binyavanga). Bebemos *rgwagwa*, vinho de banana misturado com mel. É delicioso, defumado e seco.

Ciru e Chiqy estão sentadas ao lado de minha avó. Jim não conseguiu vir; ele tem um novo emprego. Consigo entender porque meu avô foi um professor lendário.

À noite, nos dividimos em vários grupos etários e começamos a criar vínculos. Dos primos, Manwelli, o mais velho, é nosso líder não oficial. Ele trabalha para o Banco Mundial.

Tia Rosaria e sua família são o presente da cerimônia. Foram dados como mortos durante a guerra em Ruanda, e se esconderam por meses no porão, ajudados por um amigo que forneceu comida.

Todos sobreviveram; eles andam por aí com uma expressão que é mais comum em crianças – deleite, pura alegria de viver.

Os três filhos da tia Rosaria passam cada minuto agitados pela emoção de estarem vivos. Eles dançam a qualquer hora, às vezes até quando não há música. À noite, nos espremmos na varanda, olhando para o Congo, e eles nos entretêm com suas rotinas de *stand-up* em Francês e Kinyarwanda, a força de seu humor fazendo-nos rir.

Manwelli traduz uma apresentação para mim. Eles estão imitando uma mulher tutsi vaidosa que está grávida e ajoelhada, fazendo um apelo a Deus. "Oh, por favor, meu Deus, faça minha filha ter dedos longos e um espaço entre os dentes; faça-a ter um nariz reto e ser aaaalta. Oh Senhor, faça-a não ter um nariz de hutu. Oh, por favor, eu serei Sua serva fiel".

A maior decepção até agora é que minha tia Christine ainda não chegou. Ela mora com a família em Nova York desde o início dos anos 70. Todos sentimos sua ausência intensamente, já que foi ela que nos instigou há tantos anos a nos reunirmos para esta ocasião a qualquer custo.

Ela, minha tia Rosaria e Mamãe são as tias mais velhas, e eram muito próximas quando jovens. Elas falam com frequência ao telefone, especialmente durante os muitos meses em que tia Rosaria e sua família viveram com medo em seu porão. A família passou por muita coisa ao longo dos anos. Apesar de serem muito próximos, não estiveram juntos desde 1961. Vistos, guerras, fronteiras fechadas e mil vitórias do caos os separaram. Estamos todos ansiosos por sua reunião.

...

Quase não falei com minha mãe nos últimos dias. Eu a encontro no quarto da minha avó, tentando, sem muito sucesso, fazer com que ela relaxe e deixe que as muitas filhas e netas façam o trabalho.

Tenho observado Mamãe de longe. No começo, ela estava um pouco distante, mas agora tem fluência em tudo e parece afastada da mãe queniana que conhecemos. Não consigo superar a visão dela corando enquanto minha avó atirava instruções em sua direção. Como são parecidas.

Quero conversar mais com ela, mas decido não ser egoísta, para não parecer que estou tentando demonstrar que ela é minha. Teremos tempo suficiente no caminho de volta. Ela parece distraída ultimamente, menos enfática do que sempre foi. Perdeu peso e se cansa com facilidade. Digo a mim mesmo que ela está envelhecendo.

Tenho tentado conversar com meu avô, perguntar a ele sobre a história de nossa família. Ele me olha perplexo quando o encurrá-lo, como se perguntasse: você não pode só relaxar e festejar? Ele deve estar se perguntando por que esse neto queniano tanto se incomoda. Ontem à noite, brindou a todos nós antes de dançar uma música de rap gospel que minha prima Laura trouxe de Kampala. Tentou fazer minha avó se juntar à dança, mas ela entrou no quarto e trancou a porta.

Gerald está ficando muito preocupado que quando todos formos embora, eles acharão tudo muito quieto. Nos apressamos na direção do Natal. A bebida flui, rezamos, conversamos e nos conectamos debaixo do farfalhar noturno das folhas de bananeira. Estou cheio de mágica e sucumbo às massas. Em dois dias, nos sentimos como uma família. Em Francês, Swahili, Inglês, Kiku, Kinyarwanda, Kiganda e Ndebele, cantamos uma só música, uma infinidade de passaportes na bagagem.

No amanhecer de 24 de dezembro, fico fumando na plantação de bananas à beira da colina do meu avô e vejo a névoa desaparecer. Tio Chris vem caminhando e se junta a mim.

Pergunto: – Alguma notícia da tia Christine?

– Parece que não vão conseguir chegar. Manwelli tentou entrar em contato com ela, sem sucesso. Talvez ela não tenha conseguido um voo de Nova York. Aparentemente o tempo está horrível lá.

O dia é cheio de trabalho duro. Meus tios convenceram meu avô de que era necessário abater outro boi, porque a carne está se esgotando. Haverá uma cerimônia religiosa na sala de estar da casa do meu avô no final do dia.

A cerimônia começa e saio correndo da sala, me oferecendo para descascar batatas do lado de fora. Mais ou menos na metade, vejo alguém subindo a colina, cambaleante, com a mala na mão e enlameada até os tornozelos. Demoro um instante para adivinhar. Corro até ela e digo qualquer coisa. Nos abraçamos. Tia Christine está aqui.

Agora fui dominado pelo enredo. O desfecho está chegando. A pobre mulher nem tem tempo para se limpar ou se orientar. Em um minuto, a levamos para a sala de estar. Ela se senta à porta, encarando as costas de todos. Apenas meus avós estão de frente para ela. Minha avó começa a chorar.

Nada é dito; a cerimônia continua. Todos se levantam para cantar. Alguém sussurra para minha tia Rosaria. Ela se vira e exclama silenciosamente. Outros viram. Nós todos sentamos. Tia Rosaria e tia Christine começam a chorar. Vovô está chorando; parece que vai quebrar. Ele tem noventa e cinco anos. Mamãe está chorando. Tio Henry está tentando não chorar. Tia Rosaria abre e fecha a boca em descrença. Logo estamos todos chorando. O padre continua, fluentemente, sem perceber nada.

Um dia eu vou escrever sobre este lugar.

Capítulo Vinte e Três

Estou de volta à Universidade de Transquei. É janeiro, 1996.

Minha nova confiança dura uma semana. Quando compareço à minha primeira aula de Contabilidade 2, estamos aprendendo algo chamado *disclosure*.

Contabilidade, diz o livro, é uma estrutura perceptiva. Linha de débito, linha de crédito, linha de débito. Essa é a última aula de qualquer tipo de que participo. Naquela noite, vou para o Miles beber e dançar como um coelho. Fico violentamente bêbado. Eles me expulsam. Ando e ando. Então estou sentado ao lado de um riacho. Não sei como cheguei aqui; fica a mais de dois quilômetros do meu quarto. Estou chorando, meus pulmões estão doendo e estou tonto de autopiedade e vômito. Há uma vaca soprando vapor no ar, consigo sentir o cheiro de esterco.

Depois de um mês, meu senhorio me manda embora. Ele não está pronto para mais uma das minhas aventuras de porta trancada. Passo horas on-line nos laboratórios de informática da universidade. Já há centenas de grupos de escritores na Internet. Conheço um cara em um grupo de escritores de ficção sobrenatural. O nome dele é Charlie Sweet e ele vive nos subúrbios da Califórnia. Charlie sobreviveu aos anos sessenta, mas acredita que o mundo vai acabar no milênio. Ele comprou terras em Duckshoot, Califórnia. No meio tempo, faz algo chamado multimídia. A mulher dele é do Japão e está sempre no seu pé. Ela acabou de se tornar uma distribuidora da Amway. Charlie está construindo um *bunker* em Duckshoot.

Estou vivendo na casa de uma amiga, Sylvia. Ganho a vida delicadamente, digitando informações biográficas em pequenas caixas que são laminadas para cartões de estudantes de ensino médio. Recebo dez rands por página. Também trabalho de babá para Sylvia, que dá aulas na universidade. Uso o computador dela todas as noites.

Não ligo para meus pais nem escrevo para eles. Ciru voltou para casa, e está procurando um emprego lá. Estou quase sempre sozinho. Escrevo todos os dias agora. Às vezes, passo a noite escrevendo. Não, não, diz minha autopiedade, eu não sou um cabeça-oca tagarela e covarde – deve haver alguma missão secreta, algo místico. Talvez eu seja algum tipo de *abiku* parecido com Ben Okri, aquela criança fantasma em *The Famished Road*.

Meses passam voando. As coisas estão estáveis na Sylvia. Começo a escrever um romance. Nele, um rapaz atormentado chamado Jango, que tem uma imaginação como um balão de gás hélio, descobre que o grande tronco cerebral do mundo está crescendo, na Internet, e ele é parte de seu código antigo. No final do romance, o rapaz encontrará sua mãe genética, Lucy, em um website, e o ciclo estará completo. Tambores digitais estão tocando por toda a rede pulsante e Jango mostra para eles, mostra para todos eles...

Merda de estruturas perceptivas! Débitos e créditos.

Continuo sem conseguir encarar meus pais. Envio e-mails para Ciru. Mensagens de aniversário e e-mails felizes e otimistas para todos. Chiqy teve um bebê, Ciru me conta. Paul. Ela saiu de casa. Baba ainda está chateado. Ligo para eles, e minto e digo que tudo está bem. Não peço dinheiro, nem taxas. Charlie Sweet lê minhas... especulações, e eu leio as histórias dele, que são semiautobiográficas e envolvem muito sexo e muitas substâncias químicas.

Apareceu uma nova expressão: empoderamento negro. De repente, as pessoas com quem estudei, que já se formaram, estão aterrissando em lugares incríveis. Como parapente, o empoderamento negro consegue levantar você muito alto, em uma frente de ar quente. Uma amiga abriu uma pequena empresa de design, e antes da tinta secar, a empresa estava na lista da bolsa de valores de Joanesburgo, e ela saiu em uma revista, parecendo muito aerodinâmica em um terninho, no caminho do sucesso.

Em um sábado falido, ando por toda a cidade, parando nas casas dos meus amigos meio tipo dando oi, e meio tipo com esperança de conseguir uma refeição e cerveja gelada. Sra. Baguma, cuja geladeira e hospitalidade não têm limites, não está em casa. Droga. Ela é a melhor – nunca faz perguntas intrometidas, só serve amor e comida quente.

Evito meu tio Henry. Ele me deu um emprego uma vez, coisa fácil, ajudá-lo com sua pesquisa, e eu o desapontei gravemente. Há milhares de imigrantes africanos em Umtata, que era a capital de Transquei, outrora uma pátria independente e agora parte da província do Cabo Oriental. Sempre há batizados e reuniões. Todos nos conhecemos.

Atravesso a linha férrea, entro na cidade e bato na porta de Alice Bosa. Alice é de Uganda, neta de um poeta famoso, Henry Barlow, cujo poema *"Building the Nation"* nós estudamos na escola:

> *Today I did my share*
> *In building the nation.*
> *I drove a Permanent Secretary*
> *To an important urgent function*
> *In fact to a luncheon at the Vic.*

> *The menu reflected its importance*
> *Cold Bell beer with small talk,*
> *Then fried chicken with niceties*
> *Wine to fill the hollowness of the laughs.*

Encontro uma reunião amigável: Alice, George Majola, um velho amigo que estava alguns anos à frente de mim estudando comércio, e o sobrinho de Alice, Kiwanuka, que aparentemente agora trabalha para George. Presumo que tenha algo a ver com a família de George, que é rica e muito bem relacionada aqui em Umtata.

Há cerveja e conhaque, e carne assando no forno. Lá fora, carros com muitas, muitas válvulas estão sorrindo presunçosamente para as paredes descascadas e manchadas de mijo de Umtata.

George está morando em Durban, e é dono de um escritório de arquitetura. – Oh – digo. – Não sabia que você era arquiteto?

Ele dá de ombros.

– Então, o que você está construindo? – pergunto, estendendo o dedo para pegar uma costeleta pingando.

– Um centro de convenções – diz.

Oh. Tento pensar no que é um centro de convenções. Na minha cabeça, é um tipo de centro comunitário com quadras de badminton, cursos de gerenciamento de raiva, tênis de mesa, jovens da periferia carregando mochilas que se abrem e libertam bons exemplos e panfletos para oficinas de conscientização e esquemas para geração de renda e planos de empoderamento, tudo isso ventilado por correntes de convenções sofisticadas.

George abre sua maleta e retira um panfleto. É muito brilhoso, com cores de revista de moda. Ele olha para mim do panfleto, em um terno elegante, os olhos voltados para o céu em uma pose de Visionário™, Vá Atrás de Seus Sonhos, o corpo dele diz, olhando para seu alvo com olhos semicerrados, como o *Homem de Seis Milhões de Dólares*. Cavalheiros, nós podemos reconstruí-lo. Nós temos a tecnologia. Ao lado de seu ombro esquerdo há uma foto de uma cabana de lama. Ao lado de seu ombro direito, um prédio biônico dispara para o céu como a Nike – vidro e aço e céu. Centro de Convenções Durban! Arquitetura espetacular! Instalações épicas! Saguão panorâmico! Estilo africano! Show da UB40! Onde a África e o mundo se encontram. Fique aí sentado ansiosamente, seu merda fracassado, comendo as costeletas vorazmente! Limpe a boca!

Limpo a boca. Na parte superior do panfleto, logo acima da cabeça brilhosa, George Majola nasceu em uma cabana de lama. Quando ele cresceu, construiu o maior centro de conferências do Hemisfério Sul.

Uma cabana de lama? Hmm. E eu aqui pensando que a casa de quatro quartos com portão automático para a garagem dupla em Fort Gale tinha sido construída por uma boa classificação de crédito. Nossa. Acredito que George não tenha mais do que vinte e oito anos. Abro mais uma cerveja e mastigo meu osso.

George decidiu voltar para o Cabo Oriental e devolver algo para a comunidade. Ele está dando uma série de PowerTalks, workshops motivacionais para pessoas sobre ConquistarAlgumaCoisa. O panfleto é para isso. Ele tem vários no porta-malas do carro, logo acima das válvulas, que estão sentadas ao lado de minhas guelras verdes, e minha bola de gude de Adão aparente. Consigo beber! A cerveja Windhoek desliza pela minha garganta sem esforço.

Então George tinha contratado uns consultores de marketing e RP elegantes em Durban para divulgar suas palestras em Umtata e East London. Eles não estão fazendo nada! Nada agendado!

Agora. Eu, o que tenho a perder, e meus padrões estão bem ordenados, veja, sem babar! Então deixo o líquido dourado falar; ele pinga da minha garganta como mijo, morno e bom e cheio de papo furado e lindo... Marketing Assimétrico de Guerrilha, Encontrando o Equilíbrio, Dizendo a Marca Certa.

Ele está chocado. Você quer vender minha palestra?

Levante uma sobrancelha, incline a cabeça como Steve Austin, e encare a pessoa de frente através de seu olho esquerdo semicerrado, e pareça impaciente, como se ele tivesse perdido a cabeça, como se você fosse um cara *hughagh* que lidera a frente e que é o cara que você quer por perto quando fica sem munição, e quando as coisas ficam duras, os duros ficam, *hughagh*.

Essa é uma técnica para fazer as pessoas se adequarem aos seus padrões, ou caírem na risada.

Alice está me olhando de forma estranha.

– É uma época bem ocupada – digo. – Deixe-me ligar para algumas pessoas e ver se consigo fazer isso funcionar. Não quero prometer nada até ter uma estratégia e uma equipe. Quanto você pode oferecer?

Ele fala. Meu rosto permanece sério. Ansiedade é uma bola de gude subindo e descendo na minha garganta, uma epiglote inchada. Bebo um pouco mais de cerveja. É mais dinheiro do que preciso para sobreviver por seis meses.

– Hmmm – digo, os olhos ainda semicerrados bionicamente, as mãos televisando tipo issonãovalemeutempo, isso nem cobre meus custos. Ele assente e a oferta começa a subir como empoderamento negro; logo está em um parapente no céu, eeeeeee, e meu estômago está surfando de medo.

Assinto e vou para fora, com medo de vomitar pela animação. Acendo um cigarro e penso que, sendo sincero, George Majola sempre foi um cara legal, sem um grama de malícia no corpo, e ele deve ter uma ideia da minha situação, nem que seja devido a meu cabelo desgrenhado e meus dedos ávidos, e está me fazendo esta oferta como uma gentileza.

Como Sylvia Nkanyuza oferecendo para me deixar ficar na casa dela sem pagar aluguel; como o pai de Sylvia, um professor de física que deixou a África do Sul nos anos cinquenta, incapaz de conseguir um emprego na África do Sul de Verwoerd, e que foi adotado na Nigéria, onde viveram por muitos anos, e ensinou toda uma geração de físicos nigerianos em Ibadan. Ele frequentemente aparece na casa de Sylvia quando ela está viajando, para conversar, ver se estou bem. Sempre traz cerveja, recusa-se a me deixar comprar. Como as infinitas cervejas grátis e pequenos empréstimos de Victory; como DoomDoom me deixando dormir por dois meses em seu pequeno quarto e me ensinando a usar o computador; como Chuma Koyana, que me levou para sua linda casa em East London em um feriado prolongado; como a mãe de Chuma cuidando de mim como se fosse filho dela; como o tio de Kaya pedindo que eu, um queniano que ele não conhecia, mas um africano em quem confiava, contasse a Kaya que a mãe dele tinha morrido; como a Sra. Baguma, que não faz perguntas; como meus tios nos trazendo para cá e cuidando de nós. É assim que nos tornamos africanos. Esta cidade – cheia de médicos e professores e enfermeiros e servidores públicos de todo o continente, e de todo o país – cuidou bem de mim, e me deu mais do que eu ofereci de volta.

George e Alice vêm e ficam comigo, e conversamos sobre isso e aquilo, e assistimos a carne assar. A porta da casa dela está aberta, e música está tocando.

...

Ligo para Chuma. Ele tem um Golf GTI novo, e sempre precisa de dinheiro para manutenção. Chuma é como família para mim. Ele também está desempregado. Mas ele tem mais subsídios do que eu, por uma herança de seu falecido pai, um advogado que morreu nos anos setenta.

Elaboramos uma coisa espetacular. Tem gráficos, projeções, cores e análises incisivas recortadas e coladas da Internet. George adora. Faz um depósito gordo para despesas. E nos entrega várias caixas gigantes com seus pôsteres.

Passamos as próximas semanas viajando por todo o Cabo Oriental, conversando com "contatos", a mídia e outras pessoas importantes. Chuma conhece todo mundo, então o trabalho é fácil. Acima de tudo, vamos a festas. Ligamos para George para contar como tudo está indo e ele diz que tem algo a nos dizer. Podemos ir até Durban?

Claro.

Vamos até Durban – seis horas de East London. Ele nos recebe no flat corporativo de sua empresa. Diz que decidiu cancelar a turnê. Trabalhos. Prioridades e... ele parece desconfortável. Estamos nervosos. Olho para ele e mantenho minha sobrancelha levantada bi-rônica.

Mas, mas... é claro que nos pagará integralmente. Será que

nos importamos de ficar neste flat, e de compartilhar seus uísques Johnnie Walker Black e empoderamentos negros mentolados, e de passear por Durban por alguns dias como seus convidados corporativos enquanto ele organiza o dinheiro? Há um grande lançamento da Empowering hoje à noite na praia. Vocês estão convidados. Muitas celebridades e bebidas grátis flutuando na piscina e biquinis e DJs.

Hmm, minha sobrancelha suspira, tipo tempoédinheiro.

Olho para baixo e percebo que meu sapato tem um buraco. – Oh – ele diz, – e aqui está algo só por agora – o envelope contém notas novas.

Depois de três dias, George traz o dinheiro. Ele mesmo. Um homem maravilhoso. Recebemos o dinheiro. Entro em um sebo: três andares de paraíso. Comprei mais de cem livros naquele dia.

Decido fazer as malas imediatamente ao voltar para Umtata, e me mudo para a Cidade do Cabo.

Capítulo Vinte e Quatro

Hayibo. O que está acontecendo com a Brenda Fassie? Por que ela não pode continuar morta?

Nós a socamos direto para dentro da história desdentada. Rimos e a colocamos na coluna de fofocas. Há três anos, sua amante lésbica, Poppie Sihlahla, morreu, uma overdose de crack. Em Hillbrow! Antigamente a Central de Luta, agora Hillbrow é a capital de tráfico de drogas da África, onde os quebrados são roubados pelos novos e famintos. Vemos agora, como ela está quebrada. Seu filho, Bongani, diz que tenta esconder drogas da mãe.

Como é possível que um dia tenhamos seguido esta pessoa?

Ela sai enfurecida da clínica depois de apenas um dia lá e fala com jornalistas, dizendo: "Eu fui, e eles me fizeram usar um uniforme e disseram que deveria dizer: 'Olá, meu nome é Brenda e eu sou uma viciada.' Eu! Eu! Brenda Fassie! Nem pensar.".

Ela está acabada.

Acabada. Estamos ouvindo música de ostentação, com batidas abafadas e falando de hip e hop, ouro e sucesso. Não há passado, tudo é derivado. *Kwaito*.

Ela está acabada. Goma de mascar.

Mas... ela não está.

É 1998. Estou na Cidade do Cabo há um ano e as coisas estão andando. Comecei um pequeno negócio de bufê com um amigo, fazendo comida africana – todos aqueles anos de refeições gratuitas me ensinaram uma coisa ou duas sobre frango com manteiga de amendoim e sopa de *ogbono* nigeriana. Estamos indo mal, basicamente, mas as coisas estão caminhando, algumas ofertas aqui e ali.

É um dia frio, hora do almoço, e está ventando muito. Não

dormi, mas preciso encontrar um telefone barato para ligar para Mamãe. Tenho novidades.

Entro em um ônibus ilegal em Sea Point, na Cidade do Cabo, e duas mulheres brancas ficam pedindo ao motorista que coloque uma música. Ele coloca, e o ônibus fica em silêncio.

É a música nova de Brenda. Em xhosa.

É estranho. Não houve música de crossover de verdade na África do Sul, exceto Mango Groove. O suco artificial Tropicana foi bebido por gerações de nativos de uma nação arco-íris, reluzentes e vestindo folhas de bananeira, que dançam e cantam *daylight come and me wan' go home*. Essa é a ideia geral por trás da Mango Groove – uma mulher branca com um grupo de negros anônimos em roupas tropicais falsas, fazendo festa para ela.

Os brancos da Cidade do Cabo ouvem rock e música étnica de todos os lugares que não são a África do Sul. A palavra *ousada* aparece muito em revistas de música, música que tira as pessoas de si e as leva para algum penhasco, para pular e pegar a "energia", bateria e baixo e techno e uma coisa chamada ambiente. Os sul-africanos urbanos negros amam R&B e *Kwaito*, reggae e gospel.

Um dia, há alguns meses, eu estava morando em um albergue de mochileiros, e a cabine telefônica compartilhada tocou de manhã cedo. Alguém atendeu e me chamou para o telefone. "É seu pai", ele disse.

Atendo o telefone. "Alô".

Baba estava em Joanesburgo. Ele tinha estado na Austrália para alguma coisa de trabalho e tinha mudado a passagem para ir à África do Sul por um dia ou dois para ver se conseguia me encontrar. Alguém havia dito que eu estava em Joanesburgo. Então Ciru ligou para um amigo, e eles passaram esse número.

– Eu...

– Não diga nada. Só escute. Você tem que parar de se preocupar com a gente, com o que pensamos, o que queremos. Faça o que tem que fazer...

Fico quieto.
– Mas... ligue para sua mãe. Ela... sabe, ela se preocupa.
Entro em pânico. Tem algo na voz dele. Eles estão escondendo alguma coisa. – Ela está bem? Eu posso... ir para casa?
– Oh não, não. Estamos bem. O Quênia vai mal, mas nós estamos bem. Não arrisque perder seu visto...
Ele não pergunta o que estou fazendo. Então, solta a bomba. Ciru também teve um bebê há duas semanas. Seu nome é William. "Oh", digo. Estou surpreso. Ele fica quieto ao telefone. "Ela já tem idade", digo. "Ela pode se sustentar". A voz dele parece cansada. Pergunto-me se conseguiria sobreviver a ter filhos.

Mamãe e eu conversamos algumas vezes. Conto a ela sobre estar escrevendo. Ela parece feliz, desconfiada e encorajadora. Não pergunta sobre o que estou escrevendo. Baba disse que o diabetes está de volta. Pergunto sobre isso, e ela diz que está bem. Sua voz está frágil. Ela fala muito sobre os netos. Paul é tagarela e William é quieto. Todo mundo chama Paul de Bobo. "Ele parece com você quando você era um bebê", diz. Jimmy se casou com a namorada Carol e perdi o casamento. Não vou voltar para casa até ter conquistado alguma coisa.

Baba se aposentou agora, e eles se mudaram para outro lugar que estão alugando enquanto constroem a casa nova. Às vezes, ela precisa ir ao novo escritório de Baba para receber uma ligação enquanto esperam por uma linha de telefone. Ela não pode dirigir sozinha. A política está terrível, mais confrontos e a eleição de 1997 foi fraudada. Moi está de volta e a oposição está quebrada.

Estou trabalhando sem parar, escrevendo, cozinhando, procurando oportunidades para o bufê, não conseguindo nada. Charlie Sweet e eu continuamos compartilhando nossos trabalhos. Ainda estou tentando fazer meu romance péssimo funcionar. Ontem à noite, Charlie e eu estávamos conversando por e-mail. Comecei a lhe escrever sobre a minha viagem a Uganda.

Um e-mail muito, muito longo. Ele fica quieto por algumas horas, já está quase amanhecendo.

Ele não responde ao e-mail. O telefone toca. É o Charlie.

– Isso é lindo – diz.

Escuto meu maxilar ranger ao abrir, as dobradiças enferrujadas gemendo.

– Sua mãe... ela... nossa... cara, você devia mesmo publicar isso aqui em algum lugar importante.

Trabalho a manhã toda. Corto e moldo. Passo algum tempo pesquisando jornais e revistas na Internet. Quero enviar para algum lugar antes de dormir e ficar todo acordeão e *kimay*.

O *Sunday Times* é o maior e mais rico jornal da África do Sul. Leio a seção de viagem do caderno de fim de semana. Sim, eu poderia tentar. Tem um endereço de e-mail na parte inferior da página. Anexo a história. É um pouco depois das 9:00 da manhã e estou prestes a desligar o computador quando chega uma resposta. "Quanto dinheiro você quer pela sua história?", pergunta um cavalheiro chamado Andrew Unsworth, que é o subeditor. "É bastante longa", diz, "mas acho que podemos arranjar um espaço. Amei. Amei. Vai sair no domingo.".

Então, estou sentado neste ônibus, flutuando. As duas mulheres brancas estão dizendo: "Oh, oh. É tão, tão linda, essa nova música de Brenda Fassie". Nem uma palavra em Inglês nesta primeira música de crossover de verdade em uma nova África do Sul.

É o jeito que a música começa – um órgão de tubos, tocando um disco velho e arranhado, uma lembrança de infância de um som, por um momento muito breve, depois vêm as primeiras palavras, arrastadas como se ela estivesse bêbada e longe, perdida dentro de um velho rádio de ondas curtas. A primeira palavra é *vul'indlela* – abra o caminho –, dita com uma franqueza suave e infantil, e, nos próximos sons, ficamos sozinhos com a voz dela, suplicando-nos suavemente, *vul'indlela*, deixe-me entrar.

Todas as defesas do país estão a postos. Todos estão gritando e brigando por espaço. Jovens do hip-hop com calças mostrando a fenda de suas nádegas anunciaram o fim da inocência, a morte da aldeia, o fim da luta; jovens brancos gritando: "Emigrar, estamos emigrando para a Austrália por causa das ações afirmativas, que são racismo reverso". No supermercado na semana passada, a atendente, uma mulher mestiça, fechou seu caixa quando me viu e me disse para entrar em outra fila.

– Mas... mas... – eu disse.

Ela riu. – O que você vai fazer? – perguntou. – Me denunciar para o Mandela?

Tudo isso desaparece por um momento, quando os primeiros dez segundos da música nos amolecem.

A música começa a bater, e Brenda continua a torcer as tripas, soando como se tivesse dezesseis anos novamente, e nossos ombros estão balançando neste ônibus. Todos neste carro estão exatamente no mesmo lugar. Escondo minhas lágrimas.

A África do Sul está começando a fazer algo novo. No novo vídeo de Brenda, ela faz beicinho, com uma coroa na cabeça, os dentes falsos brilhando, os lábios tortos, uma criança malcriada, uma mulher atrevida, um moleque, uma caricatura, recusando-se a cair, carregada apenas pela música. Tenho certeza de que Wambui – a poderosa e imbatível Wambui – ainda está no Quênia, ainda é empregada de alguém. Wambuis não se tornam Brenda Fassies no Quênia.

Sou um escritor. Agora, um escritor publicado. Vou telefonar para Mamãe, para Baba e dizer que minha história, sobre nós em Uganda, estará on-line para eles lerem.

Mais tarde, Brenda dirá, sobre este novo álbum, Memeza (grito), "Eu estava gritando e gritando e ninguém queria ouvir. Quando canto essa música, *vul'indlela*, quero chorar".

Capítulo Vinte e Cinco

É 1960, Mamãe tem dezesseis anos, e está em casa. De pé na varanda do Vovô, olhando de cima para a grande colina onde há uma trilha de carros, caminhões e vans rastejando em círculos pela velha estrada íngreme, vindo em direção a eles, vindo do Congo, onde minha avó, Modesta, nasceu. Os carros estão cheios de malas e colchões e móveis, e caixas e baús e bolsas.

Está na rádio. O Congo está tremendo. Rebeliões se espalham como fogo.

Independência é uma febre, e está em todo o continente.

Na noite anterior, uma família veio até a casa deles, em roupas rasgadas, alguns em roupas de dormir, pijamas e camisolas. Eles estavam cansados e fracos, e Mamãe achou aquilo desolador. Ela ajudou a alimentá-los e buscou água para que eles bebessem e se lavassem. Eles estacionaram os carros no quintal, para descansar. De todas as direções, oitenta mil deles fogem enquanto o Congo entra em erupção. Alguns refugiados estão ficando na catedral, a algumas centenas de metros. Na década de 1930, quando meu avô foi batizado, ele deu terras para a Igreja para construírem a catedral.

Logo Mamãe prestará seus exames de ensino médio. Ela irá bem. Ela está esperando para estudar na Universidade Makerere, em Kampala. Sempre um ratinho mordiscando os armários das pessoas à procura de livros, uma vez encontrei, roubei e li seu livro de formatura. Uma das amigas dela disse, "Rosa, espero que você conheça um marinheiro bonitão".

De onde Mamãe está, esta estrada leva para o interior do Congo, para Kigali, Ruanda, e a mesma estrada levará os refugiados que conseguirem ir para Kampala, e Nairóbi, e Mombaça – e para a

África do Sul, Rodésia e Bélgica. Carros ficam sem combustível no meio do caminho e são abandonados. O famoso poeta ugandense Okot p'Bitek compra um Rolls-Royce por quase nada em Kisumu. Na década de 1960, V. S. Naipaul passa por esta estrada e diz que ela vai voltar a ser um matagal.

Em Nairóbi, um rapaz, aos vinte anos, com um sorriso largo e olhos grandes, trabalha como vendedor de chá para a Brooke Bond. Em alguns dias, ele comprará seu primeiro carro de um dos refugiados. Ele gosta de carros velozes. Quebrou a perna em uma motocicleta. Ama a língua inglesa.

Seu nome é Job Wainaina. Sua irmã mais velha, Rebecca, já é uma famosa escritora de peças de teatro. Rosemary, observando a colina, não sabe que logo ela percorrerá a mesma estrada que os refugiados, para Nairóbi e Kianda College, para fazer um curso de secretariado.

Ela não irá para a universidade.

Em algum momento do início da década de 1950, há muitos anos, Modesta, minha avó, e sua irmã estão em casa limpando e cozinhando e uma vizinha vem até a porta toda receosa e animada e diz que um homem branco desconhecido está na propriedade.

Minha avó é uma mulher tímida, uma mulher dura. Ela tem mais ou menos trinta anos. Elas encontram o homem caminhando, revirando o solo, como se estivesse procurando por algo. Ele é belga. Vovó pega um pau e começa a bater nele. Ela bate o mais forte que consegue. Ele está no chão implorando, e ela bate. Aqueles que a conhecem nunca a viram tão feroz.

Vovô descobre que há uma pedra preta em suas terras, e que essa pedra preta é muito valiosa. Essa pedra envia seu filho mais velho, Damian, para a universidade; envia Rosalie para estudar na Suíça, e Christine para a França. Christine manda para Mamãe seu primeiro par de sapatos, da França. Mamãe tem treze anos e nunca teve sapatos próprios. Mamãe é muito aplicada na escola, e vai bem em todos os exames. Ela é chamada para a melhor escola de ensino médio de Uganda, em Buganda, Mt. St. Mary's Namagunga, onde usa seus sapatos novos. Um dia ela vê o rei de Buganda, Rei Freddie, que aperta sua mão. Ele fica bonito em suas roupas reais militares, mão no bolso como um inglês. Ela nunca para de falar disso.

Todas as crianças Binyavanga vão muito bem na escola. Muitas vão para as melhores escolas, em Buganda. Kamanzi e Henry estão sempre no topo de suas turmas na St. Mary's Kisubi. Eventualmente, eles se mudam para a África do Sul. Eles dão aula em universidades lá.

Modesta é muito próxima de sua filha Rosemary, que, aos dezesseis, já é perigosamente bonita. Rosemary é quieta e sonhadora e pode ser dura, como Modesta. De todos os filhos, é Rosemary que ajuda a cumprir as regras de Modesta. Ela cumpre todas as tarefas, pontualmente. Ajuda a cuidar dos bebês – Bernadine e Gerald e Innocent. É quase como outra mãe para eles.

Como a mãe, ela pode ser severa, e não atura malcriação. Não é confusa como seu filho será. É muito teimosa; quando acredita em alguma coisa, ninguém consegue convencê-la do contrário. Na infância, costumava ter surtos; quando chorava, às vezes desmaiava.

Se lhe perguntar agora, ela dirá que vai casar com alguém em Kampala, depois da universidade. Eles construirão uma casa perto de seus pais. Ela é a boa filha que fica para trás e ajuda os pais. Aqui, no topo da colina, assistindo à queda do Congo Belga, e a ascensão do Congo de Lumumba, ela não sabe que Uganda também cairá e quebrará, muito depois de ela ter ido embora.

O valor da pedra preta no mercado internacional caiu. Não há dinheiro o bastante para mandar Mamãe para a universidade. Ela concorda em esperar alguns anos. Vai para Nairóbi fazer um curso de secretariado na Kianda College, que é famosa na África Oriental. Mora com o primo Barnabas, que é amigo do rei deposto de Ruanda. O rei, que é muito alto, está sempre flertando com Rosemary. Rosemary não está interessada. Há outro amigo de Barnabas. Seu nome é Job. Ele tem um sorriso largo. Um carro. Ela não é a filha preferida do pai. É a irmã, Rosalie, que é próxima dele. Mas ela o ama terrivelmente. Falará dele o tempo todo para seus filhos. Job, como seu pai, é afetuoso com as pessoas, faz elas rirem. Arranca os silêncios dela. Às vezes, Job passa pela Kianda College de carro e a encontra no ponto de ônibus. Ele parece surpreso em vê-la. Oh! É você? Quer uma carona?

Eles se casam no escritório do comissário do distrito. Ela usa um conjunto simples. A família dele é muito protestante. A família dela é muito católica. Ela é a primeira das irmãs a se casar. Sua irmã Christine dirá: "Eu estava tão preocupada. Rosemary estava tão apaixonada por Job, estávamos preocupados com ela. Eu nunca a tinha visto daquele jeito".

Aqui, na colina, ela não sabe que ela e o marido vão abrigar sua irmã mais nova e três irmãos, pagar a escola e a universidade de alguns quando Uganda sangrar. Ela vai abrir um salão de cabeleireiro para ajudar a arrecadar dinheiro para a família. Será reconhecida por estar sempre disposta a deixar os próprios sonhos de lado para servir sua família. Vai dirigir um trator, um dia, grávida da bebê Chiqy, para entregar diesel à fazenda. Vai cultivar trigo e cevada com o marido para ganhar dinheiro extra quando o Quênia começar a tropeçar.

Seu filho Kenneth, nomeado em homenagem a seu pai, Binyavanga, é estranho. Ela o defende, mais do que deveria. Ele vive em sonhos, e está sempre tropeçando. Nunca aceitou Deus, e às vezes parece que poderia desaparecer dentro do caos. Ele tem uma doçura que a desarma; de certa maneira, são amigos. Ele nunca tornou as coisas difíceis; mesmo quando estava perdido em seu próprio mundo, nunca dizia nada. Dá de ombros e sorri e tenta agradar, seguindo as pessoas.

Ele não sabe dizer não. É sonhador como ela, distraído como ela. Teimoso como ela. Não tem sua determinação, sua coragem, ou sua recusa a aceitar incertezas, transcendê-las. Ele levanta e cai no emaranhado de suas dúvidas. Sempre levanta e cai e sonha. Ela também desejava fazer coisas bonitas e talvez seja por isso que o deixou livre, quando, às vezes, deveria ter sido mais severa.

Ela não está lá, quando o telefone de seu filho toca na Cidade do Cabo. É o tio Henry, que não fala com seu filho há anos. Tio Henry, agora um professor de administração de empresas na Universidade de Witwatersrand, diz, "Olá, Kenneth".

– Sim – diz Kenneth.

– Você... Como você está? Kenneth... você está sentado? Sinto muito, sua mãe, Rosemary... ela faleceu hoje, no hospital Kenyatta.

Rosemary Kankindi é a terceira filha de Cosma Binyavanga. Casou com Job Muigai Wainaina, do Quênia, e eles têm quatro filhos:

James Muigai Wainaina

Binyavanga Wainaina

June Wanjiru Wainaina

Melissa Kamanzi Wainaina

E dois netos.

De suas duas filhas. Paul Muigai e William Wainaina.

Capítulo Vinte e Seis

Nairóbi em 2001 é um grande bar.

Faz um ano que Mamãe morreu. Vim para o funeral e descobri que não podia voltar. Voltar significa mudar meu nome, tirar um passaporte novo. Significa não ter certeza se vou conseguir um visto. Significa assistir a mudanças em um lugar que nunca me deixará fazer parte dele. Os sul-africanos estão apaixonados por sua nova trajetória. Como os americanos, eles veem o mundo todo em seu país e parecem perpetuamente surpresos que outras pessoas estejam lá. Sempre serei um estrangeiro. Mesmo depois de dez anos. Estou cansado de mudanças. Quero estar em casa. Só estar em casa. Não quero pessoas nascendo, pessoas morrendo longe de mim. Minha irmãzinha cresceu e não a conheço.

Moro em um pequeno quarto em um albergue estudantil particular chamado Beverly Hills, em Eastlands, perto de uma das maiores favelas de Nairóbi.

Albergues como esse são populares entre os estudantes universitários e os recém-empregados. São baratos e seguros. A água é racionada. Na primeira noite deixei as torneiras secas abertas e acordei com meu laptop flutuando em dez centímetros de água. A tela apagou. Comprei uma tela barata e usada na cidade e agora está funcionando.

Passo o dia em casa, escrevo e saio do meu quarto quando sinto o cheiro das primeiras cebolas e Mix Royco Mchuzi fritando para o jantar. Vou ao Mlango Kubwa para comprar algo barato para comer. Para conhecer pessoas e conversar.

Rumba do Congo está tocando em um barraco de ferro corrugado enferrujado; é como uma gangorra em meu estômago, enrolada em gargalhadas ativadas por cerveja, os gritinhos de garçonetes.

A luz do começo da noite transforma rostos em bestas. Olhos e dentes brilham; gengivas e línguas regozijam-se, enquanto lâmpadas de querosene lambem o ar frio, e os esperançosos saem de seus buracos para se alimentar. Um grupo de três mulheres somalis caminha, como camundongos, amontoadas, dirigindo-se à mesquita em Eastleigh. Vou atrás.

Dois homens congoleses estão do lado de fora do bar, as calças puxadas até o peito, baixinhos e atarracados em casacos de pele de marca, a pele descolorida até um amarelo fosco e morto, lábios negros e esfumados. Há uma piada queniana sobre um homem do Congo cujas calças são tão altas que ele só consegue pegar a carteira por cima do ombro. Os homens estão rindo e conversando em Lingala, num mundo fechado para dois, um som que ressoa como música em minha cabeça.

Estou escrevendo muito e sendo contratado aqui e ali. Comecei a escrever ficção, que é o que mais amo. Minha única fonte regular de renda são os cem dólares semanais que Rod Amis, o editor de uma revista online, g21.net, me paga por contribuições. Abandonei meu romance ruim de ficção especulativa. Estou escrevendo contos para treinar minhas habilidades.

As eleições são daqui a um ano, e todos nos perguntamos se sobreviveremos por tanto tempo. Muitas pessoas encheram as ruas muitas vezes para pedir por mudanças políticas. Finalmente, a constituição é alterada, portanto, um funcionário eleito só pode servir dois mandatos. Este é o segundo mandato de Moi. Ele prometeu se aposentar. Nós não acreditamos de verdade.

Ando pelos caminhos em ziguezague da avenida principal de Mlango Kubwa, Rua Biashara. O cheiro ensaboado e nojento de um ralo aberto sobe e me pega de surpresa. Ando apressado, respirando pela boca, um hábito da infância inventado para confundir micróbios ambiciosos. As cores berrantes e pintadas à mão de anúncios baratos se contorcem; eles ganham vida tontamente nos respingos das poças lamacentas que ladeiam o caminho.

Dezenas de milhares de pessoas – a pé e de bicicleta, saindo de *matatus* – passam por nós na Mlango Kubwa, por Eastleigh, a fronteira da Nairóbi formal, em caminhos que se tornaram esponjosos devido a anos de vegetais frescos e lixo, para Mathare, em um fluxo descendente e denso.

A escuridão é espessa agora, e ando mais relaxado. Faço este caminho na maioria dos dias, para pegar os fluxos tremeluzentes de pessoas. Há algo bonito nos momentos em que pessoas são removidas de si pelo iminente: a pressa para completar pequenas tarefas esquecidas; lojas de rua sendo desmontadas; crianças gritando, libertadas da rotina; a inundação de bicicletas pretas feitas na China, tocando sinos de alerta e ameaçando as crianças; os cliques agudos de telhados se contraindo no ar que esfria. Saio todas as noites a esta hora para comprar algo para comer; para comprar erva, às vezes para comprar cerveja.

Passei as últimas semanas melhorando um conto para o *Caine Prize for African Writing*. É sobre uma menina (Menina, Gênero!) que está questionando o mundo e os valores de sua mãe (Empoderamento).

Utilizo todos os temas africanos atraentes que posso imaginar. O *Caine Prize*, com sede na Inglaterra, vale quinze mil dólares, e você ganha um agente e fama e muito trabalho pago.

Sempre que ando por aqui, procuro por murais feitos por Joga.

Conheci o trabalho dele algumas semanas depois de me mudar para cá; depois que meus olhos se ajustaram ao fluxo das coisas, consegui deixar de lado as centenas de pequenos dramas se desenrolando diante de mim, e me concentrar nas particularidades. Os trabalhos mais antigos de Joga eram esfumados, às vezes difíceis de enxergar com clareza. Em um bar, encontrei um grande mural pintado em papelão, instalado na parede. O bar estava cheio de homens e mulheres gikuyu velhos: coletes, óculos de plástico e lenços de cabeça, algumas bengalas fora de lugar. A lenta e tradicional música de acordeão da era Kenyatta nos anos 70 arranhava as caixas de som antigas. Havia murais por toda parte. Campos frísios; tetas de vaca excessivamente grandes; camponesas exuberantes saltando em grama *kikuyu* macia; velhas árvores retorcidas reunidas em um semicírculo de sabedoria.

Escape daqui, diz o anúncio pintado à mão; experimente um pouco da vida no campo. Dois homens bêbados tentam entrar em um *matatu* com uma vaca, as pernas sacudindo como minhocas. Ao longe, plantações de café reluzem como ouro.

Este mural desapareceu depois de alguns meses. O dono do bar ficou entediado com ele, e o jogou fora. Comprou uma mesa de bilhar e um videocassete.

De vez em quando vou a Nakuru e passo um tempo com Baba. Tomamos uma cerveja no Njoro Golf Club, comemos e conversamos. Ele é o presidente do clube e passa muito tempo lá consertando coisas e fazendo-as funcionar novamente. É estranho para nós – estamos todos acostumados a nos relacionar através da intermediação gentil de minha mãe. É difícil acreditar nesse Baba que comete erros, que não tem certeza de si mesmo, que não está acordado e fora de casa às 8h todos os dias. O novo pessoal da Pyrethrum Board tem administrado mal as coisas, e é difícil para ele ficar de lado e ver seu trabalho ser destruído pela incompetência. O novo diretor administrativo é da tribo de Moi. Um diplomata, sem experiência em trabalhar com agricultores. Fico com raiva e gesticulo muito quando Baba diz isso, e ele permanece comedido e sensato, escreve relatórios e vai a Nairóbi com frequência e discrição para encontrar pessoas do ministério e sugerir maneiras de manter a Pyrethrum Board viva.

Paro em uma barbearia feita de lata e com uma fachada de ripas, que é assimétrica, e enrolada em um encontro de caminhos tortos, mas elegante devido a grandes murais com anúncios – pintados, de novo, por Joga.

Mash e Ndizi estão do lado de fora, como fazem todos os dias, sobrancelhas sugestivas sempre que contato visual é feito com um cliente em potencial. Kalamashaka, o primeiro rapper em Sheng, rosna de um sistema de som que fica do lado de fora: *"I'm so thirsty Sprite cannot quench my thirst / I'm so tired trying to maintain an image..."*.

Kalamashaka mora um pouco acima na rua, em Dandora. Só aqui, nas favelas de Nairóbi, desenvolveu-se algum tipo de linguagem três-em-uma, Sheng, e lentamente os músicos de hip-hop estão trazendo Sheng à vida em todo o país: músicas raivosas e fulminantes sobre as dificuldades da vida em uma cidade em queda, em novas estações de rádio FM que abriram as ondas de rádio que eram restritas.

O trabalho de Joga nesta barbearia tem um aspecto metálico. O rosto dourado de Master P observa, ocupando uma parede inteira, dourado cintilando nos dentes, nos dedos, ao redor do pescoço.

Há um pequeno retrato de Osama bin Laden na porta, e o resto das paredes e a placa no chão são ocupadas por pinturas de cortes de cabelo afro-americanos macios e elegantes. Em noites tranquilas, virei esquinas para encontrar gigantescos rostos Joga – lábios cor de rubi separados para sussurrar sonhos de loteria de *green cards* em uma voz de aeromoça – me estapeando para acordar.

O rosto de Mash é como um anúncio de achocolatado Cadbury, bochechas amarelas reluzentes e covinhas. Um livro de James Hadley Chase, *No Orchid for Miss Blandish*, escapa do bolso de sua jaqueta jeans. Nos conhecemos há algumas semanas, em um evento de troca de livros ao ar livre perto do terminal KBS. Ndizi, seu sócio, permanece elusivo, escapando habilmente toda vez que tento o encurralar, sempre simpático, sempre arredio.

K-Shaka canta: *"Are you thinking of bringing a ridiculous cast to my funeral / Please hide the machete before thoughts start roaming"*.

Conversamos, e meus olhos vagam. Os caminhos andam em ziguezague, colidem com lojas e desviam, então no nível do solo não é possível ver mais do que alguns metros à frente, um labirinto instintivo preenchido por cidadãos nus, uma proteção contra surpresas: a polícia. Autoridades.

Quando as milícias Mungiki assumiram esta área, começaram a construir estradas retas e a demolir os barracos. Eles disseram que é mais difícil para ladrões se esconderem em estradas retas. A maioria de nós acha que os Mungiki são os piores dos piores. Fanáticos. Mafiosos. Mash defende os Mungiki; diz que a criminalidade parou, e os jovens têm algo em que acreditar, algo para fazer.

Todos os sistemas em funcionamento aqui são construídos a partir de relacionamentos pequenos. Você – sua individualidade marcada e seus costumes, e seu jeito, e o ramo ou atividade que essa fantasia representa – é a instituição que importa. Você negocia o próprio poder em todas as conversas.

Joga sai da barbearia para dizer olá. Ele está sempre aqui. Ele mudou. O jovem desajeitado de dezenove anos que conheci há um ano, vestindo a timidez da aldeia, se foi. Agora, ele é uma celebridade. Eastleigh, a apenas algumas centenas de metros de distância, "descobriu" seu trabalho, e ele tem novas encomendas quase todo dia. Ele fecha os primeiros contratos com a cidade formal, e experimenta o respeito que isso traz.

Ele não usa mais jeans manchados de tinta; tem em um casaco de lã moderno, calças largas e Nikes. Ele adquiriu aquele jeito de andar meio solto que é considerado descolado. Para e encosta-se na parede, levemente curvado. Não olha para ninguém, como costumava, com olhos que declaravam timidez; deixa o olhar permanecer brevemente em quem se dirige a ele. A olhadela reconhece a contribuição dessa pessoa e as persianas se fecham.

Ele inclina a cabeça para um lado, uma sobrancelha levantando em saudação. Aceno de volta.

– *Nimemaliza* – diz para o grupo, e o seguimos para dentro, e vemos um enorme retrato do Jay-Z de dois por dois metros.

– *Ni kaa photo* – é como uma foto, diz Ndizi. Olho para a pintura, e há pequenas ênfases cartunescas: brilhos exagerados nos dentes, explosões desenhadas de ostentação de diamante! As características de Jay-Z são exageradas, para efeito. Joga não vê diferença entre suas imagens cartunescas pungentes e fotografias.

Cresci com pessoas cujas vidas desciam dos satélites de televisão e passavam por nós. Pessoas No Caminho Do Sucesso. Nós seguimos: todos tentando passar pelo funil para além do qual salários de nível internacional são oferecidos. Somos ameaçados, a cada minuto, pelo fracasso, se questionarmos o caminho das pedras da certeza que nos é apresentado, se não formos fluentes na moda da MTV e de Londres e Nova York.

Joga não sabe o que é uma galeria de arte; não parece acreditar em mim quando conto sobre a cena artística de Nairóbi em Kuona e o centro cultural francês. Mesmo aqui, ele nunca foi aprendiz de ninguém. Ensinou a si mesmo; toda a sua evolução como artista tem sido mediada apenas por sua tradução do que vê e ouve.

Qual cara você escolhe para enfrentar o caos? Aquela construída do nada, expondo todo seu passado, todas as cicatrizes? Ou aquela adotada, ligada a um certo jeito que você compreendeu que abrirá as portas para o mundo estratificado, lotado e protegido, e para o pedaço de papel que promete que você herdará a terra?

Sou como um esquilo, procurando oportunidades em toda a Internet. Minha história *"Hell Is in Bed with Mrs. Peprah"* é aceita por uma pequena revista americana e eu comemoro.

Mas descubro que não será publicada a tempo para o prazo do *Caine Prize*. A revista, em Nebraska, só pode pagar em cópias para o colaborador.

Em pânico, um dia antes do prazo de envio, peço a Rod Amis que publique a história da menina para mim no g21.net.

Ele diz que não pode publicar ficção. Envio uma versão rapidamente reeditada da história de Uganda que publiquei na África do Sul.

Decidimos chamá-la de "Descobrindo o Lar".

Rod a envia e recebe um e-mail esnobe do pessoal do *Caine Prize* na Inglaterra, dizendo que só aceitam materiais publicados na mídia impressa.

Fico furioso. Respondo, dizendo que apenas uma antologia foi publicada na África no ano passado. Onde eles encontram histórias publicadas? Pergunto.

Eles não respondem. Fodam-se, diz Rod. Colonizadores de merda. Sim. Sim, digo.

Joga está empacado no mesmo lugar que eu. Só consegue ver suas imagens como fotografias porque, como eu, recebe ideias de alguma capital distante. Ninguém aqui vai negar uma chance de ganhar ouro e brilhantes e calças jeans. Será que ele tem alguma ideia de quão original é seu trabalho, perto das mímicas elaboradas na outra Nairóbi? Dou algum dinheiro para Mash, e Ndizi me passa os cigarros de *bhangi*. Os *dreadlocks* dele respingam sombras de espaguete na minha camisa.

— Por que chamam você de Ndizi?

A risada dele soa como papel amassado num microfone de rádio.

— *Ndizi kaa Sundaymorning*.

Uma resposta e nenhuma resposta. Um sotaque jamaicano borra as costuras de seu Sheng. Sua voz tem os meios-tons musicais de um luo. Dou as costas e volto devagar para casa. Rio para mim mesmo. Joga é melhor do que eu. Rod não pode mais me pagar cem dólares por semana, então não posso nem viver nessa favela.

Duro três meses.

Vou para casa e pergunto a Baba se posso ficar com eles na casa nova. Ciru tem um emprego, em uma *start-up* de Internet. Chiqy trabalha para uma empresa de telefonia móvel em Nairóbi. O filho dela, Bobo, mora conosco enquanto ela se instala. Cuido dos meus sobrinhos e escrevo e cozinho. Escrevo pequenos artigos para revistas locais no Quênia. Conheço e faço amizade on-line com uma jovem nigeriana, Chimamanda Adichie, que também está tentando ser publicada. Criticamos o trabalho um do outro. Logo, trocamos e-mails diariamente. Conheço Muthoni Garland on-line, e outros escritores quenianos – uma comunidade começa a se conectar e conversar. Em breve estamos falando sobre publicações, sobre começar uma revista.

Fico on-line o dia todo e a noite toda. Baba reclama das contas. Um tio é enviado para falar comigo. Ele tem uma máquina nova. Pode selar álcool barato em pequenos sachês. "Você fala bem", ele diz. "Pode fazer vendas e marketing e ganhar um dinheiro.".

Estou quase concordando quando chega o e-mail dos colonizadores de merda.

Cara Pessoa Pré-selecionada Para o *Caine Prize*, chamada Binya… vanga. Você quer vir para a Inglaterra, jantar na Câmara dos Lordes e fazer leituras, e ir à Biblioteca Bodleiana para um jantar de muitos pratos, com vinho e todos os literatos de Londres? Neste jantar, você descobrirá se a Baronesa Alguém Importante lhe dará quinze mil dólares em dinheiro, e mesmo que não dê, você deve vir porque ser pré-selecionado e jantar na Câmara dos Lordes é tipo, importante, muito importante. Você vem?

Ah, sim. Eu vou.

Ganho o *Caine Prize*, e choro, lágrimas melequentas, e volto com algum dinheiro. Eu e um grupo de escritores criamos uma revista, chamada *Kwani?* – que significa, *e daí?*

Capítulo Vinte e Sete

Estou viajando muito agora, às vezes a trabalho para revistas. Sempre procuro motivos para viajar pela África.

Um dia, um holandês muito simpático me liga. – Você é Binya-wanga? O escritor?

– Sim.

– Oh, ouvi falar do seu trabalho. Eu trabalho para a União Europeia Humanitária Alguma Coisa. Quero fazer um livro sobre o Sudão, sobre a doença do sono no Sudão.

– Não trabalho com escrita por encomenda – digo.

– Ah, não, não. Queremos um verdadeiro... escritor africano para escrever um livro sobre o que ele vê. Sabe, literatura. Vamos publicá-lo e pagar por tudo. Você vai com um fotógrafo. Será algo diferente. Poderoso. Literatura e fotografias.

– Quer dizer que você vai pagar e eu posso escrever o que quer que veja?

– Sim.

– E você pode dizer isso no contrato?

– Sim.

Então eu vou para o Sudão e volto chocado. Começo a escrever. Ficcionalizo algumas partes. Conheci um médico do Sudão do Sul que trabalhou para o EPLS. Ele trabalhava a manhã toda e ficava violentamente bêbado à tarde. Às vezes, seus superiores o enviavam para Nairóbi para entrar em forma, depois devolviam-no ao front para remendar corpos quebrados e jogá-los de volta à guerra. Ele se recusava a largar seu trabalho e conseguir um emprego decente em algum lugar. Decido transformá-lo em um poeta. É a primeira vez que escrevi poesia.

Envio o texto completo para o holandês.

Ele fica quieto por muito tempo. Então sou chamado para uma reunião. O supervisor dele está na cidade, de Bruxelas. A UE está muito receosa com o livro. Falam que a política da UE diz que há apenas um Sudão, mas a minha história diz Sudão do Sul!

Eles também estão preocupados com a linguagem... uma... linguagem... imprópria... inadequada. Muitas coisas não estão de acordo com a política da UE. Eles têm uma proposta. Esqueça o livro. Fique com o dinheiro. O que eles podem fazer é financiar uma exposição fotográfica para conscientização. E para a exposição, posso escrever alguns parágrafos – dentro dos parâmetros da política da UE sobre o Sudão, é claro. Você fica com todo o pagamento, é claro. Mando eles se foderem em linguagem adequada. Consigo o dinheiro em outro lugar e *Kwani?* publica o livro.

Começo a entender por que tão pouca boa literatura é produzida no Quênia. O talento é desperdiçado em edu-tretenimento financiado por doadores e panfletos para conscientização por sete mil dólares cada. Não complique as coisas e você será bem pago.

...

Moi perdeu as eleições. Temos nosso primeiro governo democrático desde a década de 1960. Há dois dias, vim de Nairóbi, onde estou vivendo, para minha cidade natal, Nakuru, para votar. Decido fazer uma viagem até a cidade natal de Moi, através de Baringo, e até Pokot, além do asfalto, onde nunca estive, e onde me dizem que as pessoas perguntam, você veio do Quênia?

A estrada se estende a distância, asfalto esburacado e cinza, reto e verdadeiro, e igualizando: a cidade de Nakuru; o mercado agrícola; a linha reta de jacarandás e o tapete matinal de púrpura na terra úmida e marrom; o palácio do ex-presidente Moi e a escola anexada em Kabarak; planícies de cereais e gado; terra pedregosa, quente e seca; uma pilha de barris solitários de leite fresco, lentamente azedando ao lado da estrada; outra pilha de garrafas recicladas cheias de mel Baringo escuro, cor de cerveja, esperando por um mercado que não vem; um braço estendendo a mão para mostrar um bagre se contorcendo aos carros urbanos ocasionais; um grupo de alunas de saias roxas, infladas pelo vento até virarem abajures de poliéster, dando risadinhas; bodes sentados no meio da estrada passando a cidade de Marigat; leitos de rios secos; grupos de pessoas brilhantes de vaselina a pé ou de bicicleta ao lado da estrada, a caminho da igreja, que às vezes fica a dez ou mais quilômetros de distância; dez ou doze tribos, três lagos. Toda a linha ininterrupta da evolução humana aqui, na base do Vale do Rift, enquanto saio para visitar Pokot.

Esta estrada era a promessa de um presidente para seu povo. As fazendas de mel, o leite, o sistema de irrigação não muito longe daqui que produziam berinjelas do tamanho de pequenas abóboras – todas essas coisas não conseguiram encontrar mercados.

...

Até algumas semanas atrás, Moi era todo policial, a foto em todas as paredes; ele era todo o dinheiro no banco, a constituição. Nós queríamos que ele fosse embora; nós tínhamos medo da vida sem ele.

O dia da votação foi provavelmente o dia mais quieto da história do Quênia. De Nairóbi, peguei um matatu para minha cidade natal. Praticamente não havia tráfego; todas as ruas estavam vazias. As cidades de barracos de lata eram cidades-fantasma, assim como as fábricas de Piretrinas na altura escura e nebulosa da escarpa. Olhei para baixo e vi pequenas manchas de verde e marrom, chá e café e crisântemos e gado: campos de sonhos.

Alguns dias depois, a maior multidão da história do Quênia se reúne, no Parque Uhuru, para inaugurar um novo presidente. O carro de Moi é bombardeado com lama. Quando ele se levanta para falar, é vaiado e lama é lançada contra ele.

Se, antes disso, nos perguntávamos se nos tornaríamos facilmente um não-país ao desafiar o *status quo*, esse medo morreu naquele dia. Começamos a nos tornar algo resoluto e possível. Começamos a desejar novamente. Mas desejar também traz seus riscos.

Há interesse agora, e as pessoas estão apaixonadas.

...

Nunca estive em Pokot antes, então não posso dizer que estou procurando por coisas familiares. Conheço esta estrada, vi essas paisagens mudarem tantas vezes. Quando você está trancado em seu quarto, lento e perdido dentro de si mesmo, a pessoa que você era e que viveu no mundo é vaga e distante para você. Presente no mundo agora, sinto o eco do meu longo sono – pequenos movimentos familiares são surpreendentes; memórias animam, tudo é um pouquinho brilhante demais, meu quarto em Umtata já está longe. As coisas mais mundanas me arrepiam, e ainda fico apreensivo ao redor de pessoas que conheço: amigos e familiares.

O *matatu* passa pela saída para Kabartonjo, e a estrada se eleva alguns milhares de metros em minutos. À nossa esquerda estão as colinas de Tugen, por todo o caminho até Kabartonjo; de lá você pode olhar de uma altura elevada para o triângulo Lukeino, os lagos desta área, o imenso Vale de Kerio.

...

Quando entrei no *matatu* de manhã, o condutor, um homem jovem e malvestido, estava dando tapas no veículo, olhos estreitados e astutos, às vezes insistindo com as pessoas nas costas, às vezes agarrando pessoas das calçadas, o tempo todo em Gikuyu – desbocado e rústico, rindo roucamente quando alguém se esquivava, aborrecido. Nós saímos, e ele marinou conversas em Gikuyu, e em Inglês com sotaque Gikuyu.

Tínhamos acabado de passar pelo posto policial em uma área industrial quando o motorista virou para o jovem sentado ao lado da porta, no banco de trás do Nissan de quinze assentos, e se dirigiu a ele em Kalenjin, e ele respondeu na mesma língua. Eu estava tão assustado que virei, e os olhos dele encontraram os meus e ele riu, então começou a falar Kalenjin para o benefício dos passageiros, balançando o queixo na minha direção, rindo baixinho, o sorriso agora aberto e amigável, provocador, em vez de zombeteiro. É uma excelente maneira de neutralizar nossas atuais tensões políticas – ele está dizendo que está tudo bem. Ele tem boas razões para fazer isso; houve confrontos entre kalenjins e seus vizinhos em toda eleição desde 1992.

É maravilhoso de ver. A linguagem corporal do homem, suas expressões, mesmo sua personalidade, mudam de idioma para idioma – ele é um cara urbano audacioso, um cara *matatu* gikuyu, em Gikuyu, e até em Kiswahili. Quando fala Kalenjin, o rosto fica mais gentil, mais engraçado, irônico em vez de sarcástico, conservador, olhos tímidos. A partir de Kabarak, os novos passageiros são ajudados com mais gentileza e menos adrenalina, coisas empilhadas no teto; uma mulher mais velha é ajudada a entrar, os olhos dele respeitosos.

Alguns antigos fios frágeis se juntam quando a mulher sentada ao meu lado suspira, longamente, enquanto dizia alguma coisa para o motorista. Seus ombros caem, e ela diz: *"Mpslp, ai, aliniuthii"* - o *mpslp*, tipo puxar a saliva para dentro, um movimento completamente familiar, que não vi desde que fui embora, anos atrás. A questão sobre isso é como é completo, como é queniano, não apenas o som, mas o jeito que o pescoço dela balança, os ombros dela caem rapidamente, e ela diz: "Ah, aquele homem!". Ele me ofendeu de verdade, seus ombros frouxos dizem. Mesmo agora ela só pode suavizar e sucumbir a essa ofensa, pois, como eu ou você, ela sugere, somos vulneráveis a sermos ofendidos e derrotados pela ofensa: e isso nos move, pois ela nos disse também que confia em nossa reação compartilhada o suficiente para saber que nós também não ergueríamos um muro de orgulho para a ofensa, ou começaríamos a classificar conflitos. Suspiramos com ela. Por um momento, nos tornamos uma personalidade comum, e ela está conversando para lá e para cá com pessoas de todo o *matatu*.

Seu nome, diz, é Prisca Cherono. É possível ficar sozinha, dizem seus ombros encolhidos. Estou sempre com medo de cair e ficar emaranhado em minhas formas bagunçadas. Quando acordo para uma consciência de lugar e tempo, percebo que me distanciei dos outros e não tenho confiança necessária para fazer o caminho de volta. De certa forma, escrever me mantém perto das pessoas. Sinto-me à vontade dando grandes saltos de percepção e sabendo que posso voltar ao que escrevi e desenvolver até uma forma defensável.

Esses simples ombros encolhidos me trazem de volta.

Se, no silêncio suave dos ombros de Prisca, ela se virar para mim no carro de quinze assentos, e me perguntar alguma intimidade insignificante, que minha pessoa individual não apreciaria – tipo, por que você está tão gordo? seu corpo lembra – ela terá criado uma comunidade ao compartilhar sua vulnerabilidade, e minha pessoa comunitária acabará sendo simpática e aberta.

Direi: – Ah, morei na África do Sul. Lá tem muito *fast food*.

– Ah – ela dirá. – Ouvi dizer que lá é como a América – e o carro todo vai parar e pensar nisso.

Vivemos de acordo com esses atos, em qualquer parte deste país, onde nem nosso hino, nem nossa base tributária, nem nossa língua ou visão de mundo é universal.

Frequentemente, parece-me um privilégio insuportável – escrever. Ganho a vida simplesmente considerando todos aqueles maravilhosos e horrendos padrões do meu passado e transformando-os em algo novo e forte. Conheço melhor as pessoas. Às vezes, quero parar de escrever pois não sei lidar com a possibilidade de que um dia tudo acabe. Às vezes sinto que seria melhor parar, antes de a escrita me tomar por completo. Mas não consigo parar.

Olho para fora, e há uma placenta horizontal feita de nuvens, rosa sujo e marrom, e em algum lugar na distância, caem eixos de chuva da cor de nuvens. Nos meus dois lados, há uma parede de montanhas azuis, as escarpas do Vale do Rift. Há um rastro de bosta de bode na estrada.

A elegância é uma coisa engraçada, e não me refiro apenas à elegância dos cisnes, porque se estamos sentados juntos, neste veículo, e alguém não consegue reconhecer seus sinais (talvez haja um turista bávaro alto de sessenta anos de idade sentado entre nós), quando essa mulher encolhe os ombros e sua expressão suave perfura o silêncio, e começam as conversas em grupo.

Vamos imaginar que quando ela começasse a falar com todo o veículo agora aberto, essa pessoa bávara dissesse algo venenoso, como: "Por favor, cale a boca, senhora. Você não consegue ver que estou lendo?". No momento em que isso acontece, o homem sente as pequenas mudanças e a rigidez dentro do veículo, o súbito silêncio de quinze pessoas falantes. A confiança evapora de seu corpo. Os dedos não sabem o que fazer enquanto se mexem, e a garganta fica livre, gorgolejando defesas. Ele sabe exatamente o que destruiu, mas não o que ela disse ou fez, ou o que isso significava.

Ele poderia ficar quieto e olhar impetuosamente para seu livro, o rosto vermelho, e logo estará perdido dentro dele, e a conversa aberta começará novamente e o isolará. Ou ele pode optar por ser corajoso e esticar um braço, sobre o qual estamos, subitamente, tão conscientes – está fora da nossa experiência compartilhada. Se essa coisa se contorcendo não consegue ler o todo, suas ações são imprevisíveis. É tão fácil as pessoas se voltarem contra você. Aqui, no Quênia, onde apenas nossas interações nos mantêm juntos. Agora que o estado está quebrando, nos mantemos juntos por uma pequena elegância, por relacionamentos interpessoais, por confiarmos na linguagem corporal.

Inclino-me para trás e solto minha fantasia. Estamos tensos, conforme este objeto estranho alcança a frente. Perfeitamente familiar fisicamente, esta mão torna-se uma ameaça animal imediata, um objeto desumano. Não é mais um símbolo quente de saudação proferida. É algo que pode ferir a carne. Podemos escolher feri-lo primeiro. Ele sabe disso e hesita, e aquelas coisas longas e enrugadas que saem como um leque de uma palma tremulam por um momento, e depois tocam o ombro da mulher, muito forte ou muito suavemente, timidamente, e a mulher dá uma puxada brusca, com um suspiro para encontrar seus olhos, e nós suspiramos alto também, e os olhos dele estão pulando agora, perdidos, e ele olha para baixo e seus ombros caem, e isso imediatamente libera nossa tensão. Ele murmura: "Desculpe, desculpe *mama*", e há silêncio por um momento enquanto o deixamos juntar-se à nossa surpresa, por sua coragem, pois ele encontrou o caminho até nós com os olhos vendados. Nos esquivamos de conflitos todos os dias com as menores coisas. Se não há lei, nem ordem, o que nos mantém juntos? Fé no futuro? Não exatamente. Mas construímos um tipo de linguagem corporal compartilhada. Temos que estar atentos e mais atenciosos uns com os outros. É neste fio que nos penduramos.

Então agora alguém, talvez o condutor, e isso se torna uma palavra verdadeiramente apropriada – condutor –, seu trabalho é falar todas as nossas linguagens, mover seu corpo para nos acomodar, nos persuadir, nos cobrar. Ele assume o comando e nos manda para uma nova série de padrões, dizendo *"Hallo mzungu"* e andando de um jeito deliberadamente simples, uma paródia, próxima da nossa ideia de um bávaro desajeitado da televisão, e caímos na risada com essa piada sem desfecho, construída apenas com movimentos que são incongruentes, uma palavra que já estou associando à minha breve ideologia religiosa, baseada inteiramente em padrões e condutores. Tantas pessoas inocentes morreram neste Vale do Rift, assassinadas por vizinhos. Não podemos confiar apenas no clima dos momentos, nas memórias de amor e vida.

Durante esses minutos, escalamos toda a parede de uma escarpa, que todos os anos rendia aos cientistas mais e mais antigos hominídeos e permutas humanas primitivas, e dez ou vinte línguas escondidas nas colinas. Nessa distância, muitas línguas são faladas cuja história não é escrita, sabe-se coisas que ainda precisam ser compartilhadas. Passamos por lagos e parques e cidades, que permanecem invisíveis, pois registramos sem atenção consciente pequenos suspiros e ombros caídos e um tapinha no ombro.

E assim, percebo a ironia de um condutor oscilante, movendo-se para tornar-se irreverentemente alemão; conseguir isso é apenas fazer um pouquinho errado. Ele está confiante o suficiente para usar o menor dos sinais para sugerir que ele não está propondo violência ou ofensa por essa paródia, mas está desarmando padrões desconfortáveis e perigosos, matando a ameaça. E todos entendemos isso; até o bávaro clichê imaginário se inclina para trás e ri. Quero perambular e ver pessoas e lugares. Quero me mover e assistir e não parar.

...

Passo a noite na cidade de Baringo. Na manhã seguinte, chamo um táxi particular e vou para além do asfalto, para Pokot. Por todos os lados há montanhas, poeira e pedras – rochas, pedras empilhadas até onde os olhos podem ver. Os pokot, 150 mil deles, são agricultores ou pastores (frequentemente, não os dois juntos) e vivem, em sua maior parte, nesta terra hostil. A altitude muda rapidamente, de três mil metros acima do nível do mar para oito mil pés. Tudo ao meu redor é uma lembrança da água. Os leitos secos dos rios, as milhões de árvores secas e petrificadas, os camelos. Vento quente e seco. Valas e canais esculpidos pela água. As represas rochosas parecem tolas e inúteis. Quando a chuva chega, com anos de intervalo, esse é um lugar verde, exuberante e intransitável. Pontes, carros, pessoas, gado e camelos são arrastados.

Paramos em uma pequena aldeia para comprar cigarros, e falar com o chefe. Os anciãos pokot se juntam ao redor do carro, todos caem na risada quando me veem. Estão convencidos de que sou uma mulher, mesmo que tenha uma barba. Só as mulheres pokot têm *dreadlocks* no cabelo. Estou surpreso com como parecem saudáveis. Nenhum sinal de doença ou desnutrição. Eles são esguios e lindos. As mulheres têm a pele oleada e reluzente, com tranças torcidas, e as mulheres casadas levam enormes discos bordados com miçangas ao redor do pescoço. Alguns deles vestem velhos aventais de couro, bordados e da cor da terra. Um homem mais velho tem um disco bordado trançado em cima da cabeça. O resto do couro cabeludo é nu. Vejo outro homem com um tampão abaixo de seu lábio inferior – sei que isso era usado tradicionalmente para tratar trismo.

Aqui, fora do asfalto, eles nos perguntam se viemos do "Quênia".

O osso mais longo do nosso corpo se chama tíbia, uma palavra latina que também se refere ao instrumento musical que leva o mesmo nome, pois antigamente flautas eram feitas da tíbia de animais. Há dois ossos na parte inferior de nossas pernas, a fíbula e a tíbia. Fíbula significa "fivela" ou "broche" em latim. A ideia, entre os antigos falantes de latim, é que a fíbula era a fivela e juntos eles faziam um broche.

Em Pokot, uma palavra essencial, *korok*, permite que eu perceba, minimamente, como este cenário é visto por olhos pokot. A palavra *korok* é três coisas: a tíbia, uma unidade de espaço físico, e uma unidade de espaço social. Não é claro para mim, nem para o antropólogo que escreveu sobre isso originalmente, Francis P. Conant, se o conceito de tíbia em Pokot tem qualquer coisa a ver com as outras versões da mesma palavra.

A terra aqui tem duas características: montanhas rochosas, na distância mais próxima, longas paredes de alturas montanhosas, com dobras verticais, e terra intensamente plana e ressecada, coberta de pequenas pedras.

Cada dobra é um tipo de ombro, e entre os ombros, riachos e canais das épocas de chuva correm para as planícies, espalhando-se na descida, tornando-os mais largos na base do que no topo das montanhas. Isso é um *korok*, uma unidade essencial para medir a sociedade e o espaço físico. Um *korok* também pode ser uma pequena elevação entre dois fluxos de água. Assim, um *korok* pode ser, ao mesmo tempo, um ombro de mil pés de altura, cercado por água, e um leve declive de mais ou menos vinte pés demarcado por água corrente. Estou apostando aqui – na possibilidade de que a maneira como esses espaços físicos se encaixam é semelhante à ideia de *korok* como a tíbia, o broche. Talvez a lição aqui seja o contrário disso: um simples lembrete de que as palavras carregam visões de mundo tão pungentes.

O carro desce por um leito de rio, cercado por árvores, e minha pele é atacada por milhares de sombras de pétalas de folhas.

George, o motorista do táxi, diz que as pessoas daqui recebem muitos alimentos de vários doadores internacionais. Também diz que os pokot foram muito menos afetados pela vida moderna do que seus primos, os maasai – e que os pokot se mantêm distantes das trilhas turísticas usuais.

Passamos por uma mudança de vegetação. Há suculentas saídas diretamente de um documentário sobre o fundo do mar – cactos e pequenas árvores baobá atarracadas, com florzinhas rosas e brancas. O subchefe me disse que eles comem as folhas dos cactos quando acontece uma seca. Na distância, há uma gigantesca cadeia de montanhas, a Escarpa de Mau do Vale do Rift.

Há questões contrárias também, para aqueles que vivem fora desse tipo de nação dentro desta nação, e que são pobres. A vida é medida a partir de uma pobreza que define você completamente; você é medido apenas por seu valor, e sabe disso, como as abelhas-operárias da África do Sul.

Pedir aos maasai, que ainda possuem vastos rebanhos e terras vastas, para entregá-los para o outro Quênia, é pedir que eles se tornem pedintes. O pequeno proprietário de agriculturas de rendimento, o fazendeiro de café, de chá, vai dizer, "Argh, vocês, vocês não trabalham duro nem buscam oportunidades". O cara que recebeu terras vai dizer, "Quantos de vocês lutaram para sair da pobreza?".

A maioria de vocês não lutou. Nem vai lutar. A maioria vem para cá para se esconder, ou implora aos maasai que as aceitem como esposas, ou que aluguem pequenos pedaços de terra para que possam plantar batatas.

Talvez estejamos melhor aqui do que vocês. Não está indo bem para nenhum de nós. Estamos pior do que estávamos há vinte anos. Há cinquenta anos.

George conta que já trabalhou por todo o Quênia. Mas acabou aqui, administrando uma pequena empresa de transporte em Marigat.

– Somos amaldiçoados por uma cultura que é forte demais – diz George. – Não queremos seguir em frente e mudar. Muitas pessoas estudam, vão bem na escola. Os pokot estão sempre quebrando recordes nas escolas de ensino médio de Marigat. Mas a maioria dos pokot deixa tudo isso para trás e volta para viver em sua cultura. Quando terminei a universidade, me mandaram para as terras maasai, mas eu não conseguia morar lá. Então me mandaram para Kericho, mas eventualmente acabei voltando para casa. Só consigo viver aqui.

Paramos embaixo de um leito de rio seco, na sombra de enormes acácias, para comer melancia, e manga congelada. O vento lá fora está tão forte e seco que meus lábios estão queimando quando a melancia toca neles. Há um grupo de crianças brincando por perto, e elas se aproximam para ganhar um pouco de fruta. Conversamos com elas em Swahili. Pergunto se elas têm medo de cobras. Elas riem. Vocês brincam aqui fora à noite? "Ah, sim", elas dizem, "saímos a qualquer hora. À noite é melhor porque não é tão quente. Se encontramos uma cobra, matamos".

Saímos deste oásis seco, e estamos de volta em uma planície de poeira e rochas. George me mostra um enorme círculo de pedras, com mais ou menos mil pés de diâmetro. Ele me diz que este foi o último local de reunião dos maasai nesta área. Eles haviam enfrentado anos de seca, e depois de serem derrotados pelos pokot, fizeram uma grande reunião neste círculo. Eles juntaram o gado e se mudaram para Laikipia. Este foi o começo do fim de sua influência sobre o interior do Quênia.

Em Pokot, a máquina que produz guerreiros é tão eficiente quanto era há cem anos. Graças a Deus, nunca precisou ser usada contra nós, do outro lado. Não tenho certeza se conseguiríamos pará-la.

Neste lugar seco, onde a terra não foi remodelada pelo desenvolvimento, ainda é fácil imaginar como foi aquele dia. Vastos rebanhos de riqueza, gado pisando e farejando no escuro. Posso ver as pedras empilhadas como uma parede, entrelaçadas por galhos de espinhos. Outra cerca de espinhos onde mantinham o gado jovem. A grande árvore à esquerda, a única árvore por perto, um ponto de guarda. Os guerreiros recentemente circuncidados, as barrigas inchadas após serem entupidas de carne, os olhos prontos para a guerra. Aborrecidos que os anciãos tenham dito que deveriam se render e ir embora. Ansiosos por derramar o sangue dos inimigos, por provar sua coragem. Jovens meninos e meninas, agitados e animados, sentindo que algo sem precedentes para eles estava prestes a acontecer. Que este era o começo de uma nova história; que eles contariam a última história deste lugar. A noite estava fria, e eles cantaram a noite toda.

Capítulo Vinte e Oito

"Quando chegamos lá, ela pegou um graveto e começou a desenhar nas cinzas com ele, e vi o meio das cinzas se elevar repentinamente, e ao mesmo tempo parecia haver um bebê com corpo pela metade, ele estava falando com uma voz mais grave, como um telefone."

The Palm-Wine Drinkard, de Amos Tutuola

Vou para Lagos. O aeroporto de Lagos é famoso. Eu tinha uma boa imagem dele na cabeça: plástico e concreto clareados pelo sol e encharcados pela umidade; um edifício "moderno" da década de 70 elevando-se como uma nova nação jorrando petróleo; agora, um tipo de hospital psiquiátrico, com labirintos cheios de sonhos de papel amassados e refugiados adormecidos; longos corredores vazios; gritos na cabeça; um sem-número de portas idênticas, luzes quebradas; burocratas mofados com olhos vermelhos me encarando vorazmente; raios e trovões multilíngues: VOCÊ SABE QUEM EU SOU...

Me prometeram monstros cheios de olhos, na frente e atrás, com chifres atacando e ferindo cordeiros portando passaportes, que deslizavam por sua língua enferrujada. Eu sabia que alguns escorregariam para dentro, em vestimentas de renda e lenços de cabelo bordados com diamantes, seguranças, uns caras da Shell Oil, talvez.

Me prometeram milhares de braços desesperados se agitando, levantados para chamar a atenção do homem de olhos sonolentos, com três canetas no bolso, mastigando banana-da-terra assada enquanto grandes grupos de pessoas vestindo roupas simples esperam pelo pequeno cômodo silencioso com assentos de plástico sem fundo que cheiram a medo, onde você senta por horas e encara um buraco-carranca na parede, amordaçado por gaze, atrás do qual estranhos de uniforme cáqui sujo entram e mastigam com olhos mortos e sonolentos, carimbando e carimbando, e você finalmente fica em frente à carranca e diz, "Imploro. Imploro. Imploro. *Oga*. Mestre? Senhor? Madame?".

Foi isso que me prometeram, e eu estava preparado.

Serei um africano pós-moderno aqui; capaz de persuadir, capaz de ver coerência: todo esse caos é certamente uma alcachofra? Lá dentro está o coraçãozinho tenro e funcional da Nigéria? Gentil. Fractais e labirintos. Sim. Civilizações antigas. Vou encontrar coerência aqui.

O voo da Virgin para a Nigéria saindo de Dakar é OK. Não é bom. Não é ruim. A classe executiva está cheia. A mulher sentada ao meu lado tem a maior bagagem de mão que já vi desde quando a Air Malawi costumava ter um voo barato de quatrocentos e cinquenta dólares de Joanesburgo até Nairóbi. Ela está na casa dos sessenta, e lê um livro de T. D. Jakes por todo o caminho. Ela reza antes de decolarmos, e reza baixinho novamente, em línguas, quando aterrissamos.

Descubro que não sei ser um viajante experiente e flexível. Quebro uma regra ao ajudá-la a carregar sua mala até o aeroporto.

Nenhum sinal do Armagedom. Subo a escada rolante sem problemas, anúncios felizes da MTN por todo lado, cores verdes de Naija, CNN passando nas telas de televisão. Recebo um carimbo, um sorriso, as boas-vindas. Vejo algumas máquinas e maquinações flexíveis – mas, naquela manhã, o aeroporto de Lagos é amigável e funcional.

Meu anfitrião vem me pegar. É cedo de manhã, e cortamos pelo tráfego sem mais problemas. Tento me encaixar em seu ritmo, e reclamo como a revista *Time* sobre a economia, o mercado de ações e a democracia e hipotecas. Permanecemos nesta conversa de airbag, o carro refrescado pelo ar-condicionado movendo-se sem percalços pelas rodovias. Cheiramos a boas lavanderias e cera para carro, e voamos no asfalto elevado da terra para a ilha, da terra para a ilha, observando horizontes marcados por arranha-céus.

— Como foi no Senegal? — ele pergunta.

Não consigo pensar em nada digno da revista *Time* para dizer sobre o Senegal, então falo dos Mourides, e ele arregala os olhos e me diz que seu livro favorito no mundo foi escrito por Chiekh Anta Diop. Logo, estamos pan-africando e literarizando intensamente. Ele trabalha em um banco estranho, este homem; aparentemente, o chefe gosta de literatura. É por isso que eles estão patrocinando estes workshops de escrita que estou aqui para ajudar a administrar: nas entrevistas de emprego no Fidelity Bank, uma das novas usinas de força financeira neste país, os entrevistados são perguntados sobre qual foi a última coisa que leram. E eles não querem saber da *Time*.

— Eu trabalhava como jornalista — ele diz. — Sou um pan-africanista. Afrocêntrico.

Os semáforos nos param, e um enxame ataca a janela com todos os tipos de máquinas, bandejas e bobinas e fios e pregos segurando produtos. Sorrisos emplastados nas janelas. James Eze continua conversando sobre a revolução africana. As pessoas batem na janela e capas de revistas são expostas ao meu lado: lábios cor-de-rosa e vermelhos fazem beicinho na janela.

Os acessórios para a cabeça de capas de revista! Uma mulher está envolta em tecido lamé dourado e roxo; a cabeça dela parece um hotel em Dubai. Há uma Torre Inclinada de Pisa enrolada em outra cabeça. Há mais ostentação nessa cabeça do que em um cassino de Las Vegas.

Tenho que comprar uma... quantos *naira*? James avança com o carro, e o cara corre atrás de nós na velocidade máxima. Ele está rindo, e suando, o corpo acionado e pronto, um cabo de condução. Ele nos alcança, batendo a cabeça de uma pobre celebridade na janela. James me empresta um dinheiro, franzindo o rosto em desaprovação.

É chamada revista *Ovation*: Ela não está muito elegante e charmosa?... A entrevista exclusiva com o gigante dos negócios, Alhaji Asoma Banda... Ele é agradável, ele é bem articulado, ele é um homem de negócios por excelência, ele é um homem de família exemplar e, acima de tudo, ele é um milionário... Bem-vindo ao mundo do... presidente/CEO da Zenon Petroleum & Gas.

Entramos na Ilha de Lagos. E a cidade muda: tocas de trinta andares, e cavernas, e prédios inclinados e abarrotados lutando por espaço, e pessoas por todo lado: elegantes e passadas em suas roupas sob medida de todas as cores, todas apressadas na direção da bicicleta ergométrica do futuro... Você pode vê-las, como aves tecelãs, as mercadorias empilhadas debaixo da ponte, subindo. Estou esperando ver alguém escalar a lateral da via expressa, gritando uma proposta de vendas alegremente, o braço levantado alto, e rindo enquanto o sangue escorre por suas unhas.

...

Há algumas semanas, estive em Frankfurt. Aconteceu de eu estar ficando no mesmo hotel que os seguranças do presidente da Nigéria, que estava na Alemanha para uma visita.

Uma noite estávamos todos juntos, fumando em frente à entrada principal, e eles estavam conversando.

– Os cigarros aqui são ruins.
– Muito ruins – os outros concordaram.
– Não são como os cigarros da Nigéria.
– Não, não...
– Mas a academia aqui é muito boa!
Os outros assentem.
– Por quê? – pergunto.
– É muito difícil frequentar a academia em Abuja, sabe...
– Muito difícil. Muito difícil.
– Por quê? – pergunto.
– Vocês não têm esse problema no Quênia?
– Que problema?
– Mulheres.
– Hmm... O que tem as mulheres?

Todos riem. Mas o cara principal, não. Ele parece bastante aborrecido.

– Elas trazem muitos problemas. Muitos problemas.
– Tipo o quê?
– Estamos em uma situação especial, sabe...
– Ah é?
– Todas as esposas daqueles caras importantes... elas vêm à academia... e se você diz não... elas acabam com você, e se você diz sim, os caras importantes acabam com você. As academias de Abuja são muito difíceis.

...

Estamos dirigindo por Lagos. Estamos perdidos em alguma rodovia. O tráfego desafia o bom senso, todos buzinando. Estamos atrasados. Estou em um táxi, indo encontrar um velho amigo. Há milhões de moto-táxis zunindo ao nosso redor. O motorista faz sinal para um, que dá meia volta e acelera ao nosso lado enquanto o motorista pede informações. A motocicleta vai para frente e nós vamos atrás. Seguimos por vinte minutos, e então ele aponta para nosso destino e vai embora, acenando. Não há nenhuma troca de dinheiro.

De jeito nenhum isso teria acontecido no meu país.

...

Vinte mil motocicletas buzinando, um milhão de táxis de metal amarelo quebrando – todos apoiados por conversa, conversa, mexa-se, mexa-se... biiiiiiiip, empurra carro empuuurra, braços acenam para cima e para baixo, os tendões do pescoço são cordas de violão tensas, minhas mandíbulas empurradas para frente, ganindo.

Placas, avisos, e outdoors todos extasiados: Victory Ncobo, Valores Extra-ordinários, Paraíso, Cruzada, Ir em Frente, Transforme seu Mundo, Os Prazeres da Vida em Plena Medida, Avance na Vida!

Um bilhão de toneladas de concreto e metal e vidro e madeira e papel oscilam – ajustes estruturais – e oito milhões de pessoas correm na velocidade máxima, empurrando com força máxima, falando em som *surround*: toda a energia necessária para manter a máquina em movimento. Se todos eles pararem, o metal vai se contorcer, o concreto cairá no mar.

Nós somos Atlas, diz Lagos. Vamos carregar isso aqui.

...

O *mssslp* queniano é curto e suave e tem tudo a ver com resignação. *Mpslp*, ai, estou triste, meus ombros afundam, fazer o quê? O *mssssssslp* da África Ocidental começa com a testa inclinada para frente; os olhos se elevam, endurecem, e atiram, como lança-chamas; as sobrancelhas se juntam para a trovoada. Começa na parte de trás da língua, a boca em um beiço, a saliva sendo puxada ruidosamente, longamente e devagar, um sibilar inalado. É desdém, desprezo, a cabeça para trás, você vira e vai embora, os quadris balançando se você for mulher, os ombros ajustados e o maxilar para frente se você for homem: você não vale minha atenção.

...

Francis, um dos nossos motoristas, está de bom humor hoje. Como todos em Lagos, pelo jeito, sua aparência é sempre imaculada. Bem passado e elegante em um terno azul-marinho e um corte de cabelo recente. Ele abre o porta-malas do carro e mostra uma caixa enorme:

– Cem mil milhões de *naira* – diz. – Uma televisão. Novinha. Estou guardando dinheiro há meses.

– Da onde você é?

– Enugu.

– Você é casado? – ele vira para mim, os olhos um pouco loucos.

– Nãããão. Eu sou o primogênito.

Entramos na autoestrada. Ele coloca uma fita. Uma música gospel americana, de regenerados. Ele batuca no volante e canta junto... Jesus... Jesus... a cabeça balançando de um lado para o outro. Então, seu telefone toca. Ele abaixa o volume do rádio.

Ele escuta por um tempo, fazendo hmmm e ahhh, então explode, batendo no volante.

– Não tenho dinheiro.

Uma conversa longa e barulhenta em Igbo.

Então: – Nããão. Não. Não tenho dinheiro.

Ele desliga o telefone. Xinga. – Argh. Dinheiro. Dinheiro. Sempre dinheiro. Minha irmã tem um marido. Mas sempre dinheiro. Dinheiro isso, dinheiro aquilo Dinheiro, dinheiro, sempre dinheiro. Irmãs, filhos, taxas de matrícula, comida, casamento, funerais. Dinheiro, dinheiro, dinheiro – xinga.

Mssssssslp.

Depois de um tempo, ele coloca a fita de novo, aumenta o volume... Jesus... Jesus... o coral gospel está em um crescendo agora, batendo palmas. Logo, Francis está batucando o volante novamente e cantando junto.

Mssssssslp. Ele faz de novo. *Mssssssslp.* Suspira, abaixa o volume, e pega o telefone.

– Quanto? – diz.

...

Estamos em um subúrbio de Lagos perto do aeroporto, indo ver Lagbaja, the Masked One, um músico de highlife popular entre estudantes universitários e intelectuais por causa de suas letras politizadas. Ele usa uma máscara e tem sua própria casa noturna, Motherlan'.

Não paramos de passar por casas noturnas. Pessoas muito bem vestidas, música batendo em grandes edifícios. Mas às vezes há famílias com crianças. Pergunto ao meu amigo:

– Quer dizer que vocês vão a casas noturnas com crianças?

Ele ri. – Não são casas noturnas. São igrejas que ficam abertas a noite toda.

Capítulo Vinte e Nove

Em 2005, estamos há três anos no governo de Kibaki, e existe tensão. Muitas coisas aconteceram. Muitas coisas boas – mas o tribalismo está aumentando. Kibaki é gikuyu, e os não gikuyus sentem que seu governo traiu o acordo de cavalheiros firmado quando uma coalizão de grupos políticos se uniu para retirar o partido de Moi do poder em 2002. Raila, a quem foi prometido o cargo de primeiro-ministro, e que indicou Kibaki para presidente, recebe o ministério do transporte. Há um sentimento de que um grupo de pessoas poderosas ao redor de Kibaki, algumas do tempo de Kenyatta, está determinado a assegurar que os gikuyus permaneçam no poder. Todos pensávamos que esses jogos tinham terminado. Eles nos levaram até a beira do precipício. Mas nossos políticos ainda estão jogando. Agora que Kibaki perdeu a confiança dos não gikuyus, gikuyus estão receosos de que, se ele sair do poder, sofreremos retaliações. Quem se beneficia de todos esses jogos são as classes políticas, e seus filhos. A maior parte dos gikuyus continua pobre; a maior parte dos quenianos continua pobre.

Há cinco anos, em 2000, aterrissei em casa para o funeral de minha mãe, e acabei no pequeno e úmido escritório de um oficial de segurança no aeroporto de Mombaça. Eu não tinha um certificado de febre amarela. Um grupo de oficiais com olhos vermelhos tinha me encurralado enquanto eu pegava minhas malas. Tentei argumentar, usando a morte de minha mãe, patriotismo, Kiswahili, gestos, ah *bana*, por favor, pedi, a cabeça inclinada para o lado, Patrão, Chefe, *Mkubwa*, *Mzee*, *Mamsap*, Senhor. Eles não cederam. Um homem longo e maltrapilho só ficou olhando para mim, sorrindo. Então coloquei a mão no bolso e lhe entreguei cem dólares. Enquanto ia embora, podia ouvir seus sorrisos desdenhosos atrás de mim.

Em 2002, menos de um mês depois da eleição, andei pelo aeroporto e percebi, surpreso, que todos os oficiais estavam sorrindo, dizendo olá, bem-vindo ao lar. "De onde você está vindo?", uma mulher me perguntou, sorrindo. "Muitas pessoas estão voltando para casa agora", ela disse. Se perguntasse para qualquer pessoa, de qualquer tribo, e aí, como vão as coisas?, podia esperar uma resposta familiar, às vezes, fofocas: eles roubaram a corrente do prefeito. Éramos o país mais otimista do mundo. Muitas conversas de bar até simpatizavam com Moi – as pessoas estavam bravas que, durante a inauguração, as multidões, as maiores na história do Quênia, tivessem jogado lama em Moi. Que feio. Havia adesivos da bandeira por todo lado. Todos os estilistas descolados de vinte e poucos anos da nova geração destribalizada de quenianos falantes de Sheng estavam fazendo roupas largas com a bandeira estampada orgulhosamente em algum lugar moderno, uma nádega musculosa, um capuz, uma bandana.

Se você tem um passaporte queniano e está saindo do Quênia para ir para Londres, com um visto válido, na nossa companhia aérea nacional, há uma pequena humilhação específica pela qual deve passar: você é puxado de lado, por alguém da nossa companhia aérea nacional, e é pedido que você explique por que tem que ir a Londres. Fazem perguntas; fazem uma fotocópia de seu passaporte, que é examinado de perto.

Turistas de geopolíticas melhores passam por você tranquilamente.

Então, um dia, há mais ou menos dois anos, já há algum tempo na temporada de Kibaki como presidente, uma moça, com um bom sotaque de classe média e aquela voz rouca e harmônica de comissária de bordo, olhou para meu passaporte, depois para mim, depois para meu passaporte, depois para mim, e perguntou, "Qual sua tribo?"

Fui pego de surpresa. Tinha algo errado neste padrão. Ela não manifestava nenhuma tribo em sua linguagem corporal, nem em seu Inglês. Ela era uma jovem mulher de Nairóbi em um uniforme de aeromoça. Em tantos anos voando, ninguém nunca havia me perguntado a que tribo eu pertencia. É claro, isso não é o mesmo que dizer que as tribos não importavam.

Se eu pertencesse à mesma tribo da equipe de olhos vermelhos que havia me encurralado aqueles anos atrás por causa de um certificado de febre amarela, teria escapado, mas eles não teriam perguntado abertamente. E eu não teria perguntado para eles.

Eu teria dado dicas; é fácil perceber quem tem a mesma língua materna que você. O que faríamos é começar a conversar casualmente em nossa língua mútua, em voz baixa – todos conscientes, sem nenhuma razão específica, de que esta era uma maneira de lidar entre nós, e tudo bem, mas pode ser vergonhoso se for muito público.

Então pensei que, talvez, essa moça não estivesse falando sério. E perguntei, brincando, se as autoridades na Inglaterra tinham colocado gikuyus na lista negra. Não. Ela riu. "Mas... Mas...", perguntou, "esse seu nome, *Binya-minya-faga*, de onde é?". Ela estava sorrindo seu sorriso de aeromoça, a cabeça inclinada alegremente.

"Nakuru", eu disse, nomeando minha cidade natal. O nome Binyavanga veio de Uganda. Eu não ia tornar as coisas fáceis para ela. Ela me cutucou alegremente com o cotovelo. "Haha", disse, "haha, você é tãããão engraçado, mas, sério, de onde é esse nome? Só quero saber."

Mudei para Kiswahili. É fácil lidar com isso em um Kiswahili severo. "Minha irmã", eu disse, parecendo muito fraternal e preocupado com seus bons modos, "*yaani*, o que você tem a ver com isso?". Kiswahili, a língua de uma civilização antiga, acostumada a lidar com pessoas diferentes, cheia de retórica e boas maneiras, é perfeita para desvelar a falta de razão. É nossa língua nacional, e dói mais ser acusado de preconceito étnico em Kiswahili. Em Kiswahili nos sentimos como irmãos e isso já é um hábito. Se essa abordagem falha, você sabe quem vem merda pela frente.

– Você está duvidando que sou queniano? – olhei bem em seus olhos. Em Kiswahili, isso é devastador.

Ela ficou surpresa. A fila atrás de mim estava impaciente.

Voltando atrás, ela disse: – Oh. Não. Ai! Quer dizer que é errado perguntar? *Kwani* não posso só perguntar? Só estou perguntando? Seu sobrenome é gikuyu... De onde vem o outro nome?

Ela continuou sem me deixar passar. Finalmente, perdi a paciência e disse, "Quer dizer que não posso fazer o *check in* até responder sua pergunta?". Ela ficou emburrada e me deixou passar, e por um segundo percebi certo sarcasmo.

Depois do incidente com a aeromoça, três anos dentro do reino de Kibaki sobre o Quênia, meu nome começou, misteriosamente, a enrolar línguas. Binyaquem? Manyabanga? Às vezes, as pessoas riem dele. Todos que percebem que suas línguas não conseguem pronunciar meu nome são gikuyus. Minha própria tribo. Alguns membros da minha família. Até amigos. Uma pessoa me para na rua para dizer como ficou feliz de me ver no jornal – mas esse seu nome, meus amigos estão perguntando, você é metade o quê?

Agora que temos um presidente gikuyu, pela primeira vez em minha vida, ser gikuyu é um evento público. Você é rotulado e medido, e as pessoas deixam você entrar; há uma conversa nacional acontecendo, e essa conversa está acontecendo em Gikuyu, para os gikuyus, e sobre os gikuyus.

O resto do Quênia se tornou as Tribos. Há uma mensagem de texto sendo enviada a gikuyus chamando luos e pessoas do oeste do Quênia de "bestas do Oeste". Este tipo de coisa está sendo compartilhada até entre as classes médias. Os alvos diretos disso são os luo, personificados por Raila Odinga, que está se transformando no demônio em centenas de mensagens de texto e websites. Por décadas, a face pública da luta do Quênia por identidade foi simbolizada pelas batalhas de grandes políticos gikuyu brigando com grandes políticos luo. Do nosso jeito vago e irrefletido, nós, gikuyus, começamos a ver os luo como a entrada do comunismo e do emocionalismo, e como o colapso da ordem.

Ser gikuyu, dizem, agora todos os dias, em quase todos os fóruns onde gikuyus se reúnem, é ser racional. Nós somos a objetividade da classe média invisível do Quênia. Para os outros pertencerem entre nós, devem se comportar como nós. Não precisamos examinar a nós mesmos.

Precisamos controlar as tribos.

Anos atrás, sentei com um homem idoso que respeito, e ele me disse que o Quênia funcionaria maravilhosamente se tivéssemos uma política aberta para desenvolver as pessoas de acordo com as habilidades de suas tribos. Tribalismo positivo, ele chamava. Os luhya são fortes, e são boa mão de obra. Eles também falam Inglês muito bem, admitiu. Os luo são muito artísticos e criativos. São bons costureiros. Os kamba são bons soldados, porque são leais. O homem passou por toda a pizza chamada Quênia, nomeando cada fatia e agraciando cada uma. Ele deixou completamente de perceber que todas as habilidades coincidiam quase perfeitamente com os primeiros atos de divisão de trabalho introduzidos pelos britânicos, que estava, de fato, afirmando exatamente o modo como havíamos sido definidos e recebido papéis para seguir no Quênia colonial. Essas identidades eram, na mente dele, nossa personalidade tribal permanente. Perguntei a ele, então o que os gikuyu farão neste Quênia utópico? Ele ficou surpreso, e franziu o rosto. Ele não tinha pensado nisso. Os gikuyu simplesmente existiam, e todos os outros eram étnicos.

Algo escapou para dentro da visão desta geração sobre o Quênia possível. Aqueles primeiros tecnocratas gikuyu sob Kenyatta herdaram, quase exatamente, a ideia britânica sobre quem faz o quê. Quem cuida das coisas. Quem pode. Quem não pode, e por que não. As tribos eram primitivas, e não conseguiam escapar de seus destinos. Essa visão imparcial e objetiva está sempre presente nas conclusões de análises longas e completas, que, por uma total coincidência, emergem com a descoberta de que ao olhar para o todo, todo o Quênia, de forma analítica, especialmente agora que nosso presidente, Kibaki, é gikuyu, qualquer pessoa racional vai concluir que nós gikuyus somos as melhores pessoas para incentivar o desenvolvimento das tribos.

Estou em casa novamente, depois de dar aulas na América. Paul e William, meus sobrinhos, têm oito e sete anos. Jimmy está bem. Ele tem duas filhas. A casa dele é cheia de crianças correndo. Rio dele e falo de como ele costumava dizer que moraria sozinho como um ermitão. Ele me diz que a economia vai bem. Ele é uma lenda agora, no círculo dos bancos de varejo de Nairóbi.

Ele terminou um triatlo e apareceu no outdoor da empresa.

Mary Rose, sua filha mais velha, foi nomeada em homenagem a Mamãe. Ela parece muito com Jim. Tem a mesma energia. Emma, a bebê, é uma paqueradora.

Nos últimos dois anos, durante campanhas políticas, mensagens de texto pediam que a Casa de Mumbi (a mãe da Nação Gikuyu) deixasse as coisas "ficarem em casa". *Ka mucii* era sussurrado de motorista de táxi para passageiro, de político para comerciante. Mensagens de texto voavam para todos os lados. John Githongo, o czar anticorrupção do Quênia, que quebrou os *rankings* com uma elite gikuyu corrupta, foi rotulado como traidor.

Pisca pisca. Aceno aceno. É nossa temporada. A temporada de Kibaki.

Durante os últimos dois anos, as pessoas reclamam que bons gikuyus de classe média estão agora falando em sua língua nos corredores de escritórios. É um lugar estranhamente esquizofrênico para se estar. Muitos quenianos presumem que não sou gikuyu e compartilham suas preocupações comigo. Enquanto isso, uma paranoia igual e oposta sobre os gikuyu começa a se espalhar pelo Quênia. Muitos gikuyus compartilham abertamente comigo seu desprezo recém-descoberto por todos os outros. O clima é de triunfo. Estamos de volta. O rosto de Kenyatta está em nosso dinheiro.

Pois aconteceu, agora, nesta febre, que parte do que significa ser gikuyu tornou-se não ser luo. Ser gikuyu é não ser uma tribo. E ser queniano é não ser gikuyu. Estamos dizendo que somos o padrão do Quênia, e vocês, outras pessoas, é melhor que se encaixem. Se você se comportar, seremos legais com você.

Digo meus olás. Digo meus tchaus. Mal posso esperar para ir embora.

Capítulo Trinta

> Ela levou a própria certeza ao se inclinar sob tudo:
> sob sua própria história do coração, sob os olhares em
> Mamprobi, e sob seu próprio mundo abatido.
> *Search Sweet Country*, de Kojo Laing

Cheguei em Accra, Gana, ontem. É minha primeira vez na África Ocidental, para escrever para uma antologia sobre a Copa do Mundo. Os anos passam voando agora, quando minha carreira como escritor começa a se formar. É 2006.

Passo a maior parte da primeira noite em um *cybercafé* em Osu, tentando descobrir o máximo possível sobre o Togo. O café fica cheio pela maior parte da noite, cheio de jovens rapazes, principalmente, todos bem vestidos e, pelo que pude ver, todos procurando por bolsas de estudo ou em websites de relacionamento.

Vou para o Togo amanhã, pesquisar para um projeto referente à Copa do Mundo. O Togo está, de repente, nas manchetes dos jornais, porque seu time, contra todas as previsões, se classificou para a Copa.

Que cidade muito, muito feliz. As pessoas estão rindo e cumprimentando e rindo e cumprimentando. Trabalhando, vendendo, construindo.

Muitas pesquisas no Google resultam em muita informação.

Os franceses, desde a época do de Gaulle, especialmente, amam ditadores africanos paternais que amam itens franceses luxuosos, e bases militares francesas. Isso lhes dá dinheiro, faz com que sintam que têm uma comunidade própria que lhes dá uma sensação de drama internacional; resulta em boa conversa fiada e muita agitação entre alunos. Omar Bongo, do Gabão, importou um castelo francês; o Imperador Bokassa teve uma inauguração ao estilo de Louis XIV e morreu em Bangui; Léopold Sédar Senghor morreu na França; e Félix Houphouët-Boigny da Costa do Marfim construiu a maior basílica católica do mundo em sua aldeia natal.

Gnassingbé Eyadéma, que morreu recentemente, era farinha do mesmo saco. Ele conseguiu ficar no poder por trinta e oito anos com muita ajuda dos franceses, que ignoravam a maior parte dos abusos cometidos por seu governo e forneceram muito auxílio militar por décadas. Chirac o chamava de um amigo da França.

Nações que se separam completamente de qualquer maneira de medir a si mesmas contra as transações normais de suas populações tornam-se cômicas, como um crocodilo sorrindo, ou Idi Amin. O eleitorado desses líderes era a França, seus parceiros de guerra fria, seus espiões dentro dos clãs, e os executivos dos principais extratores de suas principais exportações no exterior. Um website do Togo reporta que um antigo assistente de Mitterrand foi preso em Lomé vendendo armas.

...

Conheço Alex no café da manhã em Accra. Ele é um escultor de raridades em madeira e tem uma lojinha no hotel. O tio dele é dono do hotel. Ele passa o dia na academia, jogando futebol e fazendo esculturas de madeira de mulheres voluptuosas de Gana. Para turistas. Ele reluz de beleza e saúde e roupas recém-passadas. Ele parece pronto, em forma e pronto. Não tenho certeza para quê. Conversamos. Ele não fala muito. Pergunto se ele pode me ajudar a encontrar uma pessoa. Ele joga futebol de dedo em seu telefone, e encontra alguém para me levar a Lomé.

Mais tarde, à noite, entramos no Peugeot de seu tio, e ele me leva para conhecer meu guia. Fico chocado, novamente, com a fluidez de sua linguagem corporal, e mais ainda por sua maturidade solene. Não parece haver nada com que ele não possa lidar.

Mas a atitude dele em relação a mim é respeitosa demais. Ele se faz de menino e me coloca como homem. Não contradiz nada que digo. É perturbador. Antes de chegarmos ao subúrbio onde os amigos dele estão, ele vira para mim e pergunta, seu rosto intimidado, de repente, um menino: "Você já foi para a América?".

...

Encontramos, Alex e eu, no pôr do sol, um grupo de rapazes sentados ao lado da estrada, em roupas de treino e shorts e regatas. Eles todos têm zero gordura e peitorais e parecem desossados, pós-coito, e cinza depois de uma sessão de exercício vigoroso na praia, e de nadarem, e tomarem banho. Um deles tem um curativo no joelho e está mancando. Todos vestem roupas da moda.

Faço perguntas. Todos vêm de famílias de classe média. São todos desempregados, têm vinte e poucos anos, não passam fome, auxiliados de maneiras pequenas por suas famílias, e por pequenos acordos aqui e ali.

Hubert é um jogador de futebol talentoso. Aos vinte e um anos, ele é a estrela do time de primeira divisão em Accra. Em duas semanas ele irá para a África do Sul para ser testado em um importante time de futebol. O treinador deposita altas esperanças nele.

– Sou atacante.

Ele é surpreendentemente pequeno para um jogador de futebol da África Ocidental. Ganenses frequentemente têm a mesma estrutura que jogadores de futebol americano. Concluo que ele deve ser excepcionalmente bom se consegue jogar aqui.

– Você não tem medo daqueles jogadores ganenses gigantes? – pergunto, indicando seus amigos musculosos.

Ele apenas sorri. É ele quem recebe ofertas internacionais.

Hubert concorda em me levar para o Togo por uns dois dias. Ele fica ofendido quando sugiro que vou ficar em um hotel. Vamos dormir na casa da mãe dele em Lomé. O pai morreu recentemente.

Hubert está em Accra porque há mais oportunidades em Gana do que no Togo.

– O Gana não tem política.

. . .

Ofereço-me para pagar um drinque para Alex. Para agradecer. Acabamos em um bar de beira de estrada. Mais ou menos cem pessoas vazaram para a rua, dançando e conversando em voz alta e tropeçando. Alex parece um pouco mais animado. Estão tocando *hiplife* – a versão ganense do hip hop, misturado com *highlife*. É um dia de semana, e o bar está lotado de homens enormes e belos, todos na casa dos vinte, aparentemente. Há pouquíssimas mulheres. Sentamos na beira da estrada e conversamos, assistindo as pessoas dançarem na rua. Isso nunca aconteceria em Nairóbi – presume-se que este nível de animação levaria ao caos e à anarquia, então seria controlado rapidamente. Três rapazes tropeçam e correm uns atrás dos outros na estrada, cervejas nas mãos, rindo alto. Alex conhece vários dos rapazes aqui, e conversa um pouco, de seu jeito solene.

Percebo que não há garrafas quebradas e nenhum segurança visível. Nenhuma pista de que esse nível de felicidade pode levar a alguma violência significativa.

Depois de um tempo, encontramos uma mesa na calçada. Vou até o bar para pegar mais uma rodada. Alguns dos amigos de Alex se juntaram a nós. "Você não bebe Guiness?", perguntam, chocados. Guiness é FORÇA MASCULINA.

Quando retorno, descubro que um casal se juntou à mesa: um homem alto com lábios grandes e redondos, um rosto macio como bebê, e uma moça muito maquiada com seios pontudos e um vestidinho colado.

O resto da mesa está quieto. Eles não fazem contato visual com a mulher, mesmo que ela tenha a idade deles. O homem tem trinta e poucos. Ele chama um garçom, que se materializa. Os olhos dele varrem o lugar, uma série de pontos de interrogação cursivos. As pessoas acenam timidamente com a cabeça. Ele tem um sotaque franco-africano.

Alex nos apresenta. Ele é Yves, da Costa do Marfim. Ele está no mesmo hotel que eu.

Yves ri, os olhos provocadores. – O hotel do seu tio. Eh.

Alex olha para baixo. Ninguém fala comigo agora. Presumem que eu e Yves somos iguais, e que devem se submeter. Começam a falar entre eles, e viro-me para Yves.

– Então. Você está aqui a negócios? Você vive em *Côte d'Ivoire*? – pergunto.

– Ah. Meu irmão, quem sobrevive lá? Tem uma guerra. Eu moro em South London. E no Chade. Também vivo em Accra, às vezes.

– Oh, onde você trabalha?

– Com petróleo... Fornecemos serviços para as companhias de petróleo de N'Djamena.

Conversamos. Não. Ele conversa. Por uma hora. Yves tem trinta e três anos. Ele tem três esposas. Uma é filha do presidente do Chade. A outra é miscigenada – uma britânica negra. A terceira mora aqui, em Accra. Espero que ele vire para a namorada, que está ao seu lado. Ele não o faz. Ela não reage. É como se ela temesse que a maquiagem fosse quebrar se ela dissesse algo. É impossível saber no que ela está pensando. Ele tem dinheiro. Ela vai usar a máscara que ele precisa. De vez em quando, ele interrompe seu monólogo para sussurrar coisas de amor no ouvido dela.

Yves conhece o filho de Kofi Annan. Ele afirma trabalhar para uma grande empresa de petróleo, buscando contatos de alto nível na África. Ele olha para mim, com os olhos fixos e sérios, e me pergunta sobre meus contatos na State House. Não tenho nenhum para apresentar. Ele ri generosamente. Sem problemas. Sem problemas. O Quênia foi estúpido, ele diz, de ir com os chineses tão facilmente.

Este é o futuro. Mas a maioria das pessoas não vê...

Ele se vira para Alex. "Vê este menino bonito aqui? Estou sempre dizendo para ele se preparar. Vou fazer as coisas funcionarem para ele... mas ele é preguiçoso."

Yves se vira para o grupo. "Vocês rapazes do Gana são preguiçosos – vocês não querem ser agressivos."

O grupo está engolindo isso tudo ansiosamente, sorrindo timidamente e parecendo um pouco hesitante. Os drinques fluem. O rostinho bonito agora tem uma garrafa de champanhe.

Mais tarde, nos levantamos para ir embora. Yves agarra o pescoço de Alex em uma chave de braço forte. – Você não vai me atrapalhar no negócio, meu irmão?

Alex sorri humildemente, – Ah não, Yves, eu vou fazer, cara.

– Gosto de você. Eh... Alex? Gosto de você. Não sei o porquê. Você está sempre prometendo, e nada acontece. A sua sorte é que gosto de você.

Alex parece muito feliz.

Nos separamos no elevador do hotel, e Yves me dá tapinhas nas costas.

– Me liga, eh?

Cedo na manhã seguinte, pegamos um carro na rodoviária de Accra ao amanhecer. É uma viagem de duas horas até a fronteira. Você cruza a fronteira em Aflao, e está em Lomé, capital do Togo.

...

Gnassingbé Eyadéma era Kabye, o segundo maior grupo étnico do Togo. A pátria Kabye, ao redor da cidade de Kara, ao norte, é árida e montanhosa. Na primeira metade do século vinte, muitos jovens Kabye foram para o sul para trabalhar como meeiros em fazendas ewe. Os ewe mais ricos desprezavam os Kabye, mas dependiam da mão de obra deles. Eyadéma fez questão de encher o exército de legalistas Kabye. Era chamado de "exército de primos" e armado pelos franceses. Alex é Kabye.

Eyadéma jogava opositores políticos aos crocodilos.

Lomé é quente, seco e empoeirado. As pessoas parecem desanimadas, e a cidade é enferrujada e descascada e descolorida por excesso de maresia e sol e tempos difíceis. Hubert me indica um hotel turístico. Parece fechado há anos, mas o clima aqui deteriora as coisas rapidamente. A indústria do turismo entrou em colapso depois dos protestos pró-democracia no início de 2005.

Hubert não é ewe. E ele apoia Faure: "Ele entende os jovens".
Descubro que a família dele veio do Norte.

Pegamos um táxi para a cidade e dirigimos procurando por uma agência que troque meus dólares por francos CFA. Uma está fechada. Andamos até a próxima. Tem o estilo sem personalidade de um escritório governamental. Cheira a papelão velho e úmido. Eles nos dizem que temos que esperar uma hora para trocar dinheiro.

No centro da cidade, os prédios são impositivos, antipáticos e pouco práticos. A tinta é desbotada; as juntas plásticas parecem descoloridas e frágeis. Já vi prédios assim – nas capitais das pátrias sul-africanas, em Chade e Budapeste. Estes são prédios construídos por empresas internacionais para países ansiosos por demonstrar como são "modernos". Normalmente, eles são descritos como "ultramodernos" – e, quando novos, eles brilham como os óculos de sol espelhados de um segurança presidencial. Em poucos meses, eles enferrujam e descascam e desmoronam. Vejo um que se chama Centre des Cheques Postaux, e outro chamado Centre National de Perfectionnement Professionnel.

Há Agências Internacionais de Muitas Coisas Incrivelmente Importantes, e Centros Internacionais de Coisas Ainda Mais Importantes. Conto quatorze prédios com a palavra *développement* nas paredes. Em Accra, as placas são afetuosas, excêntricas e engraçadas: Loja Dia Feliz, Faça Você a Vida, Corte de Cabelo Diplomático.

Por todo lado, as pessoas estão usando a camiseta amarela do time do Togo.

Decidimos almoçar. Hubert me leva a um pequeno pedaço de terra rodeado em três lados por uma parede de concreto. De um lado deste terreno, um grupo de mulheres está mexendo grandes panelas. No outro lado, há uma sombra improvisada com palha, com sofás e uma televisão enorme. Um cavalheiro gordo, que parece ser o dono do lugar, está assistindo *007 contra Octopussy* na televisão por satélite. Há murais desbotados nas paredes. Em uma parede, há um casal de pessoas brancas valsando rigidamente, os narizes apontados para o céu. Rígidos e desconfortáveis, pessoas brancas clichê. Uma flecha aponta para um violino, e outra flecha aponta para uma garrafa de champanhe. É uma propaganda de hotel: L'Hotel Climon. *12 chambres. Entièrement climatisé. Non loin du Lycée Française.*

Em outra parede, há um anúncio de restaurante.

Uma mulher negra sem blusa, com seios espetaculares – grandes, pontudos e firmes – serve *bruschettas* e um grande peixe em uma bandeja. Um *chef* negro com bochechas reluzentes sorri para nós. Um grupo de pessoas está comendo, bebendo, rindo. Fluente, afluente, flexível. Peço o peixe.

Quando terminamos, saímos e procuramos por um táxi. Há mais táxis do que carros pessoais na rua. Hubert e o motorista têm uma discussão acalorada sobre preços; saímos do carro irritados. Hubert está furioso. Fico em silêncio – o preço que ele menciona parece razoável – mas os táxis em Nairóbi são muito caros.

– Ele está tentando nos enganar porque você é estrangeiro.

Presumo que o motorista do táxi estivesse bravo porque Hubert não quis ser um bom cidadão e conspirar com ele para me cobrar a mais. Entramos em outro carro, e passamos por mais prédios de aparência triste. Há muitas placas de aviso: *Interdit de... Interdit de...*

Um.

Interdit de Chier Ici. Proibido sentar aqui.

Um policial está em frente à placa, com uma arma.

Em vários anúncios pintados a mão, mulheres estão servindo isso ou aquilo, sem blusa, com os mesmos seios espetaculares. Pergunto-me se o mesmo artista pinta todos. A maioria dos murais pintados a mão em Gana são para barbearias ou salões de beleza. Aqui, os seios reinam. Será que é uma coisa francófona? Uma coisa de Eyadéma?

Pode ser que o que faz Lomé parecer tão velha seja que desde que aconteceram todos os problemas que expulsaram os financiadores, e os turistas, ninguém construiu prédios novos para fazer os antigos ficarem menos visíveis. Todos se foram: os retoques de tinta, os murais presidenciais; os hotéis turísticos rosas e azuis com biquínis rosas e azuis na praia bebericando coquetéis rosas e azuis. As ilusões de progresso não precisam mais ser mantidas. O ditador que precisava delas está morto.

Passamos pelo subúrbio onde ficam os casarões, e todas as embaixadas. Por perto há uma rodovia de pista dupla, de um cinza sóbrio, melhor do que qualquer estrada que eu já tenha visto. Ela atravessa matagais e jardins e desaparece na distância. Esta é a estrada até o palácio presidencial que Eyadéma construiu. Fica a milhas de distância. É rodeado por um parque verdejante, e Hubert conta que a família presidencial tem um zoológico no complexo. Eyadéma era caçador e amava animais.

Deixamos minhas malas na casa de Hubert. A mãe dele mora em um grande condomínio em um subúrbio ladeado por árvores. A casa de um andar tem formato de U. Os cômodos se abrem para um corredor e são de frente para um pátio interno, onde há bancos instalados. A mãe e as irmãs apressam-se para abraçá-lo – ele é, claramente, o favorito. Ficamos por alguns minutos, fazemos uma refeição leve e pegamos um táxi de volta para a cidade.

Passando pelo principal hospital da cidade, vejo os primeiros sinais de comércio de verdade: alguém fornecendo um produto ou serviço útil para indivíduos que precisam dele. Alinhados pela parede do hospital estão produtos importados de segunda mão nessa ordem: autofalantes de rádio gigantes, alguns parecendo bastante caros; uma bateria; bananas; um pequeno quiosque com uma placa na frente: *Telephon Inter-Nation*; coleiras de cachorro; alguns cortadores de grana usados; coleiras de cachorro; cinco ou seis televisões de tela grande; coleiras de cachorro; muletas; ferros a vapor; um grande tapete oriental desbotado.

Uma hora depois, chegamos ao mercado em Lomé, e finalmente nos encontramos em uma cidade funcional e vibrante. Agentes de moedas se apresentam na janela do carro – as negociações são rápidas. O dinheiro troca de mãos e entramos no labirinto de bancas. É difícil dizer quão grande é – há pessoas andando por todo lugar; pessoas sentadas no chão e bancas instáveis em todo espaço disponível.

Há bancas vendendo fogões e produtos eletrônicos, e negociantes de moedas e comerciantes de toda a África Ocidental, e costureiros e sapateiros e corretores e faz-tudos e comida e bebida. Tudo é fluente, todos em uma negociação perpétua, flexíveis e competitivos. A maior exportação oficial do Togo são fosfatos, mas o país sempre ganhou dinheiro como uma área de livre negócio, fornecendo para comerciantes de toda a África Ocidental.

Mercados deste tipo existem em toda a África Ocidental há pelos menos um milênio. Há negociantes de sete ou oito países aqui. Os mercados em Lomé são administrados pelas famosas "Mama Benzes" – mulheres comerciantes ricas que têm Mercedes-Benz conduzidas por motoristas particulares. Hoje em dia, depois de anos de estagnação econômica, as Mama Benzes são chamadas de Mama Opels.

A maioria das bancas está explodindo de tecidos. Nunca tinha visto tantos – há manchas disformes nas cores dos panos, formas geométricas ousadas em *batik* de cera, rosas em marrons terrosos, riscas-de-giz ululantes. Há tecidos com milhares de buracos bordados do tamanho de moedas no formato de flores. Há tecidos que prometem riqueza: um dono de banca aponta um estranho desenho em uma moeda do Tingo e o mesmo desenho no tecido de uma camiseta já muito espalhafatosa. Há tecidos para pendurar, para jogar sobre o ombro, para cobrir os ombros, para golas soltas, para casar, e alguns com certeza asseguravam términos imediatos.

Passamos por roupas que se esfregam em minhas orelhas, sussurrando; outras lambem minhas sobrancelhas de cabides acima do meu rosto.

Em qualquer outro lugar do mundo, o tecido é secundário: é a arquitetura final da roupa que faz a diferença. Mas estamos em Lomé, o porto sem taxas, a capital do Togo, e aqui é o tecido que importa. O tecido que você compra pode se tornar um vestido, uma camiseta, um vestuário para a noite com lenço de cabeça, saia e blusa em uma tarde, por um preço extra. O que importa é o tecido. Há tecidos de seda, de algodão, da Holanda, da China, *bogolan* do Mali, *kente* do Norte do Togo.

É a banca que vende sutiãs que me faz parar. É uma pequena banca a céu aberto. Há sutiãs empilhados em uma mesinha, sutiãs pendurados. Há alguns anos, fiz um trabalho temporário como tradutor para alguns visitantes senegaleses no Quênia. Duas das mulheres mais velhas, as duas bastante grandes, pediram que eu as levasse para comprar sutiãs. Entramos em todas as lojas do maior shopping de Nairóbi. Elas cutucaram e puxaram e suspiraram e exclamaram – e eu traduzi tudo para as meninas *chichi*, que pareciam ofendidas que mulheres daquela idade pudessem fazer perguntas sobre sutiãs que não tinham nada a ver com sua funcionalidade prática. Andamos pelo que pareceram horas, mas essas mulheres francófonas não conseguiram encontrar um único sutiã em todas as lojas do Sarit Centre que combinasse uma engenharia edificante com a estética correta.

Elas não conseguiam entender essa insistência anglófona em sutiãs feios para qualquer mulher com mais de vinte e cinco anos que tivesse filhos.

Bancas de sutiã ao ar livre em meu país vendem sutiãs úteis, práticos e brancos. Todos usados. Aqui, não. Há sutiãs vermelhos sem alça com bordas de renda preta. Vejo um sutiã amarelo-narciso com folhas verdes enroladas em toda a costura. Pendurado no meio da linha está o maior sutiã de amamentação que já vi, branco e com arame e ameaçador. Tenho certeza que o branco cobre roldanas e êmbolo e um ou dois suportes aéreos. Um sutiã vermelho tem dentes pretos à mostra ao redor de um par de buracos do tamanho de mamilos. Ao seu lado está um corpete de uma cor de mármore delicada. Não sabia que as pessoas ainda usavam corpetes.

Um grupo de mulheres começa a rir. Estou boquiaberto. Anglófono. Puritano. Demora uma hora para Hubert e eu nos movermos por mais ou menos uns cem metros. Onde quer que eu olhe, me apresentam produtos para tocar e sentir. Hubert parece inflexível. Eu o imito. Cabeças baixas, nos movemos em frente. Logo, vemos uma banca especializada em uniformes do time de futebol do Togo. Há alguns amarelos de manga comprida, de manga curta, sem mangas. Camisetas para crianças. Todas têm o mesmo nome das costas: o superatacante do Togo, Sheyi Emmanuel Adebayor.

Escolho uns dois uniformes e enquanto Hubert negocia por eles, vou até uma banca próxima. Uma mulher elegante e maternal, a imagem de uma Mama Benze genuína, vestindo renda cor-de-rosa, sorri para mim com elegância. A banca dela vende camisetas, e parece descolada e original. Ela me convida para entrar. Entro e fico debaixo das roupas esvoaçantes para me refrescar. Ela manda um rapaz buscar água mineral gelada. Admiro uma das camisetas.

– Muito pequena para você – ela diz, pesarosa. De repente a quero desesperadamente, mas ela está relutante. – OK. OK – ela diz. – Vou tentar ajudar. Quando você vai embora?

– Amanhã – digo.

– Ahh. Eu tenho um costureiro. Vamos comprar o tecido e costurar uma camiseta para você, do tamanho certo.

É aqui que minha certeza se quebra, que meu desgosto por fazer compras some. Percebo que posso me acostumar a este lugar descolado – lançar meu olhar por aí, expressar um interesse, e receber uma solução feita sob medida. Indico tecidos possíveis. Ela franze o rosto e diz, "Nãããão, essa é sem golas elaboradas. Vai ser simples – deixe o tecido falar por si". Em francês, essa opinião parece muito autoritária. Logo, percebo que encomendei seis camisetas. Um grupo de artesãos de couro apresentam uma seleção de sandálias feitas à mão: pele de cobra, crocodilo, todas as cores possíveis. Madame acha que as macias de couro marrom são bonitas. Ela dobra um sapato até formar um círculo. Assente. Boa sola.

Os olhos dela se estreitam na direção do vendedor e ela pergunta: – Quanto?

A resposta a faz dar de ombros e se virar – perdeu o interesse. Não importa o dinheiro. O preço cai. Cai mais. Compro. Ela chama um sapateiro ganense, que reforça as costuras para mim enquanto espero sentado, cola as bordas. Dentro de segundos, tudo está pronto. Ela olha para mim com compaixão:

– Quem sabe algo para a mulher que você ama?

Começo a protestar – não. Não – não gosto dessa coisa de amor. Ahh. A compaixão aumenta. Mas as roupas femininas! Vejo uma blusa roxa com uma gola de pele roxa. Uma saia bordada a mão e uma blusa de algodão branco. É óbvio para mim que minhas duas irmãs nunca mais serão as mesmas se tiverem roupas assim.

Compro duas trocas de roupa para cada uma delas.

Não consigo acreditar em como as roupas são baratas. Agora minhas sobrinhas – que tal presentes de Natal para elas? E meu irmão Jim? E meus sobrinhos. E a mulher do Jim? Essas mulheres da minha vida – elas ficarão tão elegantes e poderosas quanto essa madame em renda rosa, fresca no calor. Rainhas, princesas. Matriarcas. Mama Benzes. Sensuais. Passo quatro horas na banca dela, e gasto quase duzentos dólares.

Voltando do centro de Lomé, vejo uma placa antiga na beira da estrada. Seja o que for que costumava anunciar, já enferrujou.

Alguém pintou sobre ela, em letras garrafais: TOGO 3 – CONGO 0.

Vamos para a casa de Hubert. A praia corre ao longo de uma estrada, e centenas de táxis-lambreta passam por nós com seus clientes de fim de tarde, principalmente mulheres, que parecem muito confortáveis.

O irmão mais velho de Hubert passou o dia todo deitado debaixo de uma árvore. Há alguns meses ele sofreu um acidente feio de motocicleta, e sua perna está engessada. Ele é mecânico e tem uma oficina própria. A mulher dele também mora aqui, e suas duas irmãs. Nos cumprimentamos e ele se afasta. Há hastes de metal enfiadas no gesso. Ele deve sentir dor. A noite está fria, e o condomínio terroso é fresco e recém-varrido. É uma casa antiga e grande. Esta é uma família de classe média alta. Hubert me diz que está inseguro. O pai dele veio do Norte, e depois da morte de Eyadéma, ele não sabe quão segura sua mãe está na capital, que fica no sul.

A mãe e as irmãs de Hubert estão felizes de tê-lo em casa, e cozinharam um molho especial com carne e folhas de baobá e pimenta. A mãe de Hubert, uma enfermeira aposentada, é uma viúva. Hubert é o filho mais novo, e é óbvio que é o favorito das irmãs. Os cômodos da frente de casa se abrem para o jardim, onde parte da comida está sendo feita, para aproveitar o ar fresco.

Ficamos perto da cozinha. Claramente, Hubert e o irmão não se dão bem, mas o mais curioso é a dinâmica familiar. A mãe é a chefe da casa. O pai está morto. O irmão – pelo menos dez anos mais velho que Hubert – age como um menino na sua presença.

Falar de dinheiro com Hubert tem sido complicado. Ele concordou comigo, mas disse que chegaríamos a um acordo sobre o valor mais tarde. Ele deixou claro que ficará feliz com qualquer quantia razoável que eu possa pagar. Ele não está fazendo isso por estar desesperado pelo dinheiro. Ele parece confortável com a situação que ofereci – e está feliz de fazer as coisas, confiando em minha boa-fé, e entregando a dele. Ele não come muito. Por ser atleta, é muito exigente com o que come. A mãe não reclama. Ataco o molho. É picante. Desconfortavelmente, faço-lhe uma oferta.

Descubro que dormirei no quarto dele.

É muito organizado. Há um ventilador, que não funciona. Há um computador, que não funciona. Há pôsteres desbotados de jogadores de futebol. Há duas canetas que parecem complicadas colocadas simetricamente na mesa, as duas sem tinta. Há um toca-fitas conectado à tomada e pronto para ser ligado, mas não vejo nenhuma fita. Não há luz elétrica – estou usando uma lâmpada de querosene. O quarto é todo aspirações. Pergunto-me, antes de cair no sono, como é o quarto do irmão dele.

De manhã, tento fazer a cama. Levanto o colchão e vejo, no canto, um revólver pesado e cinza, calmo e satisfeito como uma lesma.

Capítulo Trinta e Um

É 2006. Inverno. Finalmente me tornei aceitável para uma instituição respeitável. Durante os últimos meses, tenho dado aulas de escrita criativa e literatura na Union College em Schenectady, Nova York.

Toda a minha vida, meu corpo foi um saquinho macio e confortável, moldado até a forma certa para minha mente se remexer, apoiar as costas, suspirar e sonhar. Não mais. Algo aconteceu. Neste inverno, meu corpo está caótico. Tornou-se uma daquelas poltronas americanas – gordas e almofadadas, com várias peças móveis e alavancas que podem comer seus dedos; poltronas que têm engrenagens e botões e monitores cardíacos, poltronas que, ao toque de um botão, começam a vibrar maniacamente.

Perdi muito peso e acordo várias vezes por noite com a visão de um milhão de pingentes de gelo de confeitaria pingando do lado de fora da minha janela. Sinto tanta fome que estou fraco. Somente cristais crocantes de açúcar funcionam. Ou açúcar melado. Ou qualquer açúcar. Minha garganta ficou toda imperialista para cima de mim. Quer beber todo o rio Hudson. Tem certeza que consegue beber tudo. Deve ser algo errado com o aquecimento e desejos energéticos de inverno. O que sei sobre esse novo clima americano, essas casas antigas do Norte? Toda noite, como, bebo, mijo loucamente e mais tarde me torno uma líder de torcida que usou anfetaminas. Saio correndo de casa com restos de rosquinha nos lábios e pulo na bicicleta. O frio não significa nada; o escuro não significa nada. Pedalo furiosamente, todo o caminho até Stockade, e ao longo do rio, e entre as antigas casas estilo holandês, e subo a colina até minha casa, encharcado de suor e cheio de energia, meu corpo queimando de dentro, frio no lado de fora.

É sexta-feira. Acordo às 2:00 da manhã, como três *croissants* de chocolate congelados e bebo um litro de água. Limpo a casa, que está imunda. O proprietário anterior deixou para trás mais produtos de limpeza do que já vi na vida. Borrifo e limpo, borrifo e limpo e fico tonto com os vapores químicos. Um dos sprays de limpeza da cozinha diz que mata o vírus HIV que certamente se esconde entre os grãos de café soltos na pia. Ainda estou inquieto e encontro coisas aleatórias para largar naquela maravilhosa máquina metálica de mastigar dentro dessa pia americana que tem jatos duplos gêmeos. Sem respingos aqui.

Depois de tomar um banho, mijar, beber mais água, pego meu laptop e começo a navegar aleatoriamente, para passar o tempo.

Estamos a um pouco mais de um ano das eleições presidenciais e parlamentares no Quênia, e os quenianos já estão discutindo on-line – dessa vez não é sobre água, poder ou a constituição. De repente, os quenianos, normalmente céticos, estão se tornando excepcionalmente ferozes ao defender líderes que compartilhem de sua etnia. Para os gikuyus, Kibaki é a pessoa mais maravilhosa do mundo. Para os luos, Raila foi feito no paraíso. Para os kalenjins, Ruto é o próximo Rei, a reencarnação de Koitalel arap Samoei. Nossa ironia usual sobre todos os políticos parece ter desaparecido. Qualquer tentativa de apresentar nuances significa ser acusado de ser um traidor, um comunista, misturado.

O ano que vem promete drama. Não sabemos se nossa democracia é forte o bastante para que o incumbente, presidente Kibaki – gikuyu – seja removido pacificamente do poder por um forte candidato, Raila Odinga – luo.

As coisas estão esquentando no Togo também à medida que a Copa do Mundo se aproxima. A federação de futebol do Togo é dirigida por Rock Gnassingbé, irmão do presidente e filho do falecido Eyadéma.

Veja, o futebol em si não é um objeto negociável. Democracia é, tesourarias são, empréstimos e subsídios do governo francês, a vida de todos os cidadãos, o ventre de todas as mulheres – tudo isso pode se adaptar confortavelmente à vontade da primeira família, mas o destino da seleção nacional de futebol pertence ao povo. Ninguém jamais teve sucesso ao tentar proibir o futebol na África.

É fácil entender o porquê: o futebol é uma habilidade que pode ser cultivada até os níveis mais altos, com nada além de plástico e cordão e vontade.

Arjukumar K Patel está on-line cedo de manhã, em algum lugar no ansioso Quênia falante de Gujarati. Em um site de Imigração Canadense, ele tem isto a dizer:

> Sou originalmente nascido INDIANO mas estabelecido no quênia e portando CIDADANIA QUÊNIA eu não tenho qualquer diploma, mas tenho experiência de trabalho para mais de nove anos no negócio de pneu, há alguma chance conseguir emprego no Canadá? tenho um primo de primeiro grau que é um CIDADÃO CANDENSE ele pode aplicar residente permanente para minha família? por favor, aconselhe-me obrigado.

Pego uma maçã e carrego meu laptop para a sala e ligo a televisão. Alguém está vendendo uma solução TOTAL para PERDA DE PESO. Mudo de canal. Nossa. Os dentes dos americanos são realmente maravilhosos. Veja os dentes do Lionel Richie, enquanto ele ziguezagueia pelo palco vestindo lantejoulas e ombreiras cantando em Kiswahili truncado, apresentado em um sotaque jamaicano ruim. *"Jambo nipe centi moja, oooh Jambo Jambo"*.

Hallo, hallo, me dê um centavo, *hallo, hallo.*

As tensões estão altas e a eleição do próximo ano será apertada.

Esperávamos ter uma nova constituição em vigor antes das eleições. Isso não vai acontecer. Agora que os principais jogadores estão tão divididos, e os quenianos também, não concordamos em nada. Tivemos um referendo para a constituição de Kibaki e ele perdeu. Kibaki perdeu a confiança dos não gikuyus. Nossa frágil constituição colonial dá à presidência os poderes de um rei medieval. É muito difícil, sob a atual constituição, remover um presidente em exercício. Kenyatta e Moi se certificaram disso. Temos que confiar que Kibaki se comportará com elegância e permitirá um jogo relativamente nivelado.

Um jogador de futebol procura encontrar fendas nos arranjos estruturais da equipe adversária – precisa flexibilizar seu corpo e sua mente; precisa ter um olho que não apenas entenda a estrutura da oposição, mas também possa seduzir, fingir, enganar, iludir, tapear, encantar. Pode marcar e garantir a vitória encontrando um buraco, um espaço, enxergando avenidas onde existem caminhos em ziguezague; persuadindo através do arame farpado da Área do Porto que serve a toda a África Ocidental; mentindo até chegar ao escritório do mandachuva; seduzindo, com uma língua ágil, a filha dura e orgulhosa do mandachuva; e então você tem acesso às mercadorias sem taxas de um subcontinente. Atravessando tranquilamente portões tripulados por gigantes violentos até o santuário, o zoológico do presidente, sua casa e o tesouro do país. A qualquer momento, um monstro gigante, ou uma equipe deles, estará pronto para derrubá-lo com toda a violência que consegue produzir. Sua língua, a flexibilidade de seus membros, sua sensualidade, o timbre de sua voz; sua compreensão da estrutura de poder que enfrenta – estas são suas únicas ferramentas.

Essa inteligência não é abrigada na mente. A prática repetida transfere as ideias da mente para o instinto do corpo. Nenhuma arma na cabeça pode fazer este corpo funcionar.

Agora, Lionel Richie canta em um Swahili jamaicano que vamos *part-ay, karamu, fiesta, forever*. Quando a boca dele está fechada, ela infla com possibilidades interessantes – para meu olho dental-naturalista. Ela promete dentes dramáticos, penhascos altos de Mau Maus em cavalos galopando ao longo da rodovia rosa do Quênia. Eles estão em um semicírculo na mandíbula das colinas Ngong, olhando para a capital, encardidos e determinados. Eles param por um momento – para a heroica escultura de bronze que eles esperam conseguir para celebrar esse momento revolucionário. Dentes virados para frente, galopam morro abaixo, depois atacam a cidade com coisas pontiagudas afiadas, diretamente na direção do edifício de pau grande: o Kenyatta Cornflakes Center. *"Everyone you meet"*, canta Lionel, *"they are partying on the street, all night long"*. É. Com a boca fechada, Lionel Richie promete dentes na sua marca, preparar, vai.

Para ser um cidadão soberano de sucesso do Togo urbano (ou Brasil, ou Nigéria, ou Quênia) – um que não esteja conectado a bolsas de estudos francesas e departamentos franceses, a autoridades administrativas e ao "setor privado"; um que não seja conectado a clãs ou tribos ou relacionamentos familiares com os Gnassingbés, ou a família Kibaki – é necessário cultivar uma certa forma, um certo ritmo. Seu corpo, sua língua deve responder rapidamente a um ambiente que às vezes muda a cada poucos minutos. Você deve constantemente inventar novas estratégias para prosperar no dia seguinte. Essas estratégias precisam ser enfiadas no corpo, para serem usadas sutilmente e subitamente quando necessárias.

O que é tão sublime sobre os verdadeiros grandes jogadores de futebol é a habilidade de um único indivíduo de confundir completamente uma nação: Maradona com a Alemanha e a Inglaterra. Zinedene Zidane com todos, contido apenas por seu próprio orgulho, sua outra soberania, sua percepção bem no clímax de sua arte e carreira de que o futebol é apenas um jogo, e ele, um artista pago.

O jornal *Nation* on-line anuncia hoje que os pigmeus gaboneses podem em breve estar aprendendo chinês por causa do minério de ferro. A Famous Brands, empresa sul-africana que trouxe a Debonairs Pizza para o Quênia, acaba de comprar 49% da Wimpy UK. A economia do Quênia cresceu 6%, mas os pobres estão em situação pior do que no ano passado. Cinquenta por cento dos quenianos estão vivendo abaixo da linha da pobreza. A província de Nyanza, a pátria materna política e falante de Luo de Raila Odinga, tem uma expectativa de vida de quarenta e quatro anos; a Província Central – gikuyus que apoiam Kibaki – tem expectativa de vida de sessenta anos.

Agora Lionel está sorrindo. A boca se estica para os lados – querendo se prender nos ganchos dourados que pendem dos lóbulos das orelhas. Olho com mais atenção. Não há dentes guerreiros cansados de batalha. Sentada em cima da coroa rosada e macia de seu império, há uma tropa de trinta e duas pequenas condutoras de tambor, peroladas e brancas, a luz reflete de suas medalhas enquanto gritam com a autossatisfação adolescente. *Ohh Jambo Jambo*.

Um sapateiro deve ser capaz de atacá-lo antes de você vê-lo, ver uma fenda em seu couro fino antes que você possa esbofeteá-lo para longe. Um comerciante do mercado no Quênia precisa ser capaz de guardar todas as mercadorias em um minuto, quando um *askari* do conselho municipal, à paisana, for percebido. Deve fazer isso e entregar dinheiro suficiente para as ações de amanhã e o suborno de hoje, e a medicação das crianças de ontem, e o imposto deste mês para um conselho municipal que cobra impostos com eficiência e nunca permitirá que você negocie livremente, nunca investirá seus impostos em qualquer infraestrutura.

Adolescentes, a revista on-line de *lifestyle* do *Nation* nos informa, estão em um estágio crítico de suas vidas. O lesbianismo assombra nossas escolas e deve ser erradicado por modelos de conduta. O mercado de ações queniano está florescendo. A segunda mais antiga corretora do Quênia está emitindo cheques sem fundo. Tem seiscentos mil correntistas. Todas as empresas listadas estão com excesso de assinaturas. Os quenianos estão comprando ações loucamente: a diáspora queniana, quenianos emergentes e os quenianos recém-ricos de Kibaki. É difícil dizer que as coisas não estão melhores. Departamentos governamentais funcionam. Existem registros de coleta de impostos. Você pode obter os resultados do seu exame nacional por mensagem de texto. O maior banco do Quênia é um banco de microcrédito. Há novos arranha-céus por toda Nairóbi. Há uma epidemia de esquemas de pirâmide que a polícia não consegue parar.

Muitos quenianos perderam suas economias.

Aiii! Não vou aguentar mais um dia de inverno dentro de casa.

Assim que nasce o sol, pego um táxi até a estação de trem Amtrak em Albany. Vou passar o final de semana na cidade de Nova York.

...

Tenho um assento na janela perto do banheiro, e quatro maçãs maduras. Há placas de gelo flutuando no rio Hudson. O trem segue o Hudson todo o caminho até a cidade. Lá fora, o resto da água é um edredom agitado de luz dourada e branca. O trem cheira mal. Uma mulher senta sozinha. Ela tem um permanente ruivo na altura das orelhas, transformado em algo elegante, com fios prateados. Ela tem ombros de bailarina. Uma garrafa de água repousa ao seu lado, e algumas frutas. Ela é fresca e saudável no vagão muito sujo da Amtrak.

Pego meu laptop e continuo navegando. Luos na América e gikuyus na América lotam as salas de bate-papo – todos gritando uns com os outros com uma ortografia muito ruim. Não consigo parar de olhar para a mulher, ela se move tão bem, parece tão... televisão. Ela tem seus quarenta anos e um pescoço de coluna romana, longo e um pouco inclinado para frente. Sustentado por cordas e fios retesados, empurrados para baixo de um queixo erguido. Olhos ardentes, quase fechados, nuvens baixas de carvão de rímel começando a prometer chuvas. Deve ser um término. Por mensagem de texto, talvez.

Tenho certeza de que tenho diabetes. Tenho todos os sintomas.

Os pentecostais estão anunciando e denunciando um novo profeta queniano. Seu nome é Pastor Owuor. Ele diz que tem um PhD em biologia molecular, de Israel. Mas agora Deus fala com ele. Os dedos da mulher tocam e mexem na garrafa de água, os tendões subindo e descendo por seus dedos negros, como teclas de piano. O trem faz ruídos e zumbidos quando vira. Fiz trinta e seis no mês passado. O diabetes atingiu o lado da família de Mamãe, todos os doze, quando tinham trinta e poucos anos. Mamãe pegou quando tinha trinta e quatro. A mãe da Mamãe pegou já aos noventa, mas ela comia comida fervida e muitos e muitos vegetais frescos.

Mil sóis matinais dividiram as árvores e transformaram o rio Hudson em uma estrada de luz. Talvez a mulher seja musicista, na Bard College ou Vassar. Jazz. Sim, jazz.

Dezembro que vem, diz o pastor em grandes manifestações em todo o Quênia, um terremoto destruirá Nairóbi. Pontes, torres se desintegrarão como poeira; sangue fluirá e o rio estourará suas margens.

Rock foi pego com a mão na massa. Todo o Togo está furioso. Rock decide convocar uma conferência de imprensa para anunciar um grande acordo de patrocínio. Há balões na sala de conferências de imprensa, e alguns empresários holandeses usando óculos, imagino eu, um que conheceu, subornou e amou os Gnassingbés por quarenta anos, e seus ancestrais holandeses conheceram e subornaram senhores de guerra gordos, ricos e violentos por umas duas centenas de anos – então tecido holandês encerado, e surpreendentemente caro, é comprado por milhões de africanos ocidentais. Na sala há recepcionistas longas e ágeis servindo água engarrafada de Gnassingbé e biscoitos Gnassingbé, e estão vestidas com tecidos estampados justos e lenços na cabeça que silenciariam Erykah Badu. Elas são Mama Opels em treinamento.

Na sala há alguns netos mal-humorados de Eyadéma com a pele amarela e macia da mamãe e lábios carnudos e cor de rosa, correntes de ouro gigantes e o guarda-roupa do OutKast; na sala há mulheres gordas de rostos franzidos, ainda Benzando, maquiadas, com rostos redondos e cirurgicamente esvaziados; oficiais de futebol gordos em camisas com ombreiras e patrulhas de canetas multicoloridas nos bolsos frontais esquerdos; e na parte de trás da sala, de pé, bem na frente dos soldados de olhos vermelhos portando armas, estão jornalistas locais magros e mal pagos, com cadernos pautados e canetas Bic.

Correspondentes internacionais, com seus longos gravadores, jeans sujos e quinhentas palavras antes do uísque, estão largados sobre as cadeiras de veludo vermelho, na seção VIP na frente, procurando pela História: o Mais Morte de Machete, Mais Corrupto de Finanças, Mais Comedor de Tripas e Guerra Civil, Mais Ditador de Sorriso de Crocodilo, Mais Desolador e Mais Genocídio Digno do Pulitzer, Mais Criança Preta de Olhos Grandes Morrendo de Fome da Oxfam, Mais Selvagens Africanos Fazendo Sexo Infectado pela AIDS com Meninas Geneticamente Mutiladas...

A história Autenticamente Mais Africana Preta de Verdade que puderem encontrar para a Reuters ou AP ou Agence France.

Mas: desta vez, porque é a Copa do Mundo, um ou dois bilhões de telespectadores, e patrocínios, e há uma pretensão de que todos chegam lá como iguais, eles realmente procurarão uma história normal sobre seres humanos normais fazendo coisas normais. Esta é a única vez que a CNN mostrará a você um ex-morador da favela jogando, sendo normal e falando por si mesmo, e não atirando, ou se injetando, ou em meio a um sofrimento insuportável digno da CARE Internacional.

Sentados ao lado dos correspondentes internacionais estão suas namoradas escuras e elegantes, as filhas mais instruídas de algumas Ma Benzes, uma das quais quase se tornou Miss Togo, outra que quase venceu a competição Face of Africa da região.

Uma banda de exército de vinte e cinco membros começa a tocar. Trompetes (o elefante está prestes a falar).

Rock anuncia que uma empresa têxtil holandesa comprou

os direitos para estampar tecidos com o logotipo dos Hawks. No Togo, as palavras tecido e holandês são quase tão elétricas quanto as palavras Copa do Mundo.

As mulheres do mercado estão salivando. Comerciantes Mercedes-Benz começam a enviar mensagens de texto para East London e Dusseldorf.

Snap snap. Um celular Android tira uma foto da amostra de tecido em exibição. Alguém sai sorrateiramente da sala – alguém da Costa do Marfim, talvez – e liga para um cara em Abidjan, diz a ele para pegar um voo até as fábricas de tecidos na província de Ganzung, na China, hoje à noite para ter cinco contêineres em Lomé no fim de semana.

Amanhã, os comerciantes chineses no mercado de Lomé farão o mesmo. Mais barato.

Mas o futebol vence as chatices do tecido.

Um jornalista pergunta a Rock sobre os jogadores que o mantêm refém. Ele perde a paciência de um jeito meio George Bush e acusa o jornalista de ser antipatriótico.

Rock perde a guerra contra o erro. O Togo é humilhado na Copa das Nações.

O Hudson se dividiu em dois. Um setor desliza para longe de nós e o trem segue o setor mais longo; há pedaços de gelo empilhados ao lado da linha ferroviária antiga. Os rios quenianos ainda não foram domados pela engenharia. Eles jorram e transbordam e secam, sem movimentos moderados. O trem se enfia em um túnel. A mulher está falando ao telefone, e há tráfego subindo e descendo pelos cabos em sua garganta enquanto o relógio faz tique-taque logo acima da clavícula e lágrimas escorrem pelas bochechas.

Em frente a uma enorme multidão na cidade de Thika, Pastor Owour diz que haverá rios de sangue na cidade em Dezembro.

...

A mulher está sorrindo, mostrando os dentes perolados, e chorando. Um sorriso completo de Goldie Fawn de pele negra, o celular na orelha. A voz está muito sussurrada para eu escutar – e a boca está sorrindo: trinta e dois sapateadores no palco. Um motorista de táxi me disse, há algumas semanas, que a infraestrutura industrial do Estado de Nova York está sendo descompactada, amassada como sucata e enviada para a China pelo rio Hudson em barcaças. Vou votar no Raila. Não o amo. Kibaki é meio OK. Um pouco sonolento, mas de jeito nenhum vou votar para um segundo mandato de qualquer presidente enquanto essa constituição estiver viva. Muito poder. Não quero votar em uma terra gikuyu melhor. Quero votar em um Quênia melhor. Se não posso confiar meu voto para um líder de outra tribo, seria melhor conseguir um *green card* e não voltar mais.

...

Winnie Amayo, que está conversando online hoje, não tem nada a dizer sobre a eleição. Ela está preocupada com o terremoto que vem pela frente:

> Deus... me mostrou cadáveres cheios de sangue e outras pessoas haviam sido baleadas, mas não haviam morrido. Elas estavam chorando, mas não havia ninguém para ajudá-las porque as pessoas estavam correndo para outros países para serem refugiados. era meio-dia e o sangue começou a feder por causa do sol forte. Aquele cheiro entrou no meu nariz e eu fechei meu nariz e acordei. Comecei a chorar e rezar e pedir a Deus que tenha piedade de nós porque nunca fomos refugiados, mas em vez disso recebemos refugiados em nosso país. Naquela noite, molhei minha cama com lágrimas.

Consigo ver essa mulher da Amtrak fazendo uma reverência às sete, depois de um recital de dança, essa boca esticada até o final do tendão retesado, em busca de felicidade, uma cabeça moldada lindamente sustentada por cabos e colunas e dentes: essa boca é um auditório, um espaço de performance – e pode conter muitas multidões violentas de cidadãos gritando, e leões e gladiadores. As colunas em sua garganta segurarão seu dia implodido.

...

Estou em casa, no Quênia, durante o verão americano, quando o Togo encontra a Coreia do Sul em sua primeiro partida da Copa do Mundo.

O continente inteiro assiste, quase todos os homens e as mulheres – um bilhão de pessoas: em cidadezinhas na Alemanha, onde o dia é euros e alemães velhos e incontinentes, e a noite é neonazista; nas salas de estar com vista para o mar de correspondentes internacionais em Accra, onde pernas longas e sensuais voam e a peruca está desgrenhada e uma moça de rosto longo e tubular e lábios amuados está gritando, enquanto o correspondente internacional toma uísque e digita: "Africanos no coração da selva escura do Togo, em meio aos animais mortos dos mercados de fetiche, hoje aplaudiram...".

"A África esqueceu a guerra e a miséria hoje, para celebrar a boa notícia tão rara..."

Todo o continente africano: alguns morando em dormitórios mofados em Moscou; empoeirados, cansados e bêbados, vivendo entre os armazéns abandonados e as indústrias mortas de Nova Jersey; em salas de reuniões bem lubrificadas em Nairóbi e Lagos e Joanesburgo; em prédios apertados nos subúrbios de Paris; dentro das residências para ex-alunos da Escola Presidencial de Lomé; nos mercados de Accra e nos bares de ferro corrugado de Lusaka; nos corredores de escolas; nos salões sociais dos gigantescos mercados de Addis Abeba; em igrejas em êxtase dançante em Uganda;

em sacadas de corais se lamentando em Zanzibar; em um bar escuro tocando rumba e cheio de milícias em Lubumbashi; em locadoras de vídeo instáveis em Dakar; nas prisões da República Centro-Africana; em minissaias em esquinas de luz vermelha na Cidade do Cabo, espiando para dentro de bares SuperSport; em corredores de escolas em Cherengani; na lanchonete do Parlamento em Harare.

Todos pulamos para cima e para baixo, e gritamos e cantamos quando, no trigésimo quarto minuto, Kader dá ao Togo a vantagem sobre a Coreia do Sul com um chute destruidor de um ângulo muito difícil.

Capítulo Trinta e Dois

Dezembro de 2007. Faltam três dias para as eleições.

Não aguento mais. O partido de Raila agora está dizendo, em manifestações em todo o Quênia, que sua campanha é de cerca de quarenta e duas tribos, contra uma tribo – os gikuyu. Os gikuyu se tornaram "manchas" em algumas partes do Vale do Rift. Manchas que precisam ser limpas. Eles enlouqueceram, nossos políticos. Kibaki selecionou seus próprios comissários para a comissão eleitoral. Ele quebrou a promessa de consultar a oposição. Uma mulher me diz que ofereceu seu próprio dinheiro – e ela não é rica – para ajudar a fraudar as eleições para o eleitorado de Raila. Ela é gikuyu.

Quase todas as pessoas que conheço, pela primeira vez em nossa história, estão batendo seu peito tribal de forma nua e aberta.

Rasgo meu título de eleitor. Pego um avião para Lamu, o mais longe da eleição venenosa quanto possível sem sair do Quênia. O homem sentado ao meu lado no avião veste uma camisa com estampa africana e mangas curtas. É um bom *batik*. Não tenta ser chamativo – é um azul-marinho seguro e não afoga sua pele branca. Sem *dreadlocks* loiros falsos; seu cabelo é castanho e curto. O homem está conversando comigo há dez minutos, e é irritante. Talvez seja isso. Nããо. Ele está falando em Kiswahili – mas seu Kiswahili é perfeito. Primeiro ele fala em Sheng, depois muda para um Kiswahili limpo e elaborado da costa. Meu Kiswahili não é muito bom. Meu Sheng não é tão bom. Talvez eu esteja com ciúmes. Nããо. Não é isso.

É que ele entendeu tudo errado. O sotaque é perfeito; a entonação, o ritmo, tudo. O momento está errado. Neste país, com suas muitas línguas, classes e registros, muito é dito pelo não dito. Há muitas formas de lidar com alguém: às vezes você muda rapidamente para o Inglês; muitas vezes você fala em um Kiswahili falso, em tom irônico, simplesmente para indicar que não é dogmático sobre a linguagem, que está muito feliz em mudar e encontrar sintonia com a pessoa com quem está conversando.

O homem é dogmático. E sua polidez requintada é rude. Ele quer que o agradeça por seus escrúpulos culturais, e não está disposto a me deixar falar Inglês, ou não falar nada. Não sou um indivíduo. Sou um embaixador cultural. O Kiswahili dele mesmo, exige que eu seja mais atento do que quero ser – desatenção é impossível quando alguém fala em Kiswahili formal. Exige fraternidade e respeito. Devo assentir e dizer: *"Ndio, ahaa, eh? Yes. Ohh!"*, sobrancelhas erguidas e olhos arregalados de interesse fingido.

Vai ser um longo voo.

A cidade de Lamu é a mais antiga cidade Swahili sobrevivente no Quênia.

Lamu foi fundada por volta do século XII, e há evidências de que o comércio internacional já ocorria há pelo menos um milênio antes disso. Havia cidades-estado maiores e mais poderosas do que Lamu no passado da África Oriental: Siyu e Pate, por exemplo. Agora, a maior parte dessas cidades está em ruínas. O que torna Lamu interessante é que a arquitetura básica permanece praticamente intacta. Não há carros na ilha. As ruas estreitas e as casas de pedra e mangue de paredes espessas continuam próximas ao que eram há trezentos anos. Iguais e, ao mesmo tempo, muito diferentes. Pois naqueles dias, Lamu era muito mais que um museu. Hoje em dia, é um patrimônio mundial, encenando seu passado por suas próprias boas lembranças e para a curiosidade dos outros. A cidade de poesia e comércio com a Índia e a Pérsia e a China está diminuída e pobre.

Saímos do avião e pegamos nossa bagagem. Patrick, um jovem rapaz praiano com quem fiz amizade na última vez em que estive em Lamu, está a alguns metros de distância, segurando um buquê de plumérias e parecendo encabulado em seus *dreadlocks* curtos e jeans largos. Ele pisca para mim. Uma mulher branca idosa – deve ter pelo menos sessenta anos – passa por mim; eles se abraçam, se beijam, ela ooh e aah para as flores.

Eles se afastam, parecendo super *aloha*.

Jovens vêm da ilha com carrinhos para levar a bagagem até os barcos. Cada hotel tem seu próprio carrinho; a maioria tem seus próprios barcos. Pergunto a um dos carregadores sobre a eleição. Ele encolhe os ombros. "Vamos votar em quem nos servir um banquete", diz.

Caminhamos até o píer por uma estrada vermelha e empoeirada, forrada de arbustos espinhosos. Está quente e estou abafado e irritável. Há gemidos e murmúrios esporádicos de água azul sonolenta entre os arbustos, e as pessoas gritam em Kiswahili lírico, empurrando carrinhos de mão, malas quicando desconfortáveis. O mar boceja e se alonga, um azul preguiçoso, prostrado e ondulado, como uma manhã. E a algumas centenas de metros pela água, vejo o dia se levantando: à direita, uma faixa meio longa de prédios brancos reluzentes, a torre branca brilhante de uma mesquita. Ilha de Lamu.

– Chefe!

O homem tem idade para ser meu pai. Meu rosto torna-se imediatamente solene e o saúdo em um Kiswahili tão bom e respeitoso quanto possível. Soa todo errado e truncado. Ele tira minhas malas do carrinho e as coloca sobre os ombros, sorrindo e curvando-se. Não estou certo do que fazer. Continuo falando respeitosamente. Meu respeito é instintivo; seu sotaque exige isso. Nem é uma coisa de classe ou culpa. Kiswahili é apenas uma ferramenta para mim, como para a maioria dos quenianos. Uma linguagem herdada que cem milhões de africanos mutilam. Lamu, esta pequena ilha, é a casa do dialeto Kiswahili original e da civilização swahili.

Andamos pelo píer em direção ao barco. Ele carrega todas as minhas malas nas costas e sou estúpido. Em qualquer outro lugar no Quênia, podemos fingir que somos iguais se falamos Kiswahili; é a língua nacional e convida um sentimento de fraternidade que, na realidade, não existe. Mas Kiswahili é a língua materna de Muhammed; ele não sabe jogar jogos nacionais com ela. Lamu está muito longe do Quênia correto – e o Kiswahili é antigo e profundo aqui. Ele não consegue ler meus sinais e estou ressentido. Desenterro notas amassadas e coloco-as desajeitadamente em suas mãos enquanto embarco, afastando-me de sua gratidão.

A área principal do píer está coberta de laranja: bandeiras, cartazes, camisetas, banners de campanha. As pessoas estão amontoadas, ouvindo o rádio.

O Sr. América em Kiswahili está *salamu alaikuming* por todo lado – e me ocorre que sou agora, para as pessoas desta ilha, o que ele era para mim quando embarcamos no avião.

É noite, e as pessoas estão bem vestidas, homens em longos *kanzus* brancos, mulheres em *buibuis* preto, desenhos de hena em suas mãos e dedos e pés. Um casal louro e magro passeia, ambos vestindo linho – provavelmente de Shela, o vilarejo ao lado de Lamu, onde as celebridades de elite têm casas de veraneio. Um grupo de adolescentes sem camisa está cercado por uma multidão que aplaude enquanto eles encenam uma briga de bastão; há uma corrida de burros para crianças. Jovens mulheres Bajuni de *buibuis* verdes e dourados se movem em grupos risonhos, olhos delineados com *kohl*, ouro em toda parte. Encontro um olhar, que pisca, desce timidamente e, em seguida, cobre-se com um movimento de dedos e sussurro de pano verde fino. Ela se transforma num amontoado perfumado, que incha de especulação.

A cidade sobe suavemente, e todos os caminhos estreitos e tortuosos levam à beira-mar. A cidade é limpa pela chuva e pela água que desce. Há muita merda de burro. Passo pela longa avenida de frente para o mar e viro em um beco estreito, nas entranhas da cidade. Edifícios se inclinam um contra o outro, raspam; paredes pairam sobre caminhos estreitos e tortuosos.

Lamu sempre teve a reputação de ser uma cidade libertária. As pessoas passam a maior parte do tempo dentro de casa, e mesmo casas particulares são construídas com a ideia de público e privado, com camadas crescentes de espaço pessoal, quanto mais você se afasta da porta. As portas são grossas, altas e esculpidas em madeira de forma elaborada; do lado de fora há bancos embutidos nas laterais da porta principal. É aqui que os convidados são recebidos. Há uma aldrava de metal pesada perto da parte inferior da porta. Você bate e senta e espera. A maioria das pessoas não entra em casa.

Antigamente, os comerciantes vinham da Índia e do Oriente Médio e do Extremo Oriente. Assim que você entra na casa da maioria dos comerciantes, vê uma pequena escada que leva para a sala onde os estrangeiros eram hospedados de forma suntuosa, mas ainda distantes da família. Os hóspedes eram bem tratados. Eles eram lavados com água de rosas. Os pomares nos pátios tinham lima, limão, bananeiras e maçãs. Quando Ibn Batutta passou um tempo entre os Swahili em Mogadíscio e Kilwa, foi alimentado com ensopados de frango, carne, peixe, e vegetais servidos sobre uma cama de arroz e cozidos com ghee. Ele comeu bananas verdes em leite fresco, limão em conserva, gengibre e mangas.

Lamu tornou-se um local de peregrinação para hippies e homens gays nos anos 70. Do lado de fora das paredes grossas e principalmente à noite, as pessoas usavam suas aparências diligentes: mãe, ancião, imame, turista.

...

Patrick vem até meu hotel à noite. Tomamos uma cerveja; ele está feliz em me ver, diz.

– Por que você não me ligou? Eu liguei e você nunca ligou de volta.
– Eu estava ocupado – digo.
Ele não parece impressionado com minha resposta.

– Você está acompanhando a eleição?
Ele ri.
– Eu? Não. Sou apenas um garoto praiano.

...

A eleição ruge no rádio. Há rádios de bolso em todos os lugares, e as pessoas se reúnem em pequenos grupos ao redor deles. Ontem briguei com Patrick. Ele desapareceu com o meu dinheiro por um dia inteiro enquanto eu fiquei cozinhando, sem créditos de celular. Eu estava furioso. Há rumores de que as milícias estão se reunindo no Vale do Rift. Ele estava fazendo festa em algum lugar. Deu de ombros, como se dissesse, por que vocês, pessoas do Norte do país e pessoas brancas, que, para nós, são, na verdade, iguais, movem-se tão agressivamente contra a maré?

Enquanto conversávamos, uma jovem queniana, uma médica, juntou-se a nós para tomar uma cerveja e começamos a conversar sobre política. Quando ela saiu, ele me perguntou se a mulher era gikuyu. Respondi que não. Ele disse: *"Yeye ni mjanja sana"*.

Disse a ele que ela era provavelmente luo. Ele ficou confuso por um segundo. Então, assentiu e disse novamente: *"Ni mjanja kama mzungu"*.

O que ele estava dizendo é que ela era muito astuta ou esperta, como uma pessoa branca. Ele não disse, nem quis dizer, sábia, educada ou mesmo inteligente.

Bebo com um banqueiro. Ele está animado. O Quênia já mudou, diz. Os antigos bancos de classe média acabaram. O banco para as massas chegou; qualquer um pode obter crédito, abrir uma conta. Existem centenas de novas escolas, faculdades e muitas novas universidades privadas. Os maiores novos depositantes não são da classe média de Nairóbi. Eles fornecem serviços para as massas – comida, construção, crédito para telefone celular, pequenos empréstimos, equipamentos. O sindicato mais organizado no Quênia é o sindicato dos professores de escola primária. Eles têm seus próprios bancos – com bilhões, eles estão construindo suas próprias casas. O crescimento está chegando de baixo, não do dinheiro de patrocinadores políticos. Esses novos ganhadores de dinheiro podem forçar políticas. O banqueiro é um grande defensor de Kibaki.

– Raila é perigoso – diz, com o rosto sombrio. – Ele não pode vencer, de jeito nenhum.

– E a constituição, uma nova constituição?

Ele funga.

– Ha! Precisamos estabilizar as coisas antes – ele quer dizer que o grupo de Kibaki tem que consolidar o poder.

Passo a noite andando para cima e para baixo no píer e conversando com as pessoas. Há rádios em todos os lugares e acompanhamos os resultados. Ouço as pessoas dizerem que não conseguem pagar suas contas; o preço da comida está impossível. De manhã, tento retirar dinheiro no único caixa eletrônico da cidade. Está sem dinheiro. A contagem começou, e está claro que há fraudes. Gangues de jovens raivosos bloqueiam estradas em Kibera.

O voo saindo de Lamu está atrasado. Nairóbi está perigosa.

Por que agora? Há cinco anos, tivemos uma eleição quase perfeita. Quem sabe. Pode ser o preço do petróleo; a carne na China; paranoia sobre os benefícios recebidos por gikuyus; paranoia sobre os benefícios recebidos por kalenjins; os luo traíram novamente; se vencerem, não haverá represálias?

Moi; Kibaki; Raila; Ruto; cerimônias de circuncisão em dezembro; economia de gotejamento não gotejando o suficiente; mensagens de texto instantâneas; quenianos xenófobos que moram no Texas, Nova Jersey e Londres, insultando-se como loucos na Internet, tendo descoberto a xenofobia em salas de bate-papo; altas vendas de pangas em nossos supermercados; colonialismo; a reforma agrária de Kenyatta; a reforma agrária de Moi; corrupção que sobe; os federalistas; os centralistas; combustão espontânea; neoliberalismo; combustão pré-planejada; caixa dois pela violência dos políticos;

caixa dois pela violência de atletas ricos; Kibaki mexendo com nossa comissão eleitoral. Raila vai fraudar! Rapazes revoltados; rapazes famintos; muita democracia, muito rápido; velhos que se recusam a ceder o poder; jovens que querem o poder demais; muito pouca democracia, muito devagar; queixas injustas; nosso presidente, um político terrível.

Esperança demais, reforma de menos.

Enquanto nossa bagagem está sendo despachada, escuto uma conversa entre os encarregados pelas malas. Mesmo aqui, todos estão divididos. As pessoas do Orange Democratic Movement estão ao redor de seu rádio. As pessoas do Party of National Unity ficam em torno de seu rádio. Depois de uma discussão desanimada sobre as eleições, uma das encarregadas pelas malas suspira e diz:

– Hoje em dia o Quênia é como a Inglaterra.

Dou risada e pergunto por quê.

– Não sei. Tantas coisas como a Inglaterra. Agora até aqui em Lamu você vê mais turistas quenianos do que britânicos...

Os colegas dela assentem.

– Até a comida nas lojas é como na Inglaterra. Eles empacotam como se fossem importadas. As coisas estão caras.

Um dos colegas se vira para ela e diz:

– Ué, desde quando você esteve na Inglaterra?

– *Mpslp* – ela diz, corando, e a política é silenciada por um momento compartilhado. – Você sabe o que quero dizer.

O avião pousa e nos dirigimos para o embarque. Estamos nervosos. Diz no rádio que Kibera está queimando. Há polícia de choque em toda Nairóbi.

Os resultados finais saem amanhã. Fraudes são abundantes nos dois principais partidos. Todos os supermercados ficaram sem facas e pangas. Estamos preocupados. Não estamos preocupados. Os turistas ainda brincam na praia. É difícil imaginar o caos prometido por todas essas pangas. Afinal, as coisas eram piores antes. Não fazemos aquelas coisas de Uganda, dizemos para nós mesmos. Vai ao ar, desdobrando-se ao vivo, câmeras por todo o país trazendo as reações mais quentes, os protestos mais raivosos; eles estão lado a lado. Kibera está sempre causando problemas, de qualquer maneira. Nenhum esporte jamais foi tão emocionante. Sob esta constituição, o vencedor leva tudo. Metade do país se sentirá eliminada, independente de quem vencer. Todas as verbas e planos vêm de Nairóbi, do governo central. É possível que não saibamos quem ganhou até os últimos votos. A comissária de bordo me entrega o jornal de hoje e pisca.

...

Estamos sentados em um apartamento, um grupo de amigos, artistas, assistindo as eleições desmoronarem na televisão ao vivo, junto com o resto do Quênia. Tem pizza, cerveja e drama. Políticos e seus agentes, dos dois lados, estão invadindo o comissariado eleitoral. O Kenyatta Cornflakes Center, onde a contagem principal está acontecendo, está cercado de polícia de choque. Ainda acreditamos que ficará tudo bem. Escutamos rumores de que alguém próximo do presidente veio à noite e mexeu com as coisas. Na noite passada, Raila estava um milhão de votos à frente. Hoje de manhã, acordamos e Kibaki o tinha alcançado. Mas sabíamos que seria apertado. As pessoas não entendem números, dizemos a nós mesmos. Kivuitu, o chefe da comissão eleitoral, ainda está fazendo piadas, então tudo ficará bem. Muitos eleitorados fundamentais ainda não entregaram seus votos. A comissão não pode contá-los por telefone. Aparentemente, eles estão esperando para ver os números antes de mexer com seus próprios resultados e enviar tudo. Todo mundo está fraudando, e agora estamos dizendo que a mídia tinha agentes em todos os eleitorados, para manter as coisas honestas. Ainda é apenas um programa de TV emocionante. Há cinco anos, tivemos uma eleição boa e honesta; essa não pode ser muito pior.

É noite quando uma energia repentina se acumula. Kivuitu libera o cômodo e desaparece. Poucos minutos depois, em uma pequena sala, sem ter anunciado os resultados restantes, sem ninguém da imprensa independente, ele anuncia que o Presidente Kibaki é o vencedor. O cômodo inteiro está quieto; o Quênia inteiro está quieto. Então, de repente, todas as telas se deslocam para a State House, onde algumas pessoas sombrias estão sentadas, enquanto Kivuitu empossa Kibaki. Não há milhões de pessoas neste momento.

Então, não há mais notícias. Há música. Desenhos animados, o sol se põe e o Quênia fica escuro. A Al Jazeera sobrevive por um tempo e tudo o que vemos são números, cinquenta mortos, oitenta mortos, cem mortos. Ouvimos depois que, no momento em que o presidente foi empossado, podia-se ouvir os gritos das pessoas correndo pelas montanhas e vales para matar, e todos os telefones celulares do Quênia estavam cheios de mensagens de texto com rumores e ameaças.

Durante as semanas seguintes, não importava que você a conhecesse a vida toda e que ela tenha sido a primeira menina que você amou na escola primária. Sua esposa de outra tribo. Sua lâmina cortará o estômago dela, rasgará a camiseta do Tupac, e você limpará a lâmina e irá para o próximo cômodo, procurando o bebê.

Várias milícias kalenjin marcham a pé até Nakuru, e Baba não vai embora. Estou no telefone com ele de hora em hora, implorando. Querosene e fósforos custam menos de um dólar por dia. As formigas saíram dos troncos do Quênia; algumas vão incendiar sua própria cidade, Kisumu, assisti-la queimar e festejar.

Você vai ficar chocado e observar sua nação – que tem banda larga e um exército bem cuidado e uma escola particular novinha em folha que se parece exatamente com o castelo de Hogwarts em Harry Potter – ser dominada por jovens com facões afiados e arcos e flechas envenenados. Enquanto você está em sua sala de estar, eles tomam conta da rodovia principal, tiram as pessoas dos carros e cortam suas cabeças. Em Nairóbi, eles levantarão a ferrovia, a espinha original, e começarão a desmantelá-la. Por dias, não há notícias. Dizem que os generais estão prestes a tomar tudo. Que Raila tem o exército e Kibaki tem a polícia e a força aérea. Os noticiários da televisão foram silenciados. Nosso presidente está em silêncio. Ele está com medo, dizem. Há uma piada de que ele está embaixo dos cobertores, em pijamas da Marks & Spencer, lendo P. G. Wodehouse com uma tocha, e de alguns em alguns minutos, a cabeça dele aparece e ele pergunta: "Acabou? Eles foram embora?".

Ontem à noite, um pequeno exército com arcos e flechas estava matando pessoas a algumas centenas de metros da Pyrethrum Board. Houve batalhas nos subúrbios à beira do lago de Nakuru. "Não vou embora", disse Baba.

Capítulo Trinta e Três

É 1983. Tenho doze anos. Em dois meses, vou prestar os CPE, os exames nacionais de ensino fundamental. Passo muito tempo em meu quarto, fingindo estudar. Leio muitos livros. Estou sempre encrencado com Mamãe.

Quando me masturbo em meu quarto, não gosto de pensar em pessoas que conheço. Sei que estou apaixonado por Khadija Adams, que foi Miss Quênia e é uma estrela de beleza internacional e usa sabonete Lux. Mas não posso imaginá-la quebrando o glamour e se contorcendo. Também sou apaixonado por Pam Ewing, de *Dallas* – mas ela é boa demais para pensamentos sexuais, e é doce e fofa. Odeio Bobby Ewing e realmente odeio Jenna Wade. Alexis Carrington, de *Dynasty*, me faz dar risadinhas quando fala fazendo beicinho.

Hoje à tarde, enquanto crianças corriam lá fora, saindo dos corredores de salas de aula para jogar, usei um clipe de papel para arrombar a mesa de Andrew Ivaska. Os pais de Andrew são missionários Batistas da América, e ele tem uma biblioteca cheia de livros. Mamãe não me deixa ir na biblioteca. Estou me segurando o dia todo para fazer algo malicioso, para espetar alguém com uma caneta. Dentro da mesa está uma cópia novinha de *The Black Stallion*, de Walter Farley, ainda não lida. Coloco-a em minha mochila, entre meus livros didáticos. Assim que chego em casa da escola, corro para meu quarto e tranco a porta.

Estou debaixo do meu edredom laranja. Preciso de quarenta e cinco minutos antes de Mamãe bater na porta. O menino do livro se chama Alex – ele é quieto, teimoso e solitário. Uma daquelas pessoas que cuidam de suas vidas calmamente, trabalhando corajosamente, esfregando estábulos, amando cavalos e não se exibindo, e dependendo de si mesmas. Então, Alex fica preso em uma ilha com um enorme corcel negro – uma besta selvagem que quer matá-lo. Do seu jeito de caubói resmungão, Alex decide montar o Corcel Negro. Alex decidiu que quer algo impossível. E ele quer tanto essa coisa impossível que está preparado para perder tudo. Ele não admite isso, então tenta transformar seu desejo em algo mecânico: ele encontrará soluções palpáveis. Como pular nas costas do animal, como manipular equipamentos para manter-se nas costas da besta, como subornar o cavalo com vários petiscos. Enquanto ele vive sua vida de seu jeito órfão e solitário, manipulando equipamentos, nós pingamos com seu desejo. Ele não diz o quanto quer conquistar o cavalo. Nós queremos conquistar o cavalo. Queremos aquele cavalo mais do que qualquer outra coisa. Quero ser jogado, cair de costas, e mancar por dias.

O frio da noite chegou. Fico de pé e olho pela janela. O lago e as colinas estão nublados, como um filme – não há telhados de zinco nem campos súbitos de milho cultivado ilegalmente para perturbar a aparência de campo inglês. Quase consigo imaginar cavalos. Não há uma vaca à vista, nenhuma cabra aleatória; nem nossa cabra saiu para pastar ainda. Ligo o rádio, corro para encontrar a General Service. Temos duas estações de rádio principais, General Service e National Service. A General Service é em Inglês. Todas as manhãs, após as notícias, eles tocam música suave como Abba e Boney M. e Kenny Rogers e Lionel Richie. Às vezes, uma orquestra chamada James Last, que reproduz versões suaves de músicas famosas. As notícias são todas sobre o presidente Moi. James Last é uma música boa para se masturbar: consigo deitar e enxergar corpos nublados de televisão fazendo coisas nuas e nubladas na tela da minha cabeça.

Há dez anos, este subúrbio havia sido, durante sessenta anos, a ilusão cuidadosamente construída de colonizadores burocratas. Todos brancos, nenhum negro africano podia morar aqui. Apenas criados, que eram espancados se fossem vistos usando sapatos – que os deixavam metidos. Os colonizadores foram embora rapidamente após a Independência. Tão rápido, que suas casas ficaram baratas. Baba comprou uma casa de campo em Nairóbi, que é nosso patrimônio familiar mais valioso. Em 1972, Mamãe nos levava à cidade e tudo que víamos eram crianças como nós, vivendo em uma paisagem como essa, que foi feita por pessoas que queriam imaginar a primavera inglesa em uma terra roubada. O Quênia do meu quarto nublado no amanhecer com a General Service parece eterno e nosso. O único problema é a rádio National Service, todas aquelas músicas em tantas línguas que sugerem alguma outra realidade pungente, canções complicadas o bastante para sugerir confusão e história. Essas músicas não querem se encaixar convenientemente nas formas de seguir em frente e se moldar na próxima oportunidade; pulsam com sons passados indefinidos, formas e ideias, e é inconveniente, no mínimo porque o jardim anglo-queniano não se parece com seu som.

O único músico queniano que pode tocar regularmente na General Service é Kelly Brown. Ele tem um afro, roupas brilhantes e um R&B de sucesso na Alemanha. Ele vem de Mombaça, mas mudou de nome. Abdul Kadir Mohammed Ali Bux não funciona nos círculos Europop dos anos 80. À medida que as pessoas desaparecem nas masmorras recém-projetadas do Quênia, e pessoas morrem de fome e doenças e estradas desmoronam, estamos prestando exames freneticamente e dançando com Kelly Brown, o afro balançando, lantejoulas brilhando: *Me and my baby tonite-ah, we hold each other tite-ah, she gives me evuh-rythang, coz she's ma best thing. Oooh ah. Ooo ah. Ah cant gerrinuf of your luuuurve.*

Eu deveria estar estudando. É por isso que me masturbo. Se não me masturbo sempre que possível, tenho que passar o dia tentando esconder meu pau duro sem nunca saber se as pessoas conseguem ver ou não, e meu nariz fica todo suado, e tenho que DESVIAR O OLHAR de todos os seios, e parece que todas as meninas têm seios. O que posso fazer para evitá-los?

A rádio General Service é fácil de encontrar no rádio de ondas médias. Exatamente 800 usando o dial. A National Service está em algum lugar por volta de 200. Sei disso porque tento, sempre que possível, evitar seus sons *kimay*. Não sei por que essa música do Congo e aquela música de violão queniano ruim tanto me afligem; mas é um fato.

A verdade é que eu não sou bom com imagens; sou muito melhor com palavras. Beijos e abraços em livros são muito impactantes. Não sinto o mesmo com televisão ou filmes. Filmes são para todos, fazem você sentir o que todos que assistem sentem. Para um filme, sou um forasteiro, uma testemunha se maravilhando com o espetáculo que acontece em minha frente. O mundo erótico de um livro não está vivo na tela – vidro e plástico e metal. Também não está vivo nas páginas, aquilo são apenas rabiscos carimbados de qualquer jeito em árvores mortas. O mundo inteiro dos livros acontece dentro da cabeça, completamente emaranhado com os olhos ardendo, o peito apertado, o estômago galopante. É completamente meu, cem por centro privado. Quando eles se tocam e se beijam, o beijo me pertence, não pertence a outros leitores, ao autor, ao casal. Se for um beijo bem escrito, será carregado em um lugar pequeno e enrolado debaixo do osso duro sob meus mamilos.

Às vezes, pergunto-me se existe um terceiro tipo de ser humano. Há pessoas reais, feitas de carne e sangue. Há pessoas de televisão e rádio. Há pessoas de livros. Pessoas de livros não têm uma voz para seus ouvidos. Não é possível vê-las. Você, o leitor, trabalha com um bom autor para fazê-las andarem por sua cabeça, jogar os cabelos, odiar e amar, e desejar coisas com urgência. Avermelhado é um sentimento dentro de mim que sinto quando leio coisas sobre cavalos, e crinas, e jogadas de cabelo, e outono, um conjunto de impressões, movimentos, luzes. Essas são minhas preocupações.

Demorará anos para as masmorras serem abertas, e nós descobrirmos a verdade. Em 1983, todo dia, várias vezes ao dia, escuto

"Human Nature", de Michael Jackson, e sinto-me cheio de compaixão por sua sensibilidade. Sabemos o suficiente para entender que coisas estão acontecendo lá fora, para além da névoa. Existem sussurros. Mas também há *Dallas*, *Dynasty*, e *Falcon Crest*.

Michael Jackson é lindo. O nariz ainda não caiu. Ele conseguiu tornar-se um eterno tempo presente: sem linhagem, sem história; ele é o máximo de som e movimento e atualidade. Em 1983, enquanto leio, Moi está construindo seu Prédio de Pau Grande. Todo ditador tem que ter um. O seu se chama Nyayo House. Ele já sabe que para governar o Quênia, vai ter que derramar sangue. Por todos aqueles anos, pensamos que ele era apenas infeliz, que torturava porque estava sofrendo. Depois, descobrimos que havia uma câmara subterrânea, feita por seu pessoal, projetada para tortura com a ajuda de Nikolae Ceaușescu, naquele prédio muito alto. Ninguém no Ocidente reclama. Moi é um bom amigo do Ocidente. Enquanto sonhamos sonhos de ombreiras, intelectuais, ativistas, escritores são espancados, afogados, testículos são esmagados, pessoas são privadas de sono.

...

É outono de 2009, e escrevo de meu quarto em uma pousada em Red Hook, Nova York, perto da Bard College, onde trabalho. Fiz uma longa caminhada esta noite. Caminho e piso em folhas esmagadas, assisto aos primeiros dourados e vermelhos nesta luz gloriosa. É uma época tão carismática porque parece e dá a sensação de coisas amadurecendo – mas as folhas não estão amadurecendo, elas estão morrendo.

Faz um ano e meio que o Quênia enlouqueceu. A tela das coisas foi desfocada. Durante a violência, recusei-me a voltar para os Estados Unidos em janeiro para trabalhar. Sentia-me como se estivesse abandonando meu lar. Assim que o acordo de paz foi assinado, fui embora. Disse a mim mesmo que chega. Estou acabado por Quênia em excesso. Pediria um *green card*. Visitaria nas férias. Economizaria para ajudar minha família a ir embora, se necessário. Amor a uma distância comprometida.

Bebi muito, tive muita raiva naquele verão. Consigo me ver agora, acenando meus braços bêbados em vários locais pontiagudos e protestando contra isso e aquilo, e sentindo que se continuasse falando, o chão não se abriria para me fazer ficar sozinho.

Em uma leitura e palestra na Williams College, passei vergonha ao explodir em lágrimas melequentas quando comecei a falar sobre o Quênia. Não havia lencinhos. Por favor, por favor, todos os pódios, tenham lencinhos!

Estou cansado de ser sozinho.

...

É o verão da Copa do Mundo de 2010, e estou em Gana curtindo a vida. Planejei estar em casa a tempo do referendo sobre a nova constituição. Estou hesitante. Todas as vezes em que estive em casa, as coisas estavam tensas, tribos nos olhos de todos, dúvida. Da última vez, um funcionário da imigração no aeroporto começou a falar comigo em Gikuyu no momento em que viu meu sobrenome. Piscadela piscadela. Sem se esconder agora. Estamos conspirando uns com os outros. Vamos nos ajudar, seus olhos disseram. Meu tio Henry, que cuidou de mim na África do Sul, morreu. Tia Rosaria, a mais doce das irmãs de Mamãe, morreu por complicações do diabetes. Tia Grace, a maravilhosa, afetuosa e honesta tia Grace – irmã mais velha de Baba – morreu. Baba está bem, mas agora me preocupo. Jim tem um filho, Eddy – um tsunami de energia e riso. Nenhum dos meus sobrinhos e sobrinhas lembra muito de Mamãe. Gostaria que apenas um deles tivesse a voz de Mamãe – para que ela não ficasse apenas em nossa geração.

Sou diabético e descobri os médicos. Meus joelhos estavam bem, mas fiz aquela coisa americana que insiste em testar coisas que você não sente que são necessárias. Faço uma ressonância magnética e descubro que meus joelhos estão à beira da morte, e no momento em que descubro isso, eles rangem e ameaçam saltar de suas órbitas toda vez que os dobro. Depois, passo a noite em uma clínica do sono e dizem-me que provavelmente nunca dormi bem, que respiro mal, que uma operação é iminente. Estou animado. Talvez seja por isso que estou sempre distraído. Talvez minha distração não seja causada por muitos anos de lixo desfocado. Tenho uma síndrome. Sou vítima de uma -ose.

Isso é crescer, preocupações e incômodos não podem mais ser suspensos, são apenas parte do dia. De repente, o Quênia fica todo suave e pegajoso. Pessoas sorriem, olham nos olhos e dizem coisas bregas, tipo "Como um queniano..." ou "Neste novo Quênia...". Timidamente, timidamente, milhões voltam da cidade para suas aldeias, pagam dinheiro em passagens e presentes, dinheiro que não têm, para votar na nova constituição. Mesmo aqueles que votam *não* o fazem pacificamente. Kibaki parece perigosamente enérgico. O bobo. Mas hoje gosto dele, sorrindo como um ursinho de pelúcia, hoje gosto dele. Tinha planejado estar aqui e ir embora depois do referendo, apenas por uma vontade egoísta de querer me sentir bem. Ir embora antes de olhar muito bem e enxergar o feio. Agora, com tudo isso, não posso *não* ir embora.

Em um momento de patriotismo aguado, no dia seguinte ao referendo, compro uma compilação de *benga*, feita pelos estúdios da Ketebul. Ela vem com um livreto sobre a história da *benga* e um documentário e um CD. Tenho medo de assistir e perceber que ainda detesto música *benga*. Todo mundo agora está dizendo que é a verdadeira música do Quênia. Talvez meu coração seja um pouco anglo-queniano, incapaz de apreciar a *benga*.

Começo a assistir ao documentário, e alguém com um sotaque inglês elegante está narrando a história da *benga*, e então vejo um pequeno grupo de músicos tradicionais luo dançando e tocando instrumentos em um pedaço de chão batido em um pátio entre cabanas de grama. Um homem está tocando o *nyatiti*. O som é agradável. Não *kimay*. Não estou emocionado. A música é coerente e complicada. O *nyatiti* e sua prima mais nova, a lira, são dois dos mais antigos instrumentos musicais de cordas. Mas é a entrada do *orutu* – um arco de madeira e barbante esfregando um violino feito de abóbora – que dispersa meus sentidos e faz eu me mexer desconfortavelmente, aquele som de gangorra no intestino. Ainda não consigo fazer a conexão entre os sons de madeira deste instrumento e os sons de violão da *benga*.

Na década de 1940, milhares de quenianos, incluindo Barack Obama Senior, deixaram suas aldeias pela primeira vez, de uniforme para os britânicos, e acabaram observando seus compatriotas quenianos morrendo de forma deselegante, e enterrados de forma deselegante, e deixados para apodrecer de forma deselegante em um país estrangeiro. Esses soldados viveram uma vida de emoção e animação, cheia de aventura e horror. Eles conheceram e viram pessoas de todas as colônias. Eles os viam cagar; eles os viam morrer. Eles os viam cantar. Eles se expandiram, recuaram, mediram a si mesmos e não encontraram nenhum princípio matemático para explicar os papéis designados em seu país. Aqui, um homem que era apenas um cozinheiro descalço e agradecido de um branco, podia começar a encorajar seu filho a ser tão bom quanto o colonizador.

Um certo tabu de superioridade se quebrou quando os soldados testemunharam uma Inglaterra mortalmente ferida se debatendo nas selvas por sobrevivência. Naquelas noites solitárias, talvez até mesmo em cerimônias para honrar os mortos que nunca seriam levados para casa, alguns começaram a tocar violão. Eles usaram o violão para recriar os sons de casa. O homem que senta e toca o *nyatiti* é um contador de histórias. Um grupo de músicos chegará a uma casa e ficará perto do celeiro – longe de orelhas delicadas. Enquanto toca o *nyatiti*, compõe uma canção cheia de personagens locais e história, escândalos, amor e ciúmes. O *nyatiti*, os tambores, os chocalhos, os chocalhos de tornozelo, e o *orutu* simplesmente acompanham a história.

É uma forma literária, e a canção, a melodia da música, não segue uma escala musical separada e paralela: ela também é escrava da história, seus altos e baixos, seus momentos de sabedoria, seu mau comportamento. E as pessoas dançam, movendo-se suficientemente pela música para habitar a história. Se no Quênia o violão era um objeto a ser reverenciado, suave e sem complicações, algo para as músicas dos brancos, na Birmânia – em uniformes ensanguentados, enlameados, exaustos e com malária – ele era usado impunemente, sem respeito pelas formas, escalas e boas maneiras prometidas pela marca. Para esses soldados, tornou-se apenas um substituto estranho do nobre *nyatiti* e do nobre *orutu*. Era fraco, mas tinha que fazer o trabalho de ambos. Um bom músico de *orutu* ou *nyatiti*, como um guitarrista de jazz, vai viver de acordo com as improvisações narrativas do cantor. Assim fizeram, e músicos como Olima Anditi e John Ogara encontraram um jeito de fazer o violão recriar a parceria de sons entre o *nyatiti* e o *orutu* como acompanhamento para cantar/contar histórias. Tornou-se uma ideia totalmente nova – carregando tudo que veio antes, mas de um jeito só seu.

Algo está batendo na porta da minha cabeça. Pauso o documentário, levanto, minhas mãos tremendo, pego um café, volto e assisto Mike Otieno, um guitarrista queniano e gênio musical – falar. Aqui está, a fonte de todo *kimay*. A música do *nyatiti* tem tudo a ver com o cantor. O *nyatiti* e o *orutu* não criam seus próprios sons. Seu trabalho é seguir as palavras, a entonação, a linguagem e melodia da música, para manter a integridade da história. Então, se você retirar o cantor, os instrumentos soam como o que ele estava dizendo. Eles imitam o canto. O *nyatiti* é dedilhado, não arranhado, e isso resulta em sons muito diferentes de outros sons de violão. Porque Nairóbi na década de 1960 estava cheia de guitarristas luo de *benga* seguindo essa tradição, o conceito da *benga* se espalhou rapidamente para diferentes tribos, e suas novas músicas populares. Qualquer bom guitarrista *benga* sabe imitar a arquitetura e os ritmos musicais e os sons verbais de qualquer língua queniana. Simplificando, essa é a intenção da *benga*.

Kimay são pessoas falando sem palavras, línguas exatas, os sons de violão de todo o Quênia falando as linguagens do Quênia. Se *kimay* me trouxe incertezas, foi simplesmente porque me faltava imaginação para perceber que algo assim seria possível. Porque *kimay* foi parte de um projeto para fazer pessoas como nós termos certeza de nosso lugar no mundo, fazer com que não conseguíssemos ver o passado e nosso lugar nele. Nos transformar em um tipo de anglo-quenianos. Bem no começo, em nossa primeira música popular de Independência, antes de a bandeira ser erguida, os quenianos já haviam encontrado uma plataforma coerente que carregasse nossa diversidade e complexidade em seus sons.

Não confiávamos que éramos possíveis desde o início.

....

Eu sou homossexual, Mãe[*]

1 de julho de 2000.

Esta não é a versão correta dos fatos.

Oi, Mamãe. Eu estava com a cabeça deitada em seu ombro, naquela última tarde antes de ela morrer. Ela estava deitada na cama do hospital. Hospital Kenyatta. Terapia Intensiva. Cuidados Intensivos. Lá. Porque desta vez eu não estarei longe, na África do Sul, cagando tudo do meu jeito caótico. Eu vou chegar a tempo e estar lá quando ela morrer. Meu coração chega a tempo. Estou segurando a mão da minha mãe, que está morrendo. Estou levantando a mão dela. A mão dela estará inchada por causa do diabetes. Os órgãos dela estão falhando. Oi, Mamãe. Aaaaah. Minha mente suspira. Meu coração! Estou sussurrando no ouvido dela. Ela está acordada, escutando, amando calma e suavemente, com minha cabeça dentro do espaço que ela respira. Ela é tão grande – minha mãe, neste mundo, perto do próximo mundo, cada respiração lenta, mas estável, como deve ser. Inspira. Ela consegue aguentar tudo. Vou sussurrar, mais alto, no suspiro da minha mente. Para a dela. Ela vai ouvir, mesmo que não escute. Será que consegue?

Mamãe. Vou dizer. Mamããe? Vou dizer. O ritmo é tão fácil, um suspiro, um ruído saído da minha boca, misturado à respiração dela, e ela expira. Meu coração dá um suspiro cortante e agora minha mente está gritando, cortante, tão, tão machucada, tão, tão brava.

– Nunca abri meu coração para você, Mamãe. Você nunca me pediu para fazer isso.

---

[*] "I am a homosexual, Mum". In: *Africa is a country*. 19 jan. 2014. Disponível em: <https://africasacountry.com/2014/01/i-am-a-homosexual-mum/>.

Só minha mente diz. Isso. Não minha boca. Mas com certeza o solavanco da minha respiração e do meu coração, ali, ao lado dela, foi percebido? Ela está me deixando entrar?

Ninguém, ninguém na minha vida ouviu isso, nunca. Nunca, Mamãe. Eu não confiei em você, Mamãe. E. Eu. Puxei o ar com força e o segurei em uma bola no meu umbigo, e soltei pela boca devagar e continuamente, regular e sem tropeços, alto e claro por cima de um ombro, em seu ouvido.

– Mãe, eu sou homossexual.

Julho, 2000.

Esta é a versão correta dos fatos.

Estou morando na África do Sul, sem ver minha mãe há cinco anos, mesmo que ela esteja doente, porque estou com medo e vergonha, e porque terei trinta anos e possivelmente ficarei sem um visto para voltar para cá se for embora. Estou trabalhando como um furacão para mover minha vida e poder ir vê-la. Mas ela está em Nakuru, desmoronando, e eles vão enviar seus rins para o Hospital Kenyatta em Nairóbi, onde haverá uma máquina de diálise e uma tempestade tropical de especialistas esperando por ela.

Parentes se apressarão para vê-la, órgãos pararão de funcionar, e máquinas entrarão em ação. Estou correndo, ajeitando tudo para deixar a África do Sul. Faltarão mais dois dias para eu ir embora, voar para lá, quando, na manhã de 11 de julho de 2000, meu tio me liga e pergunta se estou sentado.

– Ela se foi, Ken.

Ligarei para minha tia Grace naquele nanosegundo de reunião familiar, para encontrar um jeito urgente de chorar dentro de Baba, mas eles dizem que ele está chorando e sendo raios e trovões em seu carro 505 em Nairóbi porque a mulher dele está morta e ninguém o encontra por horas. Há três dias, ele me disse que era tarde demais para ir vê-la. Ele disse para eu não arriscar perder minha habilidade de retornar para a África do Sul indo para casa para o funeral. Que eu não deveria viajar descuidadamente daquele meu jeito artista, sem documentos. Kenneth! A testa franzida no telefone. Não posso arriscar ser deportado ilegalmente, ele diz, e perder tudo. Mas é minha mãe.

Tenho vinte e nove anos. É dia 11 de julho, 2000. Eu, Binyavanga Wainaina, honestamente juro que sei que sou homossexual desde os cinco anos. Nunca toquei em um homem sexualmente. Dormi com três mulheres na vida. Com uma, tive sucesso. Só uma vez com ela. Foi maravilhoso. Mas no dia seguinte, não consegui.

Só cinco anos após a morte de minha mãe é que encontrarei um homem que vai me massagear e me entregar um pouco de amor breve e pago. Em Earl's Court, Londres. E estarei livre, e contarei para meu melhor amigo, que me surpreenderá ao compreender, sem compreender. Direi a ele o que fiz, mas não que sou gay. Não consigo dizer a palavra gay até ter trinta e nove anos, quatro anos após aquele breve encontro de massagem. Hoje é 18 de janeiro de 2013, e tenho quarenta e três anos.

De qualquer modo. Não será um furacão de diabetes que matará Mamãe dentro da UTI do Hospital Kenyatta, antes de eu dar quatro passos para entrar em um avião e sentar ao seu lado.

Alguém.

Enfermeira?

Deixará uma pequena janela aberta na noite antes de ela morrer, no frio de julho do Hospital Kenyatta.

Hoje é meu aniversário. 18 de janeiro de 2013. Há dois anos, em 11 de julho de 2011, meu pai teve um derrame e teve morte cerebral dentro de minutos. Exatamente onze anos depois de minha mãe morrer. Seu coração bateu por quatro dias, mas não havia nada a lhe contar.

Tenho cinco anos.

Ele estava lá de macacão, estranho, seu peito uma ferrovia de calombos suados, e pequenas contas de cabelo duro. Tudo sobre ele é macio-lento. Um pouco de marrom em um dente rachado, aquele sorriso longo e interminável. Seu jeito lento de se mover é bom para mim, porque sou transparente para os padrões das pessoas, e tropeço tão facilmente e caio em rosnados e medos com pessoas agitadas. Um sorriso longo e fácil, ele me levanta no ar e balança. Ele tem cheiro de diesel, e o mundo dos movimentos de outras pessoas desapareceu. Estou longe de todos pela primeira vez na vida, e é glorioso, e, então, é um túnel de medo. Não há rachaduras nele; como um trator, ele sobe qualquer colina, continuamente. Se ele for embora, agora, comigo, irei com ele para sempre. Sei que se ele me soltar, minhas pernas não se moverão novamente. Estou com tanta vergonha, não me permito abraçá-lo. Pulo para longe e o evito para sempre. Por mais de vinte anos, até abraçar homens é desconfortável.

Esse sentimento acontecerá novamente. Agora mais forte e firme. Aos sete anos, talvez. Uma vez com outro jogador de golfe lento e fácil no Clube de Golfe Nakuru, e estou tremendo porque ele apertou minha mão. Então, estou chorando sozinho no banheiro porque a repetição deste sentimento me fez, de repente, rasgado e sozinho. O sentimento não é sexual. É certo. É esmagador. Quer construir um lar. Vem a cada poucos meses como um surto de malária e me deixa perturbado por dias, e confuso por meses. Não faço nada sobre isso.

Tenho cinco anos quando me fecho em uma felicidade vaga que não pede muito de ninguém. Distraído. Doce. Sou grato a todo o amor. Dou mais do que recebo, frequentemente. Posso ser egoísta. Me masturbo muito, e nunca permito que meu coração rache e cresça. Não toco em homens. Leio livros. Amo tanto meu pai que meu coração está aprendendo a esticar.

Eu sou homossexual.

Agradecimentos

Durante os últimos seis anos, enquanto escrevi este livro, tive a felicidade de receber a atenção, o apoio e a gentileza de muitas pessoas.

Gostaria de agradecer a minhas musas e meus leitores, que intervieram com apoio e amor durante as várias crises criativas: Martin Kimani, Chimamanda Adichie, David Godwin, Ed Pavlic, Keguro Macharia, David Kaiza, Sara Holloway, the Secret Wambui, Dr. Wambui Mwangi, John Ryle, Muthoni Garland, Achal Prabhala, Sarah Chalfant.

Agradeço especialmente a Fiona McCrae, minha editora na Graywolf Press.

Agradeço à Wingate Foundation, e à equipe da Ford Foundation em Nairóbi, Quênia, especialmente Rob Burnet e Dra. Joyce Nyairo, que mudaram o cenário das artes em Nairóbi. Gostaria de agradecer às pessoas na Lannan Foundation, e a Aslak e a equipe da House of Literature em Oslo. À equipe da Granta Magazine e Granta Books, e à comunidade Farafina. Obrigado, comunidade Chimurenga. Obrigado Tom Maliti, Kairo Kiarie, June Wainaina, Malla Mummo, Angela Wachuka, Billy Kahora e comunidade *Kwani?*. Obrigado Mikhail Iossel e equipe SLS.

Agradeço muito à comunidade da Bard por me receberem aqui. Obrigada, Presidente Leon Botstein, Professor Chinua Achebe, nosso patrono, Jesse Shipley, Dimitri B. Papadimitriou, Jim Brudvig, Michèle Dominy, Irene Zedlacher, Professora Mary Caponegro, Max Kenner, e Professor John Ryle, do Rift Valley Institute da Bard College. Muito obrigado ao Departamento de Língua Inglesa da Union College, especialmente Professor Harry Merten e Stacey Barnum. Agradeço ao Professor Kenda Mutongi do programa

Africana da Williams College, onde passei um semestre maravilhoso como Professor Visitante de Estudos Africanos Sterling Brown. Agradeço ao Professor Ngũgĩ wa Thiong'o, Teju Cole, e Chris Abani. Muito obrigado, equipe da Graywolf Press, e equipe da Wylie Agency.

Agradeço a Andy e Georgia Hanson por me oferecerem sua casa e amizade em 2007, quando precisei me esconder e terminar de escrever este livro.

Gostaria de fazer uma homenagem ao falecido Rod Amis, o lendário editor do fabuloso zine digital g21.net, que publicava tudo que eu enviava, e sempre pagava $100 por história, por transferência da Western Union – de seu próprio bolso. Rod foi o editor mais generoso com quem já trabalhei.

Muito amor e tudo de bom para todos vocês.

Binyavanga Wainaina
Annandale-on-Hudson, Nova York
2 de maio de 2011

BINYAVANGA WAINAINA

Nasceu em 18 de janeiro de 1971, em Nakuru, Quênia. É escritor, jornalista e ativista. Em 2002, foi ganhador do "Caine Prize for African Writing", prêmio que honra escritores africanos estreantes que têm talento promissor, com seu texto "Discovering home". Em 2011, lançou o livro de memórias *One day I will write about this place*. Em 2014, após diversas leis anti-homossexualidade serem aprovadas no continente africano, Binyavanga publicou o texto "I am a homosexual, Mum", no qual imagina como teria sido conversar com a mãe sobre sua sexualidade; o autor chama o texto de um "capítulo perdido" de seu livro de memórias. No mesmo ano, por sua coragem, foi eleito pela revista TIME como uma das 100 pessoas mais influentes do mundo.

OBRAS

2002 - "Discovering home". Kwanini? Series. Online. Nairóbi: Kwani Trust (2006).
2004 - *Beyond the River Yei: Life in the Land Where Sleeping is a Disease*. Nairóbi: Union Printing Section.
2005 - *Discovering Home*: A Selection of Writings from the 2002 Caine Prize for African Writing (Caine Prize for African Writing series). Joanesburgo: Jacana Media.
2006 - "How to write about Africa". *Granta Magazine*, n. 92, Jan. 19, 2006.
2008 - *How to write about Africa*. Kwanini? Series. Nairóbi: Kwani Trust.
2011 - *One day I will write about this place: A memoir*, Graywolf Press: Minneapolis.
2014 - "I am a homosexual, Mum". In: *Africa is a country*. 19 jan. 2014.

fontes	Quicksand (Andrew Paglinawan)
	Josefin Sans (Santiago Orozco)
	Crimson (Sebastian Kosch)
papel	Pólen Soft 80 g/m²
impressão	BMF Gráfica